ANTROPOLOGÍA DEL CEREBRO

ROGER BARTRA

Antropología del cerebro

CONCIENCIA, CULTURA Y LIBRE ALBEDRÍO

[Versión ampliada]

FONDO DE CULTURA ECONÓMICA

Primera edición (Filosofía),   2007
Segunda edición (Antropología), 2014

Bartra, Roger
    Antropología del cerebro. Conciencia, cultura y libre albedrío / Roger
Bartra. — 2ª ed. — México : FCE, 2014
    300 p. ; 21 × 14 cm — (Sección de Obras de Antropología)
    ISBN: 978-607-16-2167-2

    Conciencia 2. Neurociencia cognoscitiva 3. Cultura — Antropología
4. Antropología filosófica I. Ser. II. t.

LC QP360.5   Dewey 612.82 B133a

Distribución mundial en español (excepto España)

Diseño de portada: Teresa Guzmán Romero

D. R. © 2014, Fondo de Cultura Económica
Carretera Picacho-Ajusco, 227; 14738 México, D. F.

Comentarios: editorial@fondodeculturaeconomica.com
www.fondodeculturaeconomica.com
Tel. (55) 5227-4672; fax (55) 5227-4694

ISBN 978-607-16-2167-2

Impreso en México • *Printed in Mexico*

ÍNDICE

ÍNDICE

PRIMERA PARTE

LA CONCIENCIA
Y LOS SISTEMAS SIMBÓLICOS

PREFACIO

En este libro trato de explicar el misterio de la conciencia. Explicar no quiere decir *resolver* el enigma. Quiero poner en juego, exponer desde el punto de vista de un antropólogo, los extraordinarios avances de las ciencias dedicadas a explorar el cerebro. Los neurólogos y los psiquiatras están convencidos de que los procesos mentales residen en el cerebro. Yo pretendo hacer un viaje antropológico al interior del cráneo en busca de la conciencia o, al menos, de las huellas que deja impresas en las redes neuronales. ¿Qué puede encontrar un antropólogo en el cerebro? Uno de los temas favoritos de la antropología, y en cuyo estudio tiene experiencia, es el de la identidad, una condición que suele ser vista como un enjambre de símbolos y procesos culturales que giran en torno de la definición de un yo, un ego que se expresa primordialmente como un hecho individual, pero que adquiere dimensiones colectivas muy variadas: identidades étnicas, sociales, religiosas, nacionales, sexuales y otras muchas. ¿Qué identidad hay dentro del cerebro? Su principal expresión es la conciencia.

Con el objeto de que el lector deduzca de entrada mis intenciones quiero aclarar qué es lo que entiendo por *conciencia,* para lo cual —más que una definición estricta— deseo hacer una referencia a la perspectiva de un filósofo que, a mi parecer, es el iniciador de las reflexiones modernas sobre este problema. No me refiero a Descartes, al que suelen recurrir los científicos más para criticar su dualismo que para apoyarse en él: al tomarlo como referencia muchas veces quedan atrapados en las coordenadas que estableció sobre la relación entre el cuerpo y el alma. En realidad Descartes usó poquísimas veces el término latino *conscientia.* Yo quiero traer en mi ayuda a John Locke, quien con gran audacia usó el concepto para plantear una idea que provocó intensas discusiones durante varios decenios. Creo que su idea sigue siendo útil para señalar y circunscribir el problema de la conciencia.

Al agregar un nuevo capítulo sobre la conciencia en la segunda edición de 1694 de su *Ensayo sobre el entendimiento humano*, Locke perturbó profundamente las tradiciones morales y religiosas de su época.[1] Locke rechazó la visión ortodoxa religiosa según la cual la identidad personal es una sustancia permanente. Para Locke el *yo* no está definido por una identidad de sustancias, sean divinas, materiales o infinitas: el *yo* se define por la conciencia. La identidad personal reside en el hecho de tener conciencia, algo inseparable del pensamiento: "es imposible que alguien perciba sin percibir que percibe".[2] Locke no concibe la conciencia como una sustancia pensante inmaterial y concluye que el alma no define a la identidad.[3] A menos de medio siglo de la publicación de *Las pasiones del alma* (1649) de Descartes, Locke afirma que la conciencia es la apropiación de cosas y actos que incumben al *yo* y que son imputables a ese *self*.[4] El *yo* radica en la identidad de *un tener conciencia*, de una actuación.[5] Para Locke la persona es un término "forense", es decir, que implica al foro: el *yo* es responsable, reconoce actos y se los imputa a sí mismo. El alma, en cambio, es indiferente al contorno material e independiente de toda materia.[6]

Al discutir el tema de la conciencia me parece mucho más estimulante partir de Locke que de Descartes. Podemos entender la conciencia como una serie de actos humanos individuales en el contexto de un foro social y que implican una relación de reconocimiento y apropiación de hechos e ideas de las cuales el *yo* es responsable. La manera en que Locke ve a la conciencia se acerca más a las raíces etimológicas de la palabra: *conciencia* quiere decir conocer *con* otros. Se trata de un conocimiento compartido socialmente.[7]

[1] El libro que hay que leer sobre estas repercusiones es el de Christopher Fox, *Locke and the Scriblerians. Identity and consciousness in early eighteen-century Britain*.

[2] *Essay concerning human understanding*, capítulo 27, § 9, p. 318. Las páginas remiten a la traducción de Edmundo O'Gorman.

[3] *Ibid.*, 27, § § 12 y 15.

[4] *Ibid.*, 27, § 16, pp. 324-325.

[5] *Ibid.*, 27, § 23, p. 328.

[6] *Ibid.*, 27, § 27, p. 332.

[7] Las raíces del término latino *conscius* son *scive* (conocer) y *con* (con). El *Oxford English Dictionary* dice: "knowing something with others".

En su afán por colocar el problema a un nivel que pueda ser explorado científicamente, muchos neurólogos han reducido la conciencia a un sinónimo del hecho de percatarse, darse cuenta o percibir el entorno. Es lo que hace Christof Koch en su muy útil compendio panorámico del avance de las neurociencias en el estudio de la conciencia. Para él *awareness* es igual que *consciousness*.[8] Con ello bloquea automáticamente toda investigación que entienda la conciencia a la manera lockeana, es decir, que incluya la vinculación del *yo* con el contorno que le concierne. La ventaja que encuentran los neurobiólogos en ampliar la conciencia a todo estado de alerta que le permita a un organismo percibir su contorno, radica en que posibilita el estudio del fenómeno en especies no humanas de animales, con las cuales se pueden hacer experimentos inadmisibles en personas. Sin embargo, al hacer a un lado las redes culturales que envuelven a la autoconciencia, se nublan fenómenos que, aun siendo estrictamente neuronales, no se entienden más que en un contexto más amplio. Quiero recalcar que a lo largo de las páginas que siguen entenderé que la conciencia es el proceso de ser consciente de ser consciente. Ya lo definía un antiguo diccionario castellano del siglo XVII: "Conciencia es ciencia de sí mesmo, o ciencia certísima y casi certinidad de aquello que está en nuestro ánimo, bueno o malo".[9] Me gusta la ingenua seguridad con que se acepta, en esta definición anticuada, que la ciencia puede conocer con certeza los secretos del *yo*, sean benignos o malignos.

¿De dónde se alimentan mis reflexiones sobre el problema de la conciencia? Puedo hacer referencia al menos a cuatro fuentes principales. En primer lugar, los muchos años como sociólogo sumergido en el estudio de diversas expresiones de la conciencia social y de su relación con las estructuras que la animan. Agrego a estas experiencias mis estudios antropológicos sobre la historia y las funciones de los mitos,

---

[8] *The quest for consciousness. A neurobiological approach*, p. 3. Con más precisión, el neurobiólogo Francisco Javier Alvarez-Leefmans ha definido así a la conciencia: "un proceso mental, es decir, neuronal, mediante el cual nos percatamos de nuestro 'yo' y de su entorno, así como de sus interacciones recíprocas, en el dominio del tiempo y del espacio"; "La conciencia desde una perspectiva biológica", p. 17.

[9] Sebastián de Covarrubias, *Tesoro de la lengua castellana o española* [1611].

incluyendo en forma destacada aquellos que giran en torno a las enfermedades mentales o de la identidad. En tercer lugar, recojo y cultivo los hábitos de la introspección, en algunas ocasiones sistemática y la mayor parte de las veces siguiendo al azar los vaivenes de mis gustos literarios y musicales o mis ensoñaciones.[10] Por último, y de gran importancia, algunos años de lectura y estudio de los resultados que arroja la investigación de los neurocientíficos. Me ha parecido que he reunido los elementos suficientes para presentar un ensayo tentativo y exploratorio, sin duda riesgoso e imprudente, sobre uno de los más grandes enigmas a los que se enfrenta la ciencia.[11]

Pero debo confesar que no me hubiese atrevido a realizar este viaje si, durante un paseo solitario por el barrio gótico de Barcelona en 1999, no hubiese tenido una ocurrencia que se clavó en mi cerebro sin que nada pudiese borrarla. Desde ese día de otoño me dediqué a buscar obsesivamente en las investigaciones neurológicas los conocimientos que me permitiesen desechar la ocurrencia. No me disgustó —aunque sí me sorprendió— comprobar que estas lecturas contribuyeron a afianzar la idea original e impulsaron su transformación en una hipótesis manejable. No he podido resistir la tentación de exponerla a los lectores con la esperanza de que, acaso, contribuya a resolver el enigma de la conciencia.

[10] Javier Alvarez-Leefmans explica la importancia de la introspección en su texto "La conciencia desde una perspectiva biológica". Una idea similar es desarrollada por José Luis Díaz en su artículo "Subjetividad y método: la condición científica de la conciencia y de los informes en primera persona". Díaz afirma con razón: "si la conciencia no es un factor mental interno, recóndito y oculto, sino que está de alguna manera impresa en los informes verbales, de ello se desprende que un análisis empírico y técnicamente verosímil de los reportes verbales introspectivos sería, en realidad, un análisis de las características de la conciencia" (p. 164).

[11] Divulgué en 2003 mi hipótesis sobre el exocerebro en una conferencia el 6 de noviembre de ese año en el Centro Cultural Conde Duque de Madrid. Publiqué mi conferencia en febrero de 2004 como "La conciencia y el exocerebro". Otro adelanto de mis ideas apareció como "El exocerebro: una hipótesis sobre la conciencia" en 2005.

I. LA HIPÓTESIS

A PRINCIPIOS del tercer milenio el cerebro humano sigue siendo un órgano oculto que se resiste a rendir sus secretos. Los científicos todavía no han logrado entender los mecanismos neuronales que sustentan el pensamiento y la conciencia. Una gran parte de estas funciones ocurre en la corteza cerebral, un tejido que parece la cáscara de un enorme fruto, una papaya por ejemplo, que hubiese sido estrujada y arrugada al introducirla en nuestro cráneo. Me gustaría extraer esta corteza para, al desplegar sus surcos, extenderla como un pañuelo en el escritorio frente a mí, con el propósito de escudriñar su textura. Si pudiese hacerlo tendría ahora bajo mis ojos un hermoso paño gris de unos dos o tres palmos de ancho. Mi mirada podría recorrer la delgada superficie para buscar señales que me permitirían descifrar el misterio escondido en la red que conecta miles de millones de neuronas.

Algo similar es lo que han logrado hacer los neurobiólogos. Gracias al refinamiento de nuevas técnicas de observación del sistema nervioso (como las tomografías de emisión positrónica y las imágenes de resonancia magnética funcional), los científicos avanzaron con rapidez en el estudio de las funciones cerebrales. En su euforia bautizaron los últimos diez años del siglo XX como la década del cerebro, y muchos creyeron que estaban muy cerca de la solución de uno de los más grandes misterios con los que se enfrenta la ciencia. Sin embargo, aunque desplegaron ante nuestros ojos coloridas imágenes del maravilloso paisaje interior del cerebro, no lograron explicar los mecanismos neuronales del pensamiento y de la conciencia.

En cierta manera los científicos abordaron el problema de la conciencia humana como lo hicieron los naturalistas del siglo XVIII, que buscaban al hombre en estado de naturaleza con el objeto de comprender la esencia desnuda de lo humano, despojado de toda la artificialidad que lo oculta. ¿Es la cultura responsable de la violencia y la corrupción que dominan a los hombres? ¿O hay un mal congénito impreso en la naturaleza misma del hombre? Para desentrañar el misterio de la conciencia humana, la neurología también ha intentado buscar los resortes biológicos naturales de la mente en el funcionamiento del sistema nervioso central. Se ha querido desembarazar al cerebro de las vestiduras artificiales y subjetivas que lo envuelven, para intentar responder a la pregunta: ¿la conciencia, el lenguaje y la inteligencia son un fruto de la cultura o están estampados genéticamente en los circuitos neuronales?

Sabemos desde hace mucho tiempo que el hombre en estado de naturaleza no existió más que en la imaginación de los filósofos y naturalistas ilustrados. Y podemos sospechar que el hombre neuronal desnudo tampoco existe: un cerebro humano en estado de naturaleza es una ficción. Es comprensible y muy positivo que desde el principio la década del cerebro quedase marcada por un fuerte rechazo del dualismo cartesiano. Gerald Edelman, uno de los más inteligentes neurocientíficos actuales, abre su libro sobre el tema de la mente con una crítica a la idea de una sustancia pensante *(res cogitans)* separada del cuerpo, formulada por Descartes.[1] Pero el asunto se enturbió cuando el rechazo a las sustancias pensantes metafísicas se convirtió en una ceguera ante los procesos culturales y sociales, que son ciertamente extracorpóreos.

Con esta inquietud en la mente, al finalizar la década del cerebro leí el inteligente balance hecho por Stevan Harnad de los intentos por develar el misterio de la conciencia y de las funciones mentales complejas.[2] De este trabajo se desprende que la década del cerebro avanzó en la explicación de algunos aspectos del funcionamiento neuronal, pero dejó en la oscuridad el problema de la conciencia. Este balance me estimuló poderosamente y me hizo pensar que la neurobiología había hecho a un lado aspectos fundamentales sin los cuales parecía difícil avanzar. Yo me había pasado buena parte de la

---

[1] Gerald M. Edelman, *Bright air, brilliant fire. On the matter of the mind*, 1992. Dos años después Antonio Damasio popularizó la crítica en su libro *Descartes' error. Emotion, reason, and the human brain*, 1994. Un ejemplo de esta interpretación dualista, aunque un tanto contradictoria, puede leerse en el libro de Arturo Rosenblueth, *Mente y cerebro*.

[2] Stevan Harnad, "No easy way out".

década del cerebro estudiando como antropólogo las ciencias médicas que durante el Renacimiento y los albores de la modernidad intentaban comprender el funcionamiento cerebral humano.[3] Me absorbió tanto el tema que por momentos sentía como si fuera un médico graduado en Salamanca o París en el siglo XVII. Los médicos de aquella época creían firmemente en las teorías humorales hipocráticas y galénicas, y por ello transitaban con facilidad del micromundo corporal al macrocosmos astronómico, atravesando ágilmente los mundos de la geografía, las costumbres, las estaciones, la alimentación y las edades. Con este bagaje me aproximé a la neurobiología actual: ¿qué podría entender un antropólogo que regresaba de un largo viaje al Siglo de Oro?

Mi primera impresión fue la siguiente: los neurobiólogos están buscando desesperadamente en la estructura funcional del cerebro humano algo, la conciencia, que podría encontrarse en otra parte.[4] Quiero recordar que uso el término *conciencia* para referirme a la autoconciencia o conciencia de ser consciente. Ante esta búsqueda supuse que un médico renacentista pensaría que el sentimiento de constituir una partícula individual única podría ser parte de la angustia producida por una función defectuosa de los impulsos neumáticos en los ventrículos cerebrales que impediría comprender el lugar del hombre en la Creación. La conciencia no solamente radicaría en el funcionamiento del cerebro, sino además (y acaso principalmente) en el sufrimiento de una disfunción.

Se dice que un motor o una máquina neumática (como el cerebro en el que pensaba la medicina galénica, animado por el *pneuma*) "sufre" cuando se aplica a una tarea superior a sus fuerzas. El resultado es que se para. Como experimento mental, supongamos que ese motor neumático es un "cerebro en estado de naturaleza" enfrentado a resolver un problema que está más allá de su capacidad. Este motor neumático está sometido a un "sufrimiento".

---

[3] Roger Bartra, *Cultura y melancolía. Las enfermedades del alma en la España del Siglo de Oro.*

[4] No me adhiero, de ninguna manera, al viejo reclamo que solía hacer Skinner, quien sostenía que estudiar el cerebro era una forma de buscar equivocadamente las causas de la conducta dentro del organismo, en vez de hacerlo en el mundo externo (Burrhus F. Skinner, *About behaviorism*).

Ahora supongamos que este cerebro neumático abandona su estado de naturaleza y no se apaga ni se para como le ocurriría a un motor limitado a usar únicamente sus recursos "naturales". En lugar de detenerse y quedarse estacionado en su condición natural, este hipotético motor neuronal genera una prótesis mental para sobrevivir a pesar del intenso sufrimiento. Esta prótesis no tiene un carácter somático, pero sustituye las funciones somáticas debilitadas. Hay que señalar de inmediato que es necesario reprimir los impulsos cartesianos de un médico del siglo XVII: estas prótesis extrasomáticas no son sustancias pensantes apartadas del cuerpo, ni energías sobrenaturales y metafísicas, ni programas informáticos que pueden separarse del cuerpo como la sonrisa del gato de Cheshire. La prótesis en realidad es una red cultural y social de mecanismos extrasomáticos estrechamente vinculada al cerebro. Por supuesto, esta búsqueda debe tratar de encontrar algunos mecanismos cerebrales que puedan conectarse con los elementos extracorporales.

Regresemos a nuestro experimento mental. Tendremos que tratar de explicar por qué un ser humano (o protohumano) enfrentado a un importante reto —como puede ser un cambio de hábitat—, y al sentir por ello un agudo sufrimiento, a diferencia de lo que le ocurriría a un motor (o a una mosca), genera una poderosa conciencia individual en lugar de quedar paralizado o muerto. En su origen esta conciencia es una prótesis cultural (de manera principal el habla y el uso de símbolos) que, asociada al empleo de herramientas, permite la sobrevivencia en un mundo que se ha vuelto excesivamente hostil y difícil. Los circuitos de las emociones angustiosas generadas por la dificultad de sobrevivir pasan por los espacios extrasomáticos de las prótesis culturales, pero los circuitos neuronales a los que se conectan se percatan de la "exterioridad" o "extrañeza" de estos canales simbólicos y lingüísticos. Hay que subrayar que, vista desde esta perspectiva, la conciencia no radica en el percatarse de que hay un mundo exterior (un hábitat), sino en que una porción de ese contorno externo "funciona" como si fuese parte de los circuitos neuronales. Para decirlo de otra manera: la incapacidad y la disfuncionalidad del circuito somático cerebral son compensadas por funcionalidades y capacidades de índole cultural. El misterio se halla en que el circuito neuronal es sensible al hecho de que es incompleto y de que necesita de un suplemento externo. Esta sensibilidad es parte de la conciencia.

Uno de los mejores investigadores reseñados por Harnad, Antonio Damasio, insiste en la división entre el medio interior, precursor del yo individual, y su contorno exterior.[5] Es posible que esta creencia, profundamente arraigada entre los neurobiólogos, sea un obstáculo para avanzar en la comprensión de las bases fisiológicas de la conciencia humana. Consideremos una idea diferente: la conciencia surgiría de la capacidad cerebral de reconocer la continuación de un proceso *interno* en circuitos externos ubicados en el contorno. Es como si una parte del metabolismo digestivo y sanguíneo ocurriese artificialmente fuera de nosotros. Podríamos contemplar, plastificadas, nuestras tripas y nuestras venas enganchadas a un sistema portátil de prótesis impulsadas por sistemas cibernéticos programados.

Esto ocurre en los *cyborgs* de la ciencia ficción y en los experimentos realizados en primates, los cuales, gracias a un electrodo implantado, han logrado controlar mentalmente una conexión cerebro-máquina para mover a distancia un brazo robot.[6] En cambio, estamos acostumbrados a estar rodeados de prótesis que nos ayudan a memorizar, a calcular e incluso a codificar nuestras emociones. Al respecto, otro de los libros con que se cierra la década del cerebro, del filósofo Colin McGinn, usa una imagen que me parece muy importante, aunque la desaprovecha lamentablemente. En su argumentación para demostrar que el cerebro humano es incapaz de encontrar una solución al problema de la conciencia, McGinn imagina un organismo cuyo cerebro, en lugar de estar oculto dentro del cráneo, está distribuido fuera de su cuerpo como una piel. Se trata del exocerebro, similar al exoesqueleto de los insectos o los crustáceos.[7] El hecho de que esté expuesto al exterior no hace que este pellejo pensante sea más

---

[5] Antonio Damasio, *The feeling of what happens. Body and emotion in the making of consciousness*, pp. 135 y ss.

[6] José M. Carmena *et al.*, "Learning to control a brain-machine interface for reaching and grasping by primates".

[7] Colin McGinn, *The mysterious flame. Conscious minds in a material world*, p. 11.

fácil de entender cuando, por ejemplo, este organismo tiene la experiencia del rojo. El carácter "privado" de la conciencia, dice McGinn, no tiene nada que ver con el hecho de que nuestro cerebro se encuentra oculto: la experiencia del color rojo en todos los casos se encuentra enterrada en una interioridad completamente inaccesible. El error de McGinn consiste en creer que la conciencia está sepultada en la interioridad. Si suponemos que la extraña criatura dotada de una epidermis neuronal es capaz de colorear su vientre cuando piensa en rojo, y otros organismos de la misma especie lo pueden contemplar e identificar, entonces nos acercamos a nuestra realidad: el exocerebro cultural del que estamos dotados realmente se pone rojo cuando dibujamos nuestras experiencias con tintas y pinturas de ese color. Hay que decir que la idea de un cerebro externo fue esbozada originalmente por Santiago Ramón y Cajal, quien al comprobar la extraordinaria y precisa selectividad de las redes neuronales en la retina, consideró a éstas como un segmento periférico del cerebro.[8]

Yo quiero recuperar la imagen del exocerebro para aludir a los circuitos extrasomáticos de carácter simbólico. Se ha hablado de los diferentes sistemas cerebrales: el sistema reptílico, el sistema límbico y el neocórtex.[9] Creo que podemos agregar un cuarto nivel: el exocerebro. Para explicar y complementar la idea, me gustaría hacer aquí un paralelismo inspirado en la ingeniería biomédica que construye sistemas de sustitución sensorial para ciegos, sordos y otros discapacitados.[10] La plasticidad neuronal permite que el cerebro se adapte y construya en áreas no afectadas circuitos que sustituyen a los que funcionan con deficiencias. Si trasladamos al exocerebro este enfoque, podemos suponer que importantes defi-

---

[8] En su trabajo "La rétine des vertébrés" considera a la retina "como un verdadero centro nervioso, una especie de segmento cerebral periférico" (p. 121). Hoy se habla también de un "segundo cerebro" en referencia al sistema nervioso entérico, una red de circuitos casi autónomos que regula todas las facetas de la digestión, de comienzo a fin entre el esófago y el colon, incluyendo al estómago y a todos los intestinos (Michael D. Gershon, *The second brain*).

[9] Me refiero a las ideas de Paul D. MacLean, *A triune concept of the brain and behaviour*. Se refiere a tres tipos de cerebro: reptílico, paleomamífero y neomamífero.

[10] Paul Bach-y-Rita, *Brain mechanisms in sensory substitution*.

ciencias o carencias del sistema de codificación y clasificación, surgidas a raíz de un cambio ambiental o de mutaciones que afectan seriamente algunos sentidos (olfato, oído), auspiciaron en ciertos homínidos su sustitución por la actividad de otras regiones cerebrales (áreas de Broca y Wernicke) estrechamente ligadas a sistemas culturales de codificación simbólica y lingüística. La nueva condición presenta un problema: la actividad neuronal sustitutiva no se entiende sin la prótesis cultural correspondiente. Esta prótesis puede definirse como un sistema simbólico de sustitución que tendría su origen en un conjunto de mecanismos compensatorios que remplazan a aquellos que se han deteriorado o que sufren deficiencias ante un medio ambiente muy distinto. Mi hipótesis supone que ciertas regiones del cerebro humano adquieren genéticamente una dependencia neurofisiológica del sistema simbólico de sustitución. Este sistema, obviamente, se transmite por mecanismos culturales y sociales. Es como si el cerebro necesitase la energía de circuitos externos para sintetizar y degradar sustancias simbólicas e imaginarias, en un peculiar proceso anabólico y catabólico.

He utilizado diversas metáforas con el objeto de explicar de manera sencilla y breve una hipótesis sobre la conciencia y el exocerebro. Ahora es necesario desglosar la idea central para buscar con algún detalle los datos científicos que pueden dar base a mi interpretación. Pero he querido anticipar algunas ideas troncales para que cuando nos sumerjamos en los pormenores no perdamos de vista el objetivo de la búsqueda.

II. LA EVOLUCIÓN DEL CEREBRO

LA MASA encefálica que, extendida en mi escritorio como el pañuelo imaginario que podría revelar los secretos de la mente, ocupa, estrujada, entre 1 200 y 1 500 centímetros cúbicos dentro del cráneo de los humanos anatómicamente modernos. El ancestro del *Homo sapiens*, el *Homo erectus* que apareció hace aproximadamente un millón y medio de años, tenía entre 850 y 1 100 cc de masa encefálica. Y, mucho antes, el cerebro del *Homo habilis*, que apareció hace unos dos millones y medio de años, ocupaba solamente entre 510 y 750 cc. Este proceso evolutivo se inició hace unos seis millones de años, cuando un grupo de grandes simios se diferenció y dio origen a diversas especies de bípedos: los australopitécidos. Para algunos científicos este periodo de seis millones de años es demasiado corto en términos evolutivos para dar lugar al surgimiento de las capacidades intelectuales y cognitivas propias del *Homo sapiens*. Se argumenta que el único mecanismo que puede explicar el rápido proceso evolutivo tiene un carácter cultural y social. Michael Tomasello sostiene que no ha habido tiempo suficiente para que se trate de un proceso normal de evolución biológica, el cual implica que la variación genética y la selección natural han creado una por una las habilidades cognitivas capaces de inventar y desarrollar complejas tecnologías y herramientas, formas sofisticadas de representación y comunicación simbólica y estructuras sociales elaboradas que cristalizan en instituciones culturales.[1]

Aunque estoy convencido de la enorme importancia de los circuitos culturales en la formación de la conciencia individual, creo que no debemos verlos como la varita mágica que resuelve los misterios del origen del cerebro anatómicamente moderno. Tomasello rechaza la idea de que una mutación haya creado el lenguaje. Para él la clave radica en que en los humanos evolucionó biológicamente una nueva manera

---

[1] Michael Tomasello, *The cultural origins of human cognition*, pp. 2-4.

intencional de identificarse y de entenderse con miembros de la misma especie.[2] La continuación del proceso, a partir de esta única adaptación cognitiva que permite reconocer a los otros como seres intencionales, habría tenido un carácter enteramente cultural y produjo el desarrollo de formas simbólicas de comunicación. Este desarrollo, sostiene Tomasello, transcurre a una velocidad que ningún proceso de evolución biológica puede igualar. Stephen Jay Gould ha afirmado, por el contrario, que sí hay tiempo suficiente para un cambio en el nivel biológico. Gould comienza por advertir contra la peligrosa trampa que supone definir la evolución como un flujo continuo. El cambio ocurre mediante la transformación puntuada de subgrupos aislados en especies, y no a través de un cambio anagénico, a un lento ritmo geológico, de la totalidad del grupo.[3] Gould demuestra que es una falacia creer que el crecimiento de la capacidad craneana que ocurre durante el periodo que separa al *Homo erectus* del *Homo sapiens* representa un ejemplo de velocidad evolutiva extraordinaria, algo tan raro que sólo se explicaría por las maravillosas capacidades de adaptación y de retroalimentación de la conciencia humana. Es decir, que la velocidad del cambio sólo se explicaría por la intervención de procesos culturales. En realidad no se trata de un ritmo de cambio extraordinario, sino que es perfectamente normal que la masa encefálica haya doblado su tamaño en 100 000 años (unas tres mil generaciones).[4] Gould explica que el cambio de *Homo erectus* a *Homo sapiens* fue un proceso rápido de surgimiento de una especie que probablemente ocurrió en África entre 250 000 y 100 000 años atrás.[5]

No debemos centrarnos únicamente en el crecimiento (absoluto y relativo) de la capacidad craneana. Un estudio ha señalado la importancia de observar también la forma que adopta el cerebro, y ha descubierto la existencia de dos tendencias en la evolución de la forma del cerebro del género *Homo*. Los dos procesos llegan a un tamaño similar de la capacidad craneana, en un caso el hombre de Neandertal y en el otro el humano moderno. El primer patrón de desarrollo de la

---

[2] *Ibid.*, p. 204.
[3] Stephen Jay Gould, *The structure of evolutionary theory*, p. 913.
[4] *Ibid.*, pp. 851 y ss. y 915.
[5] *Ibid.*, p. 916.

configuración craneana muestra que en la medida en que aumenta el tamaño decrece la distancia interparietal. Este patrón se observa en la evolución que va de los especímenes más arcaicos hasta los neandertales. Pero el proceso de cambio que desemboca en los cráneos humanos modernos muestra un salto evolutivo que se aparta del patrón señalado, e inaugura una nueva trayectoria. La nueva tendencia produce, con la ampliación de la capacidad craneana, una mayor expansión parietal, lo que da como resultado una configuración más esférica (braquicéfala) del cerebro. Esto parece indicar que las capacidades cognitivas de los humanos modernos no son una mera expansión de las habilidades arcaicas sino la adquisición de nuevas aptitudes. Los neandertales y los hombres modernos representan dos trayectorias evolutivas distintas e independientes.[6]

En este contexto es posible insertar la hipótesis sobre el funcionamiento de la conciencia. Un subgrupo de homínidos en África, hace un cuarto de millón de años, relativamente aislado y geográficamente localizado, sufrió rápidos cambios en la estructura, configuración y tamaño de su sistema nervioso central. Estos cambios se sumaron a las transformaciones, seguramente muy anteriores, del aparato vocal que permite la articulación del habla tal como hoy la conocemos. Podemos suponer que las mutaciones en estos homínidos arcaicos afectaron las funciones, la forma y el tamaño de la corteza cerebral, pero además ocasionaron transformaciones en los sistemas sensoriales que les dificultaron su adaptación al medio, como podrían ser cambios en la receptividad olfativa y, acaso, modificaciones en la capacidad de localizar las fuentes de los sonidos, así como alteraciones de las memorias olfativas y auditivas. Sus circuitos neuronales serían insuficientes y las reacciones estereotipadas ante los retos acostumbrados dejarían de funcionar bien. Acaso podríamos agregar el hecho de que grandes cambios climáticos y migraciones forzadas los enfrentaron a crecientes dificultades, por lo que quedaron en desventaja frente a otros homínidos que, mejor adaptados al medio, respondían con mayor rapidez a los retos cotidianos.

---

[6] Emiliano Bruner, Giorgio Manzi y Juan Luis Arsuaga, "Encephalization and allometric trajectories in the genus *Homo*: evidence from Neanderthal and modern lineages".

El primigenio *Homo sapiens* deja de reconocer una parte de las señales procedentes de su entorno. Ante un medio extraño, este hombre sufre, tiene dificultades para reconocer los caminos, los objetos y los lugares. Para sobrevivir utiliza nuevos recursos que se hallan en su cerebro: se ve obligado a marcar o señalar los objetos, los espacios, las encrucijadas y los instrumentos rudimentarios que usa. Estas marcas o señales son voces, colores o figuras, verdaderos suplementos artificiales o prótesis semánticas que le permiten completar las tareas mentales que tanto se le dificultan. Así, va creando un sistema simbólico externo de sustitución de los circuitos cerebrales atrofiados o ausentes, aprovechando las nuevas capacidades adquiridas durante el proceso de encefalización y braquicefalia que los ha separado de sus congéneres neandertales. Surge un exocerebro que garantiza una gran capacidad de adaptación. Se podría decir que el exocerebro sustituye el desorden de la confrontación con una diversidad de nichos ecológicos por el orden generado por un nicho simbólico estable.

Esta interpretación se enfrenta a un problema: hay un lapso de tiempo borroso que separa el surgimiento en el proceso evolutivo de los humanos anatómicamente modernos y el momento en que tenemos registros arqueológicos de una actividad cultural basada en formas de comunicación simbólica aprendidas. Adam Kuper ha observado que los humanos claramente modernos aparecen por lo menos unos 60000 años antes de la presencia de una cultura desarrollada. Por lo tanto, supone, la cultura entró en escena muy tardíamente, pero en cuanto lo hizo la evolución cultural avanzó a una velocidad mucho mayor que la impuesta por las lentas mutaciones de la evolución biológica.[7] Estos cambios ocurrieron durante la transición del Paleolítico medio al superior, cuando la industria lítica musteriense de los neandertales, probablemente incapaces de pensamiento simbólico, fue sustituida por la lítica auriñaciense de los modernos cromañones, hombres dotados de lenguaje, agrupados socialmente, practicantes de rituales y con una economía recolectora y cazadora organizada.

---

[7] Adam Kuper, *The chosen primate. Human nature and cultural diversity*, cap. 4.

Hay una explicación para este hiato entre la adquisición de rasgos físicos modernos y el desarrollo de una cultura simbólica. Ian Tattersall encuentra la clave en la llamada exaptación.[8] A diferencia de la adaptación, aquí se trata de innovaciones espontáneas que carecen de función o que juegan un papel muy diferente al que finalmente tienen. El ejemplo más conocido son las plumas, que mucho antes de ser útiles para volar funcionaron como una capa para mantener el calor del cuerpo. Tattersall cree que los mecanismos periféricos del habla no fueron una adaptación sino una mutación que ocurrió varios cientos de miles de años antes de que quedaran circunscritos por la función de articular sonidos. Y posiblemente, según este científico, las capacidades cognitivas de que nos jactamos también fueron una transformación ocurrida hace 100 000 o 150 000 años que no fue aprovechada (exaptada) sino hasta hace 60 000 o 70 000 años cuando ocurrió una innovación cultural que activó en algunos humanos arcaicos el potencial para realizar los procesos cognitivos simbólicos que residían en el cerebro sin ser empleados.[9] Según Tattersall el detonador de este proceso cultural fue la invención del lenguaje. Aquí introduce una hipótesis que parece dudosa: supone que la habilidad lingüística tenía ya un cableado neuronal inscrito en el cerebro y que sólo faltaba el estímulo externo para ponerlo a funcionar. El disparador pudo haber sido algo tan sencillo como una invención realizada por un grupo de niños durante sus juegos. Una vez hecha esta maravillosa invención el conjunto de la sociedad debió de adoptarla y difundirla a otros grupos.[10]

No queda claro el motivo por el cual los hombres tardaron varias decenas de miles de años en descubrir las potencialidades dormidas de su cerebro. ¿Fue el producto del mero azar? No parece una explicación adecuada. Creo que debemos aceptar que la transformación neuronal comenzó a tener consecuencias desde el momento en que un subgrupo de homínidos

---

[8] Ian Tattersall, *The monkey in the mirror. Essays on the science of what makes us human*, pp. 51 y ss. Véase la primera formulación del concepto en Stephen Jay Gould y S. Vrba, "Exaptation — a missing term in the science of form".

[9] Ian Tattersall, *The monkey in the mirror*, pp. 153 y 182.

[10] *Ibid.*, pp. 160-163.

tuvo que enfrentarse a retos que superaban los recursos normalmente usados. No fue el azar de un juego de niños el que descubrió la habilidad de dotar a los objetos de un nombre. Lo importante en un proceso de exaptación es la refuncionalización de las modificaciones no adaptantes llamadas *spandrels* por Gould, que toma un término de la arquitectura: esos espacios triangulares que no tienen ninguna función y que quedan después de inscribir un arco en un cuadrado (tímpano, enjuta) o el anillo de una cúpula sobre los arcos torales en que se apoya (pechina). Las pechinas cerebrales podrían haber sido circuitos neuronales abiertos a funciones inexistentes, a memorias inútiles o a señales externas que no llegan, o bien a mecanismos no relacionados con procesos cognitivos. Gould explica que el número de pechinas aumenta considerablemente con la complejidad del organismo: son pocas las que hay en el espacio cilíndrico umbilical de un gasterópodo, comparadas con la gran cantidad que alberga un cerebro humano, pechinas que sobrepasan considerablemente el número de cambios adaptantes que ocurren con la expansión de la masa encefálica.[11]

Mi hipótesis sobre el exocerebro, como he explicado más arriba, implica una situación en la cual el individuo está sometido a un sufrimiento ante las dificultades para sobrevivir en condiciones hostiles. Al respecto quiero traer en ayuda de mi argumento las reflexiones de Antonio Damasio, quien se preguntó por el disparador que pudo impulsar las formas complejas de comportamiento social. Supone, me parece que acertadamente, que las estrategias sociales y culturales evolucionaron como una manera de enfrentar el sufrimiento en individuos dotados de notables capacidades memorativas y predictivas. La clave de la interpretación de Damasio radica en que este sufrimiento es algo más que el dolor que siente el individuo como una señal somatosensorial provocada por una herida, un golpe o una quemadura. Al dolor sigue un estado emocional que se experimenta como sufrimiento. El dolor es una palanca para el despliegue adecuado de impulsos e instintos, explica Damasio. De la misma manera el organismo despliega los dispositivos emocionales del sufrimiento para

---

[11] Stephen Jay Gould, *The structure of evolutionary theory*, p. 87.

impulsar medios que lo evitan o lo amortiguan. Algo similar ocurre con el placer, una sensación que genera estados emocionales adicionales.[12]

Habría que dar un paso más: buscar las posibles consecuencias neuronales del sufrimiento en condiciones para las cuales el individuo no encuentra los medios orgánicos para evadirlo. A fin de cuentas el sufrimiento es el resultado de una carencia, una ausencia, una privación. En estas condiciones el organismo siente la necesidad de sustituir los recursos que le faltan: no sólo agrega un estado emocional propicio, sino que además acude a los mecanismos simbólicos y cognitivos que residen en su cerebro como pechinas y enjutas alojadas sobre los arcos de su arquitectura neuronal. Esto puede implicar desde luego el uso de armas y herramientas, pero sobre todo la asignación de voces a los objetos y a las mismas emociones o a las personas, la aplicación de signos en los caminos o en las fuentes de recursos, la ejecución de ritmos y movimientos rituales para simbolizar la identidad y la cohesión de los grupos familiares o tribales, y el uso de técnicas de clasificación como memorias artificiales.

No es seguro que haya habido un vacío de unos 60 000 años, un extraño intervalo de transición durante el cual los hombres ya anatómicamente modernos, dotados de un cerebro como el nuestro, habrían vivido sin desarrollar las capacidades simbólicas de los seres que hace más de 30 000 años crearon las figuras en marfil halladas en la cueva Hohle Fels, en el Jura suabo, y las pinturas de la cueva Chauvet en el sur de Francia. Es muy posible que sea en gran parte un vacío de información que descubrimientos venideros podrían llenar. De hecho, ya tenemos huellas de estos nuevos descubrimientos en las excavaciones de la cueva de Blombos, en África del Sur, donde es posible que haya indicios de actividad simbólica humana de hace 75 000 años.[13] Por otro lado, seguramente una parte de las huellas tempranas de las actividades cognitivas más rudimentarias, realizadas con materiales perecede-

---

[12] Antonio R. Damasio, *Descartes' error. Emotion, reason, and the human brain*, "Post scriptum".

[13] Christopher S. Henshilwood *et al.*, "Emergence of modern human behavior: Middle Stone Age engravings in South Africa". Véase también Kate Wong, "The morning of the modern mind".

ros, no ha sobrevivido. Los restos más antiguos de seres humanos modernos, asociados a lítica propia del Paleolítico medio han sido hallados en el sur de África. Según la teoría más aceptada fue en ese continente donde se originó el *Homo sapiens*. Probablemente llegó a Europa en la época en que el último periodo glacial alcanzaba las más bajas temperaturas, hace más de 45 000 años. Durante ese periodo debió de expandirse el exocerebro humano, un conjunto de procesos culturales estrechamente conectados al sistema nervioso central. A partir de estos y otros indicios, Tomasello ha dicho que "la conclusión ineluctable es que los seres humanos individuales poseen una capacidad biológicamente heredada para vivir culturalmente".[14] Yo más bien creo que adolecen de una incapacidad genéticamente heredada para vivir natural, biológicamente. Esto nos lleva a la búsqueda de esos circuitos neuronales que se caracterizan por su carácter incompleto y que requieren de un suplemento extrasomático.

---

[14] Michael Tomasello, *The cultural origins of human cognition*, p. 53.

III. PLASTICIDAD CEREBRAL

ANTES de buscar circuitos neuronales incompletos que requieren de prótesis externas para funcionar es necesario abordar un problema más amplio: la forma en que las redes cerebrales se configuran para adaptarse a las experiencias con las que se enfrenta un individuo en su interacción con el contorno ambiental a lo largo de su vida. Los investigadores han demostrado la existencia, en los cerebros de los mamíferos y otros animales, de procesos de plasticidad neuronal en circuitos que requieren de experiencias provenientes del medio externo para completarse de manera normal. Hay que advertir que no toda plasticidad depende de factores externos. La plasticidad no se reduce a la manera en que ciertos circuitos cerebrales son modelados por el medio ambiente. El estudio clásico de Donald Hebb, publicado en 1949, muestra que la misma actividad neuronal puede fortalecer determinadas conexiones sinápticas cuando se produce una simultaneidad en las actividades de la terminal presináptica y del elemento postsináptico.[1] Un ejemplo muy citado de plasticidad en sinapsis hebbianas son las células ganglionares en la retina de los mamíferos, que organizan capas del cuerpo geniculado lateral en el tálamo al disparar oleadas de impulsos a través del ojo. Las secuelas de actividad al parecer se producen al azar, tanto en su ritmo como en su dirección, de manera que las células distantes entre sí tienen pocas posibilidades de disparar simultáneamente, por lo que la conexión que las une se debilita o desaparece. Este tipo de actividad puede observarse aun en retinas separa-

---

[1] Donald D. Hebb, *The organization of behavior: a neuropsychological theory*. Una idea muy similar fue expuesta por F. A. Hayek en 1952 en su estimulante libro *The sensory order*, un ensayo injustamente olvidado que expone una teoría que debería hacer reflexionar a muchos neurobiólogos actuales, y que se adelanta a ideas expuestas mucho tiempo después por filósofos dedicados a las ciencias cognitivas. Hayek, gran economista, se formó primeramente como psicólogo y durante su época de estudiante, en 1920, escribió un ensayo (que nunca publicó) donde exponía las hipótesis que mucho tiempo después presentó en su libro.

das del ojo y mantenidas vivas en soluciones líquidas, lo que demuestra la independencia de estos procesos de plasticidad con respecto a estímulos exteriores. Se suele explicar este tipo de plasticidad por el hecho de que permite disminuir el caudal genómico de información, pues de otra forma el surgimiento de cada neurona y de cada conexión, a lo largo del crecimiento y desarrollo de un individuo, debería estar codificado previamente en el genoma.[2]

La plasticidad cerebral está relacionada con los procesos de génesis y desarrollo de circuitos que no están determinados genéticamente en forma directa. Prácticamente todas las células de nuestro organismo contienen los mismos genes. Cada gen, hecho de DNA, produce una clase de proteína, que es la sustancia de que está hecho básicamente nuestro cuerpo. Pero en cada clase de célula unos genes están encendidos y otros apagados; por ello, como se sabe desde hace mucho, el gen que produce insulina sólo lo hace en el páncreas y no en el cerebro. Lo que es un descubrimiento más reciente es el hecho de que hay genes que no están permanentemente apagados o encendidos, sino que se activan o desactivan de acuerdo con la experiencia. Es el caso de algunos genes en las neuronas, que no se pasan todo el día haciendo lo mismo. Por ello, las proteínas en el cerebro cambian según la experiencia.

Esto nos lleva a las formas de plasticidad en circuitos neuronales que requieren de experiencias provenientes del medio externo para completarse en forma normal. Uno de los ejemplos más citados es el de la formación de las columnas correspondientes al dominio ocular en el córtex visual. Si se impide la visión de uno de los dos ojos en periodos sensitivos del crecimiento, las columnas correspondientes no se desarrollan bien y se encogen.[3] Los estudios de los efectos de la sutura monocular del párpado en monos y gatos han intentado determinar el comienzo y el final del periodo de crecimiento durante el cual el desarrollo de las columnas en la corteza visual es sensible a los estímulos externos. Al parecer el inicio mismo del periodo sensible es afectado por los impulsos visuales. Gatos que fueron impedidos de recibir estímulos visuales en

---

[2] C. J. Shatz, "The developing brain".
[3] D. H. Hubel y T. N. Wiesel, "The period of susceptibility to the physiological effects of unilateral eye closure in kittens".

ambos ojos vieron retardado el principio del proceso de formación del dominio ocular.[4] En los niños, es sabido que las
cataratas pueden causar ceguera permanente si no son trata-
das, mientras que en humanos adultos solamente causan mo-
lestias hasta el momento en que son removidas.[5] Otro experimento se propuso mostrar la influencia del movimiento en la
configuración de conceptos visuales. Se seleccionaron dos
grupos de gatitos: los del primer grupo podían moverse libremente, pero arrastraban un cochecito que llevaba a un gatito
del segundo grupo que no podía moverse aunque tenía una
amplia visión del medio ambiente. Cuando después de un
tiempo todos fueron liberados, los gatitos que se habían movido jalando el carrito se comportaron normalmente. Pero los
que habían permanecido inmovilizados en el coche se com-
portaban como si estuviesen ciegos: topaban con objetos y se
caían desde los bordes. Al parecer es necesaria la experiencia
para que en los lóbulos parietales se formen "mapas" que permitan a los individuos ser conscientes del espacio que los rodea. El mismo problema, visto desde otra perspectiva, es revelador: personas que han sufrido heridas en los lóbulos
parietales son incapaces de percatarse de lo que hay en cierta
área de su campo visual (generalmente el lado izquierdo).
No obstante, se ha demostrado que los objetos en el área invisible activan las neuronas del córtex visual, mientras que los
objetos visibles activan, además, algunas regiones del córtex
prefrontal y de los lóbulos parietales.[6]

Hay que subrayar el hecho de que la plasticidad que depende de la experiencia para completarse puede combinarse
con otras formas. Diversos estudios muestran que la actividad
neuronal espontánea proporciona guías para la construcción
de circuitos en el córtex visual. Experimentos en hurones, a los
que se les cortaron los nervios ópticos sin afectar la conexión
talámico-cortical, mostraron que al cabo de unas siete horas
retornaron los impulsos talámicos de alta frecuencia en forma

[4] Helen J. Neville y Daphne Bavelier, "Specificity and plasticity in neurocognitive development in humans".

[5] Erin Clifford, "Neural plasticity: Merzenich, Taub, and Greenough".

[6] P. Vuilleumier *et al.*, "The neural fate on seen and unseen faces in visuospatial neglect: a combined event-related functional MRI and event-related
potential study of visual extinction".

incluso más correlacionada que lo normal. Esto puede indicar que la construcción de las columnas del dominio óptico no depende totalmente de la actividad generada en la retina.[7]

Los ejemplos que he dado se refieren a un tipo de plasticidad que espera la experiencia de estímulos externos para desencadenarse. Hay que agregar otra forma de plasticidad que nos acerca más a mi hipótesis: se trata de procesos de plasticidad que, aunque no requieren de los estímulos exteriores, son modificados por la experiencia. Esta forma de plasticidad se refiere a los cambios neuronales que ocurren como consecuencia del aprendizaje. Los experimentos de William Greenough han explorado este tipo de plasticidad. Este investigador y sus colegas criaron dos grupos separados de ratas desde una edad temprana, de 28 a 32 días, en ambientes muy diferentes. Las ratas del primer grupo fueron colocadas en jaulas individuales y se les proporcionó solamente comida y agua. El segundo grupo fue puesto en amplias jaulas junto con otras ratas; allí tenían juguetes diversos y una gran variedad de estímulos interesantes y cambiantes que podían explorar libremente. Al examinar sus cerebros un mes después se encontraron grandes diferencias: las ratas que habían crecido en un medio estimulante tenían 60 % más de espinas dendríticas multicéfalas en las neuronas del cuerpo estriado.[8] Es posible que las espinas multicéfalas indiquen la presencia de conexiones paralelas entre neuronas, lo que podría reforzar, debilitar o crear conexiones a nuevas sinapsis, con lo que se alteraría el mapa neuronal.

Hay un ejemplo particularmente revelador de los cambios provocados por el medio ambiente social en el cerebro. En el lago Tanganica habita una comunidad de peces cíclidos denominada *Haplochromis burtoni*. En su medio natural se observa en ella la presencia de dos clases de machos: los que dominan un territorio y aquellos que carecen de territorio. Aproximadamente sólo uno de cada diez machos tiene un comportamiento dominante, y se distingue por su color brillante, azul o amarillo, con una notable raya negra a través del ojo, barras verticales negras, una mancha negra en la punta

---

[7] Lawrence C. Katz *et al.*, "Activity and the development of the visual cortex: new perspectives".

[8] Erin Clifford, "Neural plasticity: Merzenich, Taub, and Greenough".

de la cubierta de la agalla y otra gran mancha roja detrás. Esta apariencia espectacular contrasta con los colores poco llamativos y apagados con que se camuflan los machos no territoriales, quienes se parecen mucho a las hembras y se confunden con el contorno en que viven. Los coloridos machos dominantes defienden con violencia sus respectivos territorios en torno a fuentes de alimentación, pelean con los machos de territorios vecinos, persiguen a los machos no dominantes y cortejan a las hembras. Los machos no dominantes sobreviven gracias a que imitan el comportamiento de las hembras y se confunden entre ellas, aunque con frecuencia son descubiertos y expulsados. Pero hay otra peculiaridad que distingue a los machos dominantes: las neuronas en la región preóptica del hipotálamo ventral que contienen la hormona que emite gonadotropina (GnRH) son mucho más grandes que en las hembras y los machos no dominantes. Sin embargo, esta situación no es estable. Cuando, en los experimentos, se trasladó a un macho adulto dominante a una comunidad donde los otros machos eran más grandes, al cabo de apenas cuatro semanas se convirtió en macho dominado y sus neuronas con GnRH se redujeron de tamaño. Mucho menos tiempo (una semana) necesita un macho no territorial, colocado en un nuevo medio donde los otros machos son más pequeños, para que sus neuronas con GnRH adquieran un tamaño mayor. Habría que agregar que no todo es ventajoso para el vistoso y activo macho que domina un territorio: sus colores llaman fácilmente la atención de las aves predadoras, de manera que su reino territorial suele ser relativamente breve. Resulta evidente que las interacciones sociales y la jerarquía influyen poderosamente en el tamaño de las neuronas.

¿Qué es lo que determina esta extraordinaria plasticidad cerebral? Las investigaciones han señalado la probable existencia de una hormona, el cortisol, que sería la señal mediadora entre la tensión a que son sometidos los animales cuando cambia el contorno social y los procesos fisiológicos que aumentan o disminuyen el tamaño de las neuronas. Así, tendríamos un circuito o una cadena que comprendería la posición social, la generación de una hormona y su función como señal que desencadena cambios en la expresión genética y en la configuración de cierto tipo de neuronas. Lo más revelador de este proceso es que inscribe en un mismo circuito señales celulares y moleculares endógenas con cambios exógenos en las relaciones sociales de dominación.[9] Otros estudios, en animales y humanos, han mostrado la sensibilidad y la vulnerabilidad del hipocampo ante las tensiones psicosociales, y revelado su plasticidad como respuesta a cambios hormonales. Una continua tensión ocasionada por un contorno social dificultoso puede causar una supresión de los procesos de neurogénesis en la circunvolución dentada y una atrofia de las neuronas piramidales del hipocampo.[10]

Ahora quiero examinar un tipo de circuito neuronal en el que interviene también un proceso de retroalimentación exógeno. El canto de muchas aves canoras, una vez pasado el periodo de aprendizaje, manifiesta una estructura acústica repetitiva cuya gran estabilidad es independiente del hecho de que el animal escuche a otras aves. Sin embargo, se ha mostrado que en el caso de los pinzones zebra es requerida la retroalimentación que implica escuchar a las otras aves para mantener estable la estructura acústica de su canto. Cuando se provocó sordera en pinzones adultos se descubrió que paulatinamente su canto se iba deteriorando. Ello ocurre debido a que existe un circuito neuronal de retroalimentación. Las investigaciones, además, han mostrado que en estas aves hay un circuito en la parte rostral del cerebro anterior, esencial durante el aprendizaje, que modula la plasticidad neuronal. Este circuito no forma parte de las conexiones motoras básicas que unen el núcleo del canto (HVc) con el núcleo premotor (RA), que a su vez se liga con las áreas de control vocal, las neuronas respiratorias y las neuronas de la musculatura de los órganos vocales. La actividad del primer circuito continúa después del periodo de aprendizaje, se activa durante el canto y es muy sensible al contexto social en el que los pinzones interactúan. Es una especie de circuito mediador entre el ámbito externo y la plasticidad interna.[11]

[9] Russell D. Fernald y Stephanie A. White, "Social control of brains: from behavior to genes".

[10] Bruce S. McEwen, "Stress, sex, and the structural and functional plasticity of the hippocampus".

[11] Allison J. Doupe *et al.*, "The song system: neural circuits essential throughout life for vocal behavior and plasticity". Véase también Arturo Álvarez Buylla

La mayor parte de los estudios sobre la plasticidad cerebral vinculada al contorno ambiental y social se ha orientado a buscar los caminos que sigue la influencia del medio externo en el proceso de modificar las redes neuronales. Es decir, la investigación ha observado principalmente el proceso en un solo sentido: de afuera hacia adentro. Un estimulante ensayo de Stephan Kennepohl se pregunta si es posible una neuropsicología cultural que investigue la asociación entre las variaciones en el contexto cultural y las diferencias en el sistema nervioso. Los factores culturales contribuyen a modelar el cerebro en diversas formas: el contorno ecológico propio de cada cultura podría activar ciertas conexiones neuronales, el aprendizaje infantil altera en forma diferencial el desarrollo del cerebro y en los adultos se mantiene, aunque con menor flexibilidad, la adaptación del cerebro a nuevas experiencias.[12] El modelo es esencialmente unidireccional, centrado en la aprehensión de lo que está afuera para depositar su representación (o algo similar) en el interior del cerebro, provocando con ello modificaciones en las conexiones neuronales. Prácticamente no se considera la posibilidad de que los canales que conducen la influencia de la cultura en el cerebro sean de doble sentido, formando auténticos circuitos.

Numerosas experiencias muestran que los obstáculos y los cambios en el contorno social y cultural generan modificaciones de la estructura neuronal. Acaso el ejemplo antiguo más espectacular es el de los llamados niños salvajes, así como los casos de cruel encierro y privación de contacto con otros seres humanos. Aunque alguna vez se creyó que se trataba de humanos en estado puro de naturaleza, ha resultado evidente que los niños que crecen en esa situación ven profunda y en ocasiones permanentemente afectadas sus facultades cognitivas, muestran señales de retraso mental y carecen de habilidades lingüísticas. Ello parece indicar que las condiciones de extrema privación modifican algunas estructuras neuronales. Pero más allá de este fenómeno de plasticidad cerebral, cabe preguntar si parte de las modificaciones se debe al

y Carlos Lois, "Mecanismos de desarrollo y plasticidad del sistema nervioso central".

[12] Stephan Kennepohl, "Toward a cultural neuropsychology: an alternative view and preliminary model".

hecho de que algunos circuitos cerebrales quedan incompletos y eventualmente se atrofian. Ello podría indicar que existen estructuras neuronales cuya función normal depende de que logren extender sus circuitos fuera del cerebro.

En este punto me parece importante reflexionar sobre la tradicional dualidad a la que recurren los neurocientíficos: lo interior y lo exterior. Se suele partir de una consideración general: para entender a los organismos vivos es necesaria la definición del límite que los separa del exterior. Las estructuras propias del organismo se encuentran dentro de sus límites y la vida se define como el mantenimiento de estados internos que identifican una singularidad individual. Para Antonio Damasio el medio interior es un precursor de la conciencia. La regulación del estado interno contrasta con la variabilidad del medio que rodea al organismo. Aun la ameba, que no tiene ni cerebro ni mente, "se las arregla para mantener en equilibrio el perfil químico de su medio interno, mientras que alrededor, en el ambiente exterior, se puede desencadenar el infierno". A partir de este tipo de consideraciones elementales Damasio asegura que la conciencia "ocurre más bien en el interior de un organismo que en público, aunque se asocia con varias manifestaciones públicas". Está convencido de que la conciencia es "un sentido interior", según ha establecido una tradición apuntalada por pensadores tan diversos como Locke, Brentano, Kant y William James.[13] Comprendo y apoyo la resistencia de los neurólogos ante ideas metafísicas que no aceptan que las funciones mentales, incluyendo la conciencia, están basadas en la actividad cerebral. Por ello suelen rechazar el dualismo cartesiano. Sin embargo, dibujar los límites del cerebro no es una tarea tan fácil como podría suponerse.

Sin duda la actividad cerebral en que se basa la conciencia tiene un carácter estable y organiza el medio mental interno de tal manera que asegura la coherencia y la continuidad del organismo individual. Esta actividad cerebral interna acumula en la memoria información sobre el contorno exterior. Sin embargo, como han señalado Gerald Edelman y Giulio Tononi, esta memoria no tiene un carácter representacional. Aparentemente no existe un lenguaje cerebral que —como en

---

[13] Antonio Damasio, *The feeling of what happens*, pp. 136, 83 y 126.

una computadora— opere mediante representaciones que impliquen una actividad simbólica. No parece haber en los procesos neuronales códigos semánticos. El cerebro funciona de manera similar al sistema inmunológico: los anticuerpos no son representaciones de peligrosos antígenos, aunque forman parte de una memoria inmunológica. Igualmente, un animal reacciona a las peculiaridades de su contorno sin que por ello su organismo sea una representación del nicho ecológico.[14] Este nicho no es un enrevesado caos de información, sino que en cierta manera funciona como un sistema de códigos relativamente estable. Pero si aumenta la inestabilidad ambiental, la manera humana de sobrevivir consiste en que algunos circuitos internos no representacionales se conectan con circuitos culturales altamente codificados y simbólicos, con representaciones semánticas y estructuras sintácticas y con poderosas memorias artificiales.

Me parece que la conexión entre los circuitos neuronales internos y los procesos culturales externos nos ayuda a tender un puente entre el cerebro y la conciencia. En una fascinante discusión entre Jean-Pierre Changeux y Paul Ricoeur, este último se resiste tercamente a aceptar que la neurobiología pueda encontrar ese puente. En cambio Changeux, el neurobiólogo, no acepta poner límites *a priori* y confía en que su ciencia terminará por resolver el misterio. Y sin embargo es Ricoeur quien hace una afirmación que abre nuevas perspectivas: "la conciencia no es un lugar cerrado del que me pregunto cómo alguna cosa entra desde afuera, porque ella está, desde siempre, fuera de ella misma". Changeux acepta la idea, pero señala que es difícil darle una base experimental seria a una posible abolición de la relación interior/exterior.[15]

Es posible que la solución del problema se encuentre en un tipo de investigación que no acepte la separación tajante entre el espacio neuronal interior y los circuitos culturales externos. Para ello, en mi interpretación, habría que pensar que

[14] Gerald Edelman y Giulio Tononi, *A universe of consciousness. How matter becomes imagination*, p. 94.

[15] Sin embargo, Changeux señala como ejemplo las neuronas espejo, un descubrimiento que ya ha estimulado muchos estudios y discusiones, al cual me referiré más adelante. Jean-Pierre Changeux y Paul Ricoeur, *Ce qui nous fait penser. La nature et la règle*, pp. 137 y 141.

los procesos cognitivos son como una botella de Klein, donde el interior es también exterior. Pero esta clase de investigación avanza con grandes dificultades debido a que muchos neurocientíficos suelen ser alérgicos al uso de los descubrimientos de las ciencias de la sociedad y la cultura. La psicología, que era supuestamente un puente de comunicación, en realidad obstruyó los contactos y se ha convertido, como afirma Michael S. Gazzaniga, en una disciplina muerta. La neurociencia dura sólo acepta a la lingüística, aunque suele despojarla de su rico contexto antropológico. Es sintomático que Gazzaniga tenga la necesidad de suponer la existencia de un aparato neuronal traductor e interpretador ubicado en la corteza cerebral izquierda, encargado de generar la ilusión de una conciencia individual coherente.[16] ¿No se trata de una nueva visión dualista que ha sustituido al viejo homúnculo con un mecanismo interpretador?

---

[16] Michael S. Gazzaniga, *The mind's past*, pp. 24 y ss.

IV. ¿HAY UN LENGUAJE INTERIOR?

PUEDE parecer muy atractiva la idea de que dentro del cerebro existe algún mecanismo interpretador que tiene la capacidad de traducir los códigos neuronales a símbolos culturales (y viceversa). La expresión más conocida e influyente de esta idea fue formulada por Chomsky, quien impulsó una búsqueda de los circuitos neuronales innatos de la estructura gramatical universal común a todos los humanos. Muchos neurocientíficos dudan que exista en el sistema nervioso esta estructura lingüística. Y si existen tales circuitos mediadores, no se han encontrado aún. Se trata de un problema espinoso, no sólo debido a su dificultad intrínseca, sino también porque ha sido contaminado por la vieja polémica sobre el peso relativo de lo cultural y lo natural en la configuración de la conciencia. Es evidente que el lenguaje se encuentra montado tanto en el espacio neuronal como en la dimensión cultural. Desde mi punto de vista, más que polemizar sobre si el lenguaje está inscrito en una de las dos regiones más que en la otra, es necesario estudiar las estructuras lingüísticas como un puente que une al cerebro con la cultura. No creo que sea suficiente comprobar que la lengua y su contexto ejercen una importante influencia y que, gracias a la plasticidad, modifican los circuitos nerviosos. Tampoco basta con establecer que los circuitos neuronales innatos imprimen sus huellas en la estructura del lenguaje y en su contorno social. Me gusta más bien explorar la posibilidad de que el lenguaje forme parte de las redes exocerebrales, que como tales no están propiamente dentro del cerebro, pero tampoco son un fenómeno independiente desconectado de los circuitos nerviosos.

Partamos de un ejemplo concreto. Las investigaciones han mostrado que hay diferentes patrones de actividad cerebral que separan los procesos semánticos de los sistemas gramaticales. Mediante el estudio de los potenciales cerebrales relacionados con eventos (ERP, por sus siglas en inglés)[1] se logra determinar que el uso de nombres y verbos (información léxica y semántica) provoca una actividad cerebral peculiar que implica una mayor activación de los sistemas ubicados en las regiones posteriores temporales y parietales. En contraste, el uso de preposiciones y conjunciones (información gramatical y sintáctica) activa las regiones parietales frontales del hemisferio cerebral izquierdo. Por otro lado, también se observan diferentes patrones de activación según las imágenes que transmite la retina del ojo, procedan del centro o de la periferia del campo visual. Estas investigaciones indican la presencia de dos patrones de plasticidad en relación al procesamiento cerebral de información visual y lingüística. Los sistemas que son sensibles durante toda la vida a la experiencia y al aprendizaje se relacionan con la semántica, la topografía de mapas sensoriales y la forma de los objetos. En contraste, los sistemas neuronales que son modificables en periodos limitados y tempranos del crecimiento se relacionan con la gramática y la computación de las relaciones dinámicas cambiantes entre locaciones, objetos y sucesos. Por lo que se refiere a las imágenes visuales, las que proceden del centro del campo visual (y que se refieren a la forma) privilegian los caminos ventrales que parten de la primera área visual (V1), mientras los que proceden de la periferia (y se relacionan con la localización y el movimiento) utilizan preferentemente los caminos dorsales.[2] Esta hipótesis general se apuntala con el conocido hecho de que la mayor plasticidad para aprender la estructura de una segunda lengua ocurre en la niñez, mientras que la acumulación de léxico tiene abiertas las puertas toda la vida.

Por supuesto, de aquí no podemos concluir que el sistema sintáctico gramatical es innato y en cambio el sistema léxico-semántico es adquirido culturalmente. O que las imágenes espaciales no son innatas, mientras que las imágenes dinámicas sí lo son. Comprobamos que diferentes procesos usan circuitos relativamente separados y que cada uno de ellos se caracteriza por tener distintos grados y tipos de plasticidad. Cada

---

[1] *Event-related brain potencials*: variaciones de voltaje en el electroencefalograma como respuesta a estímulos controlados.
[2] Helen J. Neville y Daphne Bavelier, "Specificity and plasticity in neurocognitive development in humans".

sistema tiene una diferente relación de dependencia con respecto al aprendizaje y la experiencia social. Patricia Kuhl señala que estamos ante dos interpretaciones alternativas. Podemos, en primer lugar, suponer con Chomsky la existencia de un desarrollo neuronal programado genéticamente que implementa los procesos de aprendizaje, pero cuyo desarrollo no es modificado por la experiencia. La segunda interpretación, en cambio, tiene un carácter bidireccional: el desarrollo del cerebro implementa e impulsa el aprendizaje, pero éste también impulsa el desarrollo de los circuitos nerviosos; esta interpretación tendría su origen en las ideas de Vygotsky. Kuhl se inclina por la segunda interpretación, y plantea que tanto la entrada de información lingüística como la interacción social que ocurren durante los primeros años de vida son necesarios y producen mapas cerebrales que alteran la percepción.[3] La necesidad de dar entrada a información lingüística parece ser innata, pero el cerebro depende del uso de procesos simbólicos y lógicos que las redes neuronales no pueden procesar sin acudir a mecanismos culturales. Por ejemplo, la fijación de un espectro de distinciones fonéticas significantes, propio de cada lengua, es un proceso que se da muy temprano en la vida de los niños, antes de que aprendan palabras. Pero no se ha ubicado un centro del lenguaje claramente definido en el cerebro. Estudios en personas que han aprendido tardíamente una segunda lengua activan dos regiones distintas del córtex. La conclusión de Kuhl es que la adquisición tardía de una nueva lengua es difícil debido a que los mapas mentales del habla —dibujados a partir de la lengua materna— no son compatibles con los mapas que requiere el nuevo lenguaje, de manera que se construyen en una región diferente. Los estudios más recientes confirman el problema al que nos enfrentamos: no existe un área del lenguaje unificada en el cerebro donde se computan y procesan las señales lingüísticas. En el procesamiento del lenguaje intervienen diferentes circuitos y las funciones lingüísticas no están restringidas a las áreas de Broca y Wernicke.

Y sin embargo el cerebro no es una torre de Babel. El uso del lenguaje revela una actividad cerebral estructurada y estable.

---

[3] Patricia K. Kuhl, "Language, mind, and brain: experience alters perception".

¿De dónde procede este orden? ¿Hay un lenguaje cerebral interno que da coherencia a las conexiones entre diversas áreas del sistema nervioso central? Se ha podido comprobar que cuando ocurren filtraciones anormales entre circuitos cerebrales diferentes aparecen efectos extraños y reveladores. La sinestesia es una condición en la que diferentes señales se cruzan y se mezclan. Así, una señal táctil produce un sabor amargo, una nota musical al ser escuchada provoca que se vea un color azul o ciertos números impresos en negro son vistos de otro color. Ramachandran y Hubbard, que han estudiado este fenómeno, afirman que hay un componente genético que teje conexiones en el cerebro entre áreas que normalmente están separadas. La mutación genética causa un exceso de comunicaciones entre diferentes mapas cerebrales: si la porosidad es muy extensa se genera una condición sinestésica, pero si no es muy amplia simplemente impulsa una propensión creativa a encontrar lazos entre conceptos e ideas que no tienen una relación aparente. Los autores de esta investigación suponen, con razón, que se trata de una condición que puede ayudar a comprender el origen del lenguaje. El surgimiento en homínidos primitivos de asociaciones simbólicas y metafóricas entre sensaciones visuales y sonidos pudo haber sido una palanca importante en la formación de nombres para los objetos. Una persona que sufre una condición sinestésica conecta, por ejemplo, el número 5 con la experiencia del color rojo. Lo que ocurre es un enlace espontáneo entre un símbolo y una sensación. Es interesante notar que muchos sinestésicos no ven el color rojo cuando leen un v romano. En estos casos no es el concepto de un número, sino un grafema visual el que genera la visión del color. Hay otros sinestésicos que sí responden al concepto numérico, lo que podría deberse al lugar preciso del cerebro donde se produce la interconexión o el cortocircuito.[4] Podemos suponer que una mutación primigenia pudo realizar una nueva conexión entre áreas anteriormente incomunicadas, con lo que se propició el surgimiento de relaciones simbólicas y metafóricas. Pero lo importante es que alguno de los circuitos que se interconectan tiene, digá-

---

[4] Vilayanur S. Ramachandran y Edward M. Hubbard, "Hearing colors, tasting shapes".

moslo así, una ventana abierta al contorno social y cultural. La novedad radica en que esta ventana permite captar y usar símbolos externos como parte de un proceso que representa señales del contorno mediante sensaciones. Cabe recordar aquí la intuición de Marshall McLuhan, que se dio cuenta de que los medios masivos de comunicación, como la radio y la televisión, son "prolongaciones masivas de nuestro sistema nervioso central" que han "envuelto al hombre occidental en una sesión diaria de sinestesia".[5] En realidad esta fuerza unificadora sinestésica ha operado desde hace milenios, pero en una escala más reducida.

Muchos neurólogos sostienen que los circuitos de la memoria no tienen un carácter representacional, y que no existe un lenguaje del pensamiento. Como ya he señalado, ésta es la posición de Gerald Edelman y de Giulio Tononi, que explican la memoria no representacional con una metáfora: el sistema de la memoria sería como un glaciar que con la llegada del calor se derrite en muchos arroyuelos, los cuales desembocan en una gran corriente que alimenta un estanque en el valle. El ciclo climático puede variar y cambiar la configuración de los riachuelos y crearse nuevos cauces. Incluso puede nacer un nuevo estanque asociado al primero. La secuencia se repite con gran estabilidad, el flujo de agua que desciende es el mismo cada año aunque se derrama en forma diversa, los cambios de temperatura asemejan variaciones sinápticas y las redes de corrientes son como la anatomía neuronal. Todo ello ocurre sin necesidad de códigos, símbolos o metáforas, ni de imágenes o representaciones proyectadas en el cerebro de tal manera que un misterioso homúnculo espectador las contemple y las descifre.[6]

Esta situación nos confronta con el problema de explicar la manera en que circuitos neuronales carentes de símbolos o

---

[5] Marshall McLuhan, *Understanding media: the extensions of man*, cap. 31.

[6] Gerald Edelman y Giulio Tononi, *A universe of consciousness*, p. 99. Antonio Damasio, en cambio, dice que las "representaciones neurales, que consisten en modificaciones biológicas creadas mediante aprendizaje en un circuito neuronal, se convierten en imágenes en nuestra mente" (*Descartes' error. Emotion, reason, and the human brain*, cap. 5). Se suele considerar que los "disparos" de las neuronas, que son potenciales de acción que las despolarizan, son algo así como "el fonema fundamental del cerebro", para usar la expresión de Simón Brailowsky (*Las sustancias de los sueños*, p. 54).

representaciones pueden conectarse con circuitos culturales altamente codificados, regidos por redes simbólicas, semánticas y sintácticas. Aun suponiendo que el cerebro funcione de acuerdo con códigos y símbolos todavía no descubiertos, tendremos que explicar la manera en que se comunican dos sistemas de naturaleza aparentemente diversa. Y esto nos devuelve al punto de partida: la idea de buscar un aparato mediador y traductor en el cerebro, capaz de transformar los códigos externos en señales químicas y eléctricas. Independientemente de que exista o no este aparato neuronal traductor, quiero destacar el hecho de que hay un aspecto común en las operaciones mentales relacionadas con símbolos: en muchos momentos del proceso acuden al contorno externo para obtener información y para confirmar o procesar las actividades cerebrales. El cerebro sin duda no es un espacio interior caótico, pero es importante señalar que en cierta medida la coherencia y la unidad de los procesos mentales conscientes es proporcionada por el exocerebro y, de manera destacada, por las estructuras lingüísticas que se han estabilizado en el contorno cultural a lo largo de milenios.

No estoy argumentando a favor de la idea de la mente como una tabla rasa, una noción que carece de interés y de base científica.[7] La cultura tampoco es una tabla rasa o una página en blanco. Y si me ha interesado señalar la importancia de la plasticidad en el sistema nervioso es para reflexionar sobre el hecho de que hay estructuras cerebrales que requieren del medio cultural para desarrollarse. Este hecho parece indicar la posibilidad de que existan también sistemas cerebrales poco flexibles cuyo crecimiento está determinado por factores genéticos y que no obstante dependen de la experiencia social y necesitan de los circuitos culturales para operar normalmente. En concreto, la pregunta que surge aquí es la siguiente: ¿existen correlatos neuronales del lenguaje y de la conciencia? Cuando Christof Koch y Francis Crick se enfrentan a este problema sostienen que el cerebro, para ser consciente de un objeto, tiene que construir una interpretación

---

[7] Quienes todavía se interesen por este tema arcaico pueden consultar el libro de Steven Pinker, *The blank slate*. Se trata de un larguísimo panfleto contra un edificio en ruinas, que se propone legitimar una visión alternativa mediante una demolición fácil.

simbólica, en niveles múltiples, de la escena visual. Se trata de un proceso explícito, es decir, de un grupo más bien reducido de neuronas que emplea una codificación poco refinada para representar una parte del campo visual. Para estos investigadores, a diferencia de lo que piensa Edelman, sí hay representaciones en los circuitos cerebrales, y plantean una hipótesis: el correlato neuronal de la conciencia debe tener acceso a información visual codificada explícitamente y se proyecta directamente en las plataformas planificadoras del cerebro, asociadas a los lóbulos frontales y a la corteza prefrontal.[8] Crick y Koch consideran que este correlato neuronal es el disparo sincronizado de las neuronas que simbolizan los diferentes atributos de un mismo objeto visual. Más específicamente, se trataría de las oscilaciones periódicas de diversos grupos de neuronas, a una frecuencia promedio de 40 ciclos por segundo (40 hertz). Estas oscilaciones fueron registradas desde 1981 por dos equipos alemanes de investigación, quienes creyeron explicar con ellas la manera en que se enlazan y correlacionan entre sí grupos dispersos de neuronas para lograr formar la imagen unificada de un objeto.[9]

Se trata de una hipótesis interesante, pero hasta ahora no hay indicios firmes de que estos enlaces coordinados por oscilaciones a 40 hertz sean efectivamente una acción simbólica codificadora de carácter representacional propia de un correlato neuronal de la conciencia. Esta hipótesis está enmarcada en la imagen de un sistema nervioso visto como una inmensa red de alambres que conectan a las neuronas. Cada neurona tiene una larga ramificación (el axón) que conduce señales eléctricas hasta una sinapsis que emite señales químicas mediante neurotransmisores a una dendrita receptora de la neurona contigua. Este paisaje, sostiene R. Douglas Fields, deja fuera de consideración la gran masa cerebral constituida por

---

[8] Christof Koch y Francis Crick, "Some thoughts on consciousness and neuroscience", p. 129.

[9] Véase una inteligente explicación panorámica de este problema en Francisco Javier Alvarez-Leefmans, "La emergencia de la conciencia". Francis Crick expone su visión general del problema en su libro *The astonishing hypothesis*, capítulo 17. Koch y Crick ya no creían en 2002 que las oscilaciones a 40 hertz sean una "condición suficiente" para los correlatos neuronales de la conciencia ("A framework for consciousness").

células gliales, que suelen ser consideradas como el cemento que sostiene a las neuronas, les asegura un contexto químico adecuado y aísla los axones, mediante la producción de mielina, para facilitar la rápida conducción de señales. Pero ahora se sabe que las células gliales son capaces de comunicarse (por medios químicos, no eléctricos) entre ellas y con las neuronas, y pueden participar en el fortalecimiento de sinapsis, un proceso típico de esta forma de plasticidad que responde a las experiencias del aprendizaje.[10] Estas nuevas investigaciones están abriendo un campo inmenso, pues en el cerebro hay nueve células gliales por cada neurona. Sin embargo, aquí tampoco se conocen los códigos precisos que norman las señales químicas que se transmiten.

La existencia de un exocerebro nos conduce a la hipótesis de que los circuitos cerebrales tienen la capacidad para usar en sus diversas operaciones conscientes los recursos simbólicos, los signos y las señales que se encuentran en el contorno, como si fueran una extensión de los sistemas biológicos internos. Los circuitos exocerebrales sustituirían las funciones simbólicas que no puede realizar el sistema nervioso. Sin embargo, ello no implica que no sea necesario buscar los códigos electroquímicos mediante los cuales opera el cerebro. En cierta forma esto extiende el problema de la búsqueda del enlace que unifica la actividad de varios conjuntos neuronales dispersos en el cerebro para lograr la imagen unificada de un objeto. Ahora hay que buscar también un enlace entre el cerebro y el exocerebro que no sea reducido a la burda noción de un contorno que emite señales o estímulos y un sistema nervioso que da entrada a la información para procesarla e instruir al cuerpo para que actúe en consecuencia.

---

[10] R. Douglas Fields, "The other half of the brain".

V. AMPUTACIONES Y SUPUTACIONES

EL CONTORNO exterior más cercano al cerebro es el propio cuerpo. La vista y el oído reciben un gran caudal de información procedente del mundo extracorporal. En cambio los mapas sensoriales y motores de la corteza cerebral se conectan con las experiencias íntimas del cuerpo. Cada hemisferio cerebral contiene mapas del lado opuesto del cuerpo. Estos mapas son muy estables a lo largo de la vida y son similares en todos los individuos. Sin embargo, accidentes que implican la pérdida de alguna extremidad o la interrupción del flujo nervioso procedente de alguna parte del cuerpo provocan modificaciones importantes de los mapas motores y sensoriales. Estudios en monos han mostrado cómo se dibuja en una zona precisa de la corteza cada dedo de la mano, así como las diversas regiones de la palma y del dorso, en un orden y en una disposición similares a la forma de la extremidad. Si se amputa el tercer dedo (o se segmenta su flujo nervioso) al poco tiempo las áreas cerebrales contiguas correspondientes a los dígitos segundo y cuarto invaden el espacio del tercero. Esta modificación es reversible si se restaura el flujo nervioso. Se cuenta con mucha información sobre las adaptaciones plásticas en la corteza cerebral de diversas especies de mamíferos cuando son amputadas sus extremidades; en todos los ejemplos las áreas correspondientes responden a impulsos que provienen de zonas corticales adyacentes, aunque a veces puede permanecer silenciosa alguna parte que deja de responder a señales del cuerpo. A esta misteriosa reorganización se agrega un descubrimiento extraordinario: el área cerebral correspondiente al brazo paralizado de un mono se activa cuando se toca la cara, especialmente la barbilla y la quijada.[1] La pregunta que surge es la siguiente: ¿por qué en lugar de permanecer desactivadas y silenciosas, las regiones del córtex que corresponden

[1] Tim P. Pons, Preston E. Garraghty, Alexander K. Ommaya, John H. Kaas, Edward Taub y Mortimer Mishkin, "Massive cortical reorganization after sensory deafferentation in adult macaques".

49

a una parte paralizada o amputada del cuerpo se insertan en un proceso de reorganización masiva del mapa cerebral? ¿Por qué ocurre esta extraña expresión de horror al vacío? Los investigadores no tienen una respuesta. Y, como veremos, las consecuencias de la reorganización, que borra los espacios silenciosos vacíos, tienen efectos extraños y aparentemente indeseables. Pero si partimos de la idea de que hay procesos neuronales incompletos que requieren, para funcionar, de circuitos exocerebrales, acaso esta peculiar aversión al vacío sea comprensible. Los conjuntos neuronales que súbitamente pierden sus funciones buscan completarse mediante su reconexión con otros circuitos vecinos.

El descubrimiento de la extraordinaria plasticidad de los mapas motores y sensoriales ocasionada por heridas y amputaciones llamó la atención de V. S. Ramachandran, un neurólogo interesado en comprender el curioso fenómeno de los miembros fantasma que perciben las personas que han sufrido una amputación de sus extremidades.[2] Pronto reconoció en sus pacientes lo que se había observado en los experimentos con macacos, ratas y otros mamíferos: a pesar de haber perdido alguna extremidad percibían su presencia e incluso llegaban a sentir dolor en el miembro inexistente. La mano fantasma no era el efecto estrafalario de suputaciones psíquicas sin base fisiológica: esa persona sentía efectivamente su mano ausente si se le tocaba la mejilla o el antebrazo. De hecho se podía estimular con gran precisión cada dedo de la mano amputada siguiendo el dibujo invisible que fue descubriendo el investigador en la cara y en el antebrazo. Pronto descubrió otros casos en que la persona tenía sensaciones en el miembro fantasma al estimular otras regiones: una mujer sentía su pie ausente cuando hacía el amor, otro declaró que incluso tenía orgasmos en su pie amputado y una mujer que había sufrido una radical mastectomía tenía sensaciones eróticas en sus pezones fantasma cuando le estimulaban los lóbulos de las orejas. Ramachandran ofrece dos posibles explicaciones. Podría tratarse del crecimiento de nuevos brotes o retoños en las fibras nerviosas, pero en esta hipótesis no

---

[2] V. S. Ramachandran y Sandra Blakeslee, *Phantoms in the brain. Human nature and the architecture of the mind*, cap. 2.

queda claro cómo puede producirse este proceso de una forma organizada. Otra posibilidad es que haya una enorme redundancia de conexiones, una sobreabundancia de enlaces no utilizados o sin función específica que como un ejército de reserva entraría en acción en caso de necesidad. Según esta última hipótesis, existirían conexiones, aunque inhibidas, entre la mejilla o los genitales y la zona del córtex que se vincula con la mano o con el pie. La inhibición cesaría en el momento en que se interrumpe el flujo normal de señales.[3] Pero esto no explica que se activen conexiones reservadas o inhibidas sin ninguna necesidad: ¿para qué necesitamos tener un orgasmo en el pie fantasma? ¿De qué sirve tener cosquillas en una mano amputada o sufrir intensos dolores en una pierna inexistente? En todo caso, sea que broten nuevas conexiones o que se desinhiban las ya existentes, subyace una tendencia —determinada genéticamente, supongo— que impide que ciertos conjuntos neuronales vivan en una condición de apagada incompletitud. Los circuitos tienden a completarse, así sea en forma aberrante.

El mapa cortical más conocido es el que dibujó el neurocirujano Wilder Penfield en forma de un homúnculo que yace acostado con la cabeza hacia abajo sobre un hemisferio cerebral, con los miembros representados en forma proporcional al tamaño del área de la corteza motora con que se vinculan: en el centro una enorme mano con un inmenso pulgar a la que sigue hacia arriba un cuerpo diminuto pegado a un pie más grande con los genitales sobre los dedos; en la otra dirección, hacia abajo, un cuello diminuto y una cara con una boca muy abultada, grandes ojos y, fuera del rostro, una larga lengua. Los científicos no sólo trazan mapas sensoriales referidos a los movimientos. Las sensaciones de calor, frío y dolor tienen sus mapas peculiares, así como las señales táctiles. Se han dibujado más de 30 mapas referidos al sentido de la vista. La estabilidad de estos mapas a veces es alterada por la disfunción o interrupción de algunos circuitos. Es entonces cuando se producen cortocircuitos anormales que generan un complejo proceso de retroalimentación y que intervienen diversas

---

[3] En estos procesos podrían tener una función las células gliales del sistema nervioso central que emiten moléculas que inhiben el crecimiento de axones.

cadenas de neuronas. Ramachandran demostró la importancia de los circuitos visuales en la gestación y la modificación de las sensaciones fantasmales. Mediante un sistema de espejos llegó incluso a eliminar partes de un brazo fantasma, cambiar su rígida posición a una más cómoda y eliminar el dolor. Interesado en el tema de la definición de la identidad corporal y de la conciencia, realizó varios experimentos en individuos normales para lograr que la nariz de otra persona, una mano de plástico, una silla o una mesa, fueran considerados como parte de su cuerpo, de manera similar a la sensación de quien conduce un automóvil, que percibe la máquina como una extensión de su identidad somática. Para Ramachandran lo que ocurre es que nuestro cuerpo mismo es un fantasma que el cerebro ha construido meramente para su conveniencia: la imagen estable que tenemos de nuestro cuerpo, en el que está anclado nuestro ego, es una construcción interna transitoria, una suputación que puede ser modificada incluso mediante algunos trucos simples.[4] Yo interpreto esta afirmación como un reconocimiento de la presencia de redes exocerebrales que tienen al menos dos componentes: en primer lugar los órganos y partes del cuerpo a las que llegan los nervios; en segundo lugar las extensiones materiales que proporciona el ambiente cultural. Yo considero que, propiamente, el exocerebro abarca sólo al segundo componente, junto con las redes simbólicas y lingüísticas. Pero la experimentación con el primer componente —de carácter somático— nos da claves para entender las mediaciones entre el cerebro y su contorno cultural, especialmente cuando la contraparte somática tiene un carácter fantasmal e inmaterial.

Estas extensiones fantasmales del cuerpo, ¿son el producto de modificaciones sin causa genética del mapa cerebral o bien son un efecto de la persistencia espectral de una imagen corporal innata y determinada genéticamente? A esta pregunta Ramachandran contesta que seguramente hay una interacción entre ambos factores. Creo que hay que destacar el hecho de que se produce una sustitución sensorial anómala, cuyas peculiaridades ciertamente pueden deberse a modificaciones relativamente contingentes del mapa, pero también a

---

[4] V. S. Ramachandran y Sandra Blakeslee, *Phantoms in the brain*, pp. 58-62.

una poderosa tendencia a completar la ausencia y el vacío con los restos de una imagen corporal primigenia.

Podemos comprender que la relación entre el cerebro y el medio externo se parece a la que opera entre el sistema nervioso central y los miembros periféricos del cuerpo. Hay mapas neuronales relativamente estables que codifican las peculiaridades de nuestro ambiente. Aquí nos topamos con un problema planteado por algunos neurólogos y que ya he mencionado. En la concepción de Jean-Pierre Changeux el problema radica en que vivimos en un universo "no etiquetado", que no nos envía mensajes codificados. Nosotros proyectamos las categorías que creamos, con ayuda del cerebro, a un mundo sin destino ni significación. El universo carece de categorías, salvo, aclara Changeux, aquellas creadas por el hombre. El neurólogo está aquí contestando una afirmación del filósofo Paul Ricoeur, a quien le parece un resabio de dualismo cartesiano seguir pensando la actividad mental en términos de representación. A Changeux le parece que las representaciones se estabilizan en nuestro cerebro, desde luego no como huellas en la cera, sino indirectamente y después de un proceso de selección que Edelman llama darwiniano.[5] Sin duda el nicho ecológico de un mamífero superior no es un mundo platónico repleto de ideas previas, proposiciones verdaderas y armonías que algunos seres privilegiados —nosotros— podemos descodificar. Pero tampoco es un espacio caótico carente de reglas. Y especialmente el ambiente cultural, como reconoce Changeux, sin duda es un mundo repleto de categorías, etiquetas y símbolos. ¿Cómo logra el cerebro codificar, procesar y cartografiar el hábitat cultural?

Regresemos por un momento a los vínculos entre el sistema nervioso central y la mano (amputada o no). Aquí surge una pregunta: ¿necesita el cerebro una representación de la mano? ¿El área del córtex donde se descubre una especie de dibujo de la mano de un macaco es una representación? No lo creo. No veo para qué necesitaría el cerebro una especie de fotografía de la mano si dispone de algo mucho mejor: la mano misma. Otra cosa es el complejísimo sistema de retroalimentación sensomotora que enlaza la mano con el cerebro, y que segura-

[5] Jean-Pierre Changeux y Paul Ricoeur, *Ce qui nous fait penser*, pp. 107-109.

mente usa ciertos códigos. Lo cierto es que no podemos todavía leer los "jeroglíficos sinápticos", como los llama Changeux, para entender las operaciones precisas que realiza el cerebro cuando se mueve la mano o cuando se siente dolor en la pierna fantasma que fue amputada años atrás. Pero la neurociencia se está acercando a la explicación, sobre todo en la medida en que ha ido abandonando la idea de que la conciencia de tener y mover una mano, o de mirar una puesta de sol, implica la existencia de un pequeño ego que vive en el cerebro y que contempla las representaciones de los dedos y del dorso de la mano, o la película en colores del hermoso final de una tarde.

El lugar común al que suelen llegar los interesados en la neurología cognitiva es casi inevitable: ¿cómo explicamos nuestra experiencia individual cuando percibimos el color rojo? Se suele suponer que la experiencia del rojo es subjetiva y esencialmente privada, un tipo de sensaciones que los filósofos anglosajones llaman *qualia,* y que ejemplifica el problema más duro de resolver: ¿cómo unificar la experiencia subjetiva en primera persona de contemplar el rojo, con la descripción en tercera persona de un científico que define la sensación como la activación de ciertas redes neuronales cuando llega a la retina un haz luminoso que tiene determinada longitud de onda? Es decir: ¿qué unifica la mente y el cerebro? Sin duda en el universo no existe la categoría "rojo". Tampoco existe la categoría "brazo". Pero estas categorías sí existen en la cultura y en nuestro lenguaje. También aparecen en nuestro mapa cerebral, aunque no es seguro que sean allí representaciones del rojo o del brazo. ¿Para qué necesitamos representaciones si tenemos acceso tanto al miembro como al color, gracias a la mediación de los nervios y de la retina? El hecho de que las sensaciones no procedan de objetos que tienen pegada una tarjeta identificadora ("esto es rojo", "esto es un brazo") no quiere decir que esos objetos no existan.

Para Ramachandran el problema radica en que estamos ante dos lenguajes mutuamente ininteligibles, el de los impulsos nerviosos y el de las lenguas que hablamos. Así, yo sólo puedo explicar mi sensación de rojo mediante el habla, pero la "experiencia" misma —dice— se pierde en la traducción.[6]

---

[6] V. S. Ramachandran y Sandra Blakeslee, *Phantoms in the brain*, p. 231.

¿Realmente se pierde? No lo creo. Si se perdiera no existirían la literatura y el arte. El verdadero problema por resolver —un auténtico misterio— no es la imposibilidad de traducir las sensaciones subjetivas expresadas mediante el habla a los códigos neuronales que cruzan nuestro cerebro. Lo que no podemos explicar es el extraño hecho de que *sí* hay comunicación y que por lo tanto la traducción funciona adecuadamente.

Una forma de saltar la barrera de la incomunicación, explica Ramachandran, se ejemplifica con el experimento mental que establece un vínculo entre una persona ciega al color y otra normal. Al no poder comunicarle la experiencia del rojo mediante palabras a la persona cuya retina no percibe colores, se procede a conectar un cable nervioso artificial (hecho a partir de cultivos de tejido nervioso) que conecta las áreas cerebrales que procesan el color de una persona a otra. Así, la información sobre el color llega a la persona ciega sin pasar por la retina afectada. Este experimento imaginario, dice Ramachandran, demuele el argumento de que hay una barrera infranqueable en la comunicación de *qualia*.[7] Lo que ocurre en este experimento mental es que la persona normal se transforma en una especie de prótesis viviente usada por la que sufre de acromatopsia retinal. En mi hipótesis lo que funciona como prótesis es la cultura, y especialmente el habla, aunque no realiza un remplazo sensorial sino una sustitución por medios simbólicos de una comunicación que no puede ocurrir gracias a mecanismos somáticos. Quiero decir que en la cultura hay equivalentes a ese cable artificial que conduce experiencias subjetivas de un cerebro a otro.

En 1928 el pintor surrealista René Magritte hizo un experimento mental que debería interesar a los neurólogos. En su cuadro *La traición de las imágenes* vemos una pipa y debajo la siguiente inscripción: *"Ceci n'est pas une pipe"*. Magritte presenta la imagen de un objeto conocido y en la etiqueta declara que "no es una pipa". Hay una contradicción: nuestra retina nos permite reconocer una pipa pero nuestros conocimientos lingüísticos (si sabemos francés) nos revelan lo contrario. Aparentemente estamos ante un problema insoluble de

---

[7] *Ibid.*, p. 233. Algo que se acerca ligeramente a este experimento se realiza en ciegos de nacimiento mediante un estimulador magnético transcraneano, que logra activar con cierta precisión algunas áreas del tejido cortical.

traducción: al mirar el cuadro sentimos con fuerza la presencia de una bella pipa, pero un seco mensaje en otro lenguaje nos advierte que estamos equivocados. Y, sin embargo, sí hay una traducción posible. Aunque aparece una incongruencia entre dos regiones diferentes del cerebro (el córtex visual en el lóbulo occipital y las áreas del habla en el hemisferio izquierdo), cualquier conocedor de la cultura occidental moderna intuye la paradoja irónica: evidentemente no vemos una pipa, sino una *representación* de ella, y a partir de este juego podemos realizar muchas y muy sofisticadas suputaciones conceptuales sobre si el mensaje lingüístico se refiere a la cosa misma o a su imagen. El juego aquí puede servir para recordar que las imágenes llegan codificadas y etiquetadas por la cultura y que incluso las contradicciones pueden contener mensajes que es necesario descifrar. El cuadro de Magritte nos plantea una duda: ¿para qué queremos algo que no es una pipa (es su representación) si podemos tener una de verdad para cargarla de tabaco y fumarla con deleite? ¿Para qué necesitamos el arte si tenemos la vida cotidiana? Porque las representaciones y el arte nos permiten traducir lo que parece intraducible.

Hay que destacar el hecho de que una parte importante, y acaso fundamental, del aparato traductor no se encuentra oculto en el interior del cráneo, sino que funciona ante nuestras propias narices bajo la forma de un amplio abanico cultural integrado por lenguajes, arte, mitos, memorias artificiales, razonamientos matemáticos, órdenes simbólicos, relatos literarios, música, danza, mecanismos clasificatorios o sistemas de parentesco. Es necesario explorar desde la perspectiva neurobiológica todos estos aspectos para definir allí los mecanismos exocerebrales precisos que puedan ser la clave no sólo de las mediaciones traductoras entre el lenguaje cerebral y el mental, sino además ayudar a explicar el fenómeno de la autoconciencia. El habla es sin duda uno de los aspectos más importantes de lo que denomino el exocerebro, pero es necesario tomar siempre en cuenta el contexto de símbolos plásticos, rituales, creencias, signos mnemotécnicos y sistemas matemáticos a los que me he referido. Sin embargo, quiero proponer antes una reflexión teórica basada en experimentos encaminados a explorar el lenguaje de los simios.

Un cierto número de simios, sean capturados en su medio natural o nacidos en cautividad, va a poblar los laboratorios de los científicos interesados en los procesos mentales, las redes neuronales, la biocibernética, el origen del lenguaje o el estudio de diversas patologías. No es difícil comprender que esta población de simios, en mayor o menor medida, se encuentra sometida a un sufrimiento más o menos agudo, aunque sólo sea por el hecho de vivir fuera de su nicho ecológico natural. El mundo en el que viven está repleto de etiquetas referidas a categorías extrañas y se ven obligados a contemplar un universo altamente ordenado y articulado. Algunos de los simios más afortunados fueron a dar al laboratorio de Sue Savage-Rumbaugh, en la Universidad de Georgia. Allí los chimpancés no sólo fueron bien tratados, con afecto y comprensión, sino que tuvieron acceso a una peculiar prótesis que les permitió comunicarse con los seres humanos, y que sustituyó la carencia de un aparato vocal adecuado para hablar como nosotros, entre otras cosas debido a que el suyo no permite pronunciar consonantes. La situación de estos simios puede equipararse a la de unos humanos primigenios trasladados a un medio extraño y difícil, con la importante diferencia de que el *Homo sapiens* no encontró allí las prótesis adecuadas sino que tuvo que crearlas. Los chimpancés, en cambio, fueron entrenados para usar tableros electrónicos con teclas marcadas con unos 100 símbolos. Al ser apretada, cada tecla se enciende y al mismo tiempo se proyecta el símbolo correspondiente en una pantalla. Es como si nuestros ancestros primitivos se hubiesen encontrado en el bosque un exocerebro colocado allí por algún extraterrestre que, benévolo, les hubiese enseñado a usarlo antes de regresar a su planeta. Los simios en el laboratorio, forzados por el ambiente humano y gracias a una prótesis electrónica, usan recursos cerebrales que acaso no son puestos a funcionar en su medio natural. En otros laboratorios han sido entrenados para usar el lenguaje de signos de los sordomudos. De manera sorprendente, tienen habilidades para comprender y pedir objetos y alimentos mediante el uso de símbolos, y son capaces de combinarlos y de entender que representan acciones o cosas. Pero la gran sorpresa llegó con un joven chimpancé bonobo llamado Kanzi, que alcanzó a comprender unas 150 palabras después de los primeros 17 meses de enseñanza, acabó construyendo en el tablero electrónico frases con una estructura sintáctica primitiva, pudo adquirir espontáneamente habilidades lingüísticas por medio de la convivencia social con humanos, de la misma manera que lo hacen los niños, y fue capaz de entender oraciones complejas. Sue Savage-Rumbaugh ha escrito un libro memorable donde relata su conmovedora y fascinante búsqueda de habilidades lingüísticas en los chimpancés. Su argumentación es persuasiva al afirmar que los chimpancés tienen la maquinaria neuronal básica para desarrollar un lenguaje primitivo y que el habla humana no es simplemente el efecto de una estructura innata sino el resultado de un sustrato cognitivo plástico que interactúa con un medio social.[8] Está convencida de que la mente humana sólo difiere en grado, pero no cualitativamente, de la de los simios. Sin embargo yo encuentro una diferencia cualitativa: los chimpancés libres en su estado natural no desarrollan el tipo tan complejo de lenguaje que son capaces de crear en cautividad, rodeados de un ambiente humano y con acceso a un sistema simbólico que sustituye sus incapacidades. Me parece que ello ocurre no sólo debido a la ausencia de una cultura adecuada, sino también debido a que no sufren los efectos de una dependencia de ciertos circuitos cerebrales con respecto a las prótesis lingüísticas que les permiten comunicarse. Los chimpancés en cautividad dependen de los tableros electrónicos en la medida en que el medio humano los obliga a ello. Pero no parece haber una dependencia neuronal. Son capaces de usar un exocerebro lingüístico si se les proporciona, y se adaptan a su uso. Pero no tienen circuitos nerviosos caracterizados por su incompletitud y su dependencia de circuitos exocerebrales.

---

[8] Sue Savage-Rumbaugh y Roger Lewin, *Kanzi. The ape at the brink of the human mind*, pp. 278-279.

VI. EL EXOCEREBRO ATROFIADO

PODEMOS tomar otro camino para buscar las huellas del exocerebro en el seno del sistema nervioso central. En ciertos pa-
decimientos observamos una acentuada atrofia de la relación
entre la mente del individuo y su contorno sociocultural.
Se sabe desde hace mucho que las lesiones en la región prefrontal del cerebro provocan comportamientos antisociales
y psicopáticos. El célebre caso de Phineas Gage, el obrero
cuya cabeza, en un accidente en 1848, en Nueva Inglaterra, fue
atravesada por una barra de hierro que le lesionó la parte
frontal, inició emblemáticamente los estudios sobre el tema:
el señor Gage pasó de ser una persona amable y sensata a
mostrar una insoportable irascibilidad y una permanente actitud blasfema, procaz, indisciplinada y agresiva.[1] Desde entonces se ha acumulado mucha información sobre los efectos de
las lesiones prefrontales. Pero ahora quiero traer en mi ayuda
los estudios sobre personas antisociales que no han sufrido
ninguna lesión. Se trata de individuos que han sido diagnosti-
cados por los psiquiatras como afectados por el síndrome de
la personalidad antisocial: personas caracterizadas por un
continuo comportamiento violento y transgresivo, constante
irritabilidad agresiva e irresponsable indiferencia por el daño
que ocasionan a otros o a ellas mismas.[2] Podemos suponer que estos desórdenes implican fallas en la comunicación
entre circuitos neuronales internos, que se hallan atrofiados,
y los circuitos del exocerebro. La interpretación se confirma
con los resultados de la investigación: las personas afectadas
por el síndrome de la personalidad antisocial, de acuerdo con
lo que revelan las imágenes de resonancia magnética estructural, mostraron una reducción significativa de la materia gris

---

[1] Véase un resumen del caso en el libro de Antonio Damasio, *Descartes'
error*, cap. 1.

[2] Adrian Raine, Todd Lencz, Susan Bihrle, Lori LaCasse y Patrick Colletti, "Reduced prefrontal gray matter volume and reduced autonomic activity
in antisocial personality disorder".

prefrontal (pero no de la materia blanca). Un aspecto muy importante de la investigación es que se también analizaron dos grupos más: uno de drogadictos y otro de esquizofrénicos o perturbados por desórdenes afectivos. La reducción de la materia gris no se observó en estos casos, que están formados por individuos afectados también por patologías que generan graves problemas sociales. El grupo de antisociales mostró 11% de reducción en la masa de materia gris en relación con un grupo de control normal (14% respecto de los drogadictos y 14.7% con respecto al grupo con otras afecciones psiquiátricas). Otros aspectos de la investigación mostraron que el déficit de materia gris prefrontal no podía ser atribuido a factores de riesgo psicosocial (por ejemplo: clase social baja, divorcio de los padres, peleas familiares, criminalidad en el ambiente familiar, abusos sexuales). En otras palabras, el medio social difícil no les devoró la materia gris faltante.

La perturbación que afecta de manera más espectacular e inquietante la conexión del cerebro con los circuitos socioculturales es el autismo. Es interesante recordar que el texto clásico sobre el autismo, publicado por Leo Kanner en 1943, describe a estos enfermos como "animales asociales prehomínidos", incapaces de aceptar o comprender cambios en la rutina o en su contorno, sin nociones de la diferencia entre el tú y el yo, que desarrollan buenas relaciones con objetos y malas con las personas, y que sufren de serias incapacidades lingüísticas.[3] Es decir, en mi interpretación, carecen de exocerebro. Aproximadamente 75% de los autistas sufre de retraso mental. Las evidencias parecen comprobar que esta condición tiene un origen biológico con importantes componentes genéticos.[4] Es importante decir que las discapacidades de los autistas no provienen del retraso mental, puesto que una cuarta parte de los casos no sufre de esta condición. Más allá del bajo nivel de sus capacidades intelectuales, hay un núcleo de problemas que afecta a todos los autistas: carecen de capacidades para entablar relaciones sociales, tienen dificultades de comunicación verbal o no verbal y les es muy difícil o imposible imaginar estados mentales o intenciones de otras personas. Oliver

---

[3] Leo Kanner, "Autistic disturbances of affective contact".
[4] Simon Baron-Cohen, "The cognitive neuroscience of autism: evolutionary approaches".

Sacks ha descrito, con la penetración y la ternura que lo caracterizan, la condición autista de una inteligente profesora de la Universidad Estatal de Colorado, Temple Grandin. Ella misma le describió a Sacks su situación: "Durante gran parte del tiempo me siento como una antropóloga en Marte".[5] Se refería a su falta de empatía emocional, su distancia ante las experiencias de los demás y su dificultad para comprender las conductas y las circunstancias. Para sobrevivir, explica, tuvo que acumular en su memoria una especie de biblioteca donde tiene catalogados los comportamientos, las experiencias y las situaciones, de manera que sin sentir empatía alguna es capaz, no obstante, de correlacionar los hechos para entender y predecir las conductas de esa extraña especie de marcianos que son para ella los humanos. Siente que en su mente hay cintas de video o discos de computadora que ella puede mirar, como el proverbial homúnculo cartesiano; pero no puede escoger sólo el instante de la película que quiere ver: su memoria tiene que reproducir toda la escena. Sacks explica que en los autistas no faltan los sentimientos de afecto en general, sino aquellos que tienen relación "con experiencias humanas complejas, especialmente las de índole social, y acaso las asociadas a ellas: estéticas, poéticas, simbólicas, etc.".[6] La propia Temple Grandin cree que tiene hiperdesarrolladas las partes visuales de su cerebro, así como aquellas que le permiten procesar simultáneamente una gran masa de datos. En cambio sufre el subdesarrollo de las funciones verbales y de las áreas de su cerebro relacionadas con el procesamiento de secuencias. También considera que la causa radica en su cerebelo, que tiene una talla menor a la normal, según han mostrado las imágenes de resonancia magnética. El resultado es que, al parecer, los defectos de ciertas partes del cerebro se compensan con el desarrollo extraordinario de otras partes.

Hay evidencias que apuntan a una sintomática correlación inversa: los niños autistas sufren una seria discapacidad en sus intuiciones psicológicas para juzgar a los otros, pero tienen más afinadas las intuiciones físico-mecánicas que los niños normales de la misma edad. Es decir, no entienden

[5] Oliver Sacks, "An anthropologist on Mars".
[6] *Ibid.*, p. 288.

la conducta de las personas pero comprenden la causalidad física de los objetos.[7] Odian el contacto personal pero les fascinan las máquinas.

Hay un fenómeno extraño e inquietante que acompaña al autismo: aproximadamente 10% de los autistas, los antaño llamados "sabios idiotas", desarrollan una especie de hipertrofia de la memoria visual o acústica, así como capacidades extraordinarias para copiar, recitar o reproducir imágenes, obras musicales y textos con gran precisión, pero sin entender lo que hacen. Este síndrome ocurre generalmente en individuos con muy bajos niveles de inteligencia y afecta mucho más al sexo masculino que al femenino. Estudios recientes han mostrado que estos autistas sabios han desarrollado enormemente algunas funciones basadas en el hemisferio cerebral derecho, como son las actividades motoras, visuales y no simbólicas. Pareciera una especie de compensación por las disfunciones del lado izquierdo, donde se basan las funciones ligadas a las secuencias lógicas y al simbolismo lingüístico. El resultado es que estos sabios autistas tienen habilidades casi increíbles en música, arte, matemáticas, cálculo y mecánica, pero sufren serias incapacidades en el habla y el lenguaje.[8] Las investigaciones sugieren que alguna clase de daño en el hemisferio izquierdo ocasiona una anormal activación del lado derecho, así como una hipertrofia de los circuitos ligados a las formas primitivas de la memoria, que carecen de contenido semántico o cognitivo.

En el autista está dañada o no existe la conexión con el sistema simbólico de sustitución, de manera que en ciertos casos —al no poder usarse los circuitos culturales— se produce una expansión de la memoria mecánica que algunos asocian a los circuitos corticales estriados (a diferencia de los circuitos corticales límbicos vinculados a la memoria semántica).[9] En esta especie de australopitécidos vivientes los circuitos neuronales correspondientes al lenguaje estarían cerrados

---

[7] Simon Baron-Cohen, "The cognitive neuroscience of autism: evolutionary approaches", p. 1253.

[8] Darold A. Treffert y Gregory L. Wallace, "Island of genius". Véase también el libro del primero, *Extraordinary people: understanding savant syndrome*.

[9] Larry R. Squire y Barbara J. Knowlton, "The medial temporal lobe, the hippocampus, and the memory systems of the brain".

y completos, y por ello no buscarían conexiones con prótesis externas. En cierta forma, es como una terrible amputación, no de un miembro del cuerpo, sino de los canales que conectan con el exocerebro. Entonces el mundo social y cultural es suplantado, en el caso de los sabios autistas, por una memoria que parece un pozo sin fondo y por insólitas habilidades visuales, auditivas y motoras. Suplantado o sustituido por un exocerebro fantasma con el que se pueden hacer cálculos complejos en pocos segundos, dibujar paisajes con extrema precisión, cronometrar con exactitud el tiempo sin ayuda de reloj. En la hipótesis de Ramachandran, ha ocurrido una reorganización del mapa cerebral.[10] Quiero mencionar un ejemplo, que ha sido debatido intensamente, del uso de una prótesis para conectar a una persona autista con su contorno social. En 1991 una joven autista de California que casi no podía comunicarse verbalmente, Sue Rubin, fue impulsada a usar un tablero con teclas alfabéticas para expresarse, como los chimpancés de laboratorio a los que ya me he referido. Al parecer el uso de esta técnica —llamada "comunicación facilitada"— permitió a la autista salir de su aislamiento.[11] De ser considerada retardada mental (un IQ de 24) pasó, gracias al tablero, a ser una excelente alumna en el bachillerato, a estudiar historia en un colegio y a vivir en forma semiindependiente a los 26 años. A esta edad sigue sin poder comunicarse mediante el habla pero ha escrito el guión de un filme documental sobre su vida, dirigido por Gerardine Wurzburg (*Autism is a world*, 2004, nominado a un Oscar). ¿Es posible que el tablero electrónico sustituya las deficientes funciones de circuitos neuronales que debieran comunicarla con el exocerebro? Es una idea sugerente, pero todavía hay mucho por explorar en los casos de autismo tratados mediante comunicación facilitada.

[10] V. S. Ramachandran y Sandra Blakeslee, *Phantoms in the brain*, p. 196.
[11] Una descripción crítica de esta técnica puede encontrarse en Marcia Datlow Smith y Ronald G. Belcher, "Facilitated communication and autism. Separating fact from fiction", en www.csaac.org/pub-fac.htm. Muchos investigadores creen que los "facilitadores" son los que inducen las respuestas de los autistas que usan tableros. El caso de Sue Rubin, sin embargo, le ha parecido auténtico a la doctora Margaret Bauman, especialista en autismo de la Harvard Medical School.

El hecho de que la malformación o reorganización de circuitos cerebrales esté vinculada a síntomas más o menos agudos de disfuncionalidad sociocultural en los individuos afectados nos enfrenta al viejo problema de las correlaciones entre el cerebro y la conciencia, entre el cuerpo y la mente. Me parece interesante discutir aquí brevemente tres propuestas que ofrecen una solución al famoso problema. En primer lugar quiero citar la propuesta del psicólogo Nicholas Humphrey.[12] Su propuesta se encuentra en las antípodas de mi interpretación: para él la mente en realidad es un conjunto de circuitos cerrados y de bucles internos alojados en el cerebro. Supone un modelo evolutivo según el cual en un organismo animal, que cambia de hábitos, de medio y que por ello se vuelve más independiente, las respuestas originales a las señales sensoriales dejan de ser útiles y de tener efectos reales. Las señales que conducen las respuestas sensoriales entran en un cortocircuito antes de alcanzar la superficie del cuerpo. En lugar de alcanzar el estímulo sensorial, llegan a puntos cada vez más cercanos al nervio que da entrada a las señales sensoriales, hasta llegar a un momento en que todo el proceso se cierra ante el mundo exterior en un bucle interno dentro del cerebro. Aunque pareciera una explicación del fenómeno autista, según Humphrey éste es el origen de la mente: un proceso interiorizado con un alto grado de interacción recursiva, un flujo de señales autosuficiente que se autoconstruye, que a pesar de responder a un estímulo externo se ha convertido en un circuito de señales referidas a sí mismas. La mente, al igual que la conciencia, ha acabado siendo una especie de invaginación de respuestas inútiles. Sin embargo, como ha afirmado con agudeza Stevan Harnad, la solución de Humphrey ha consistido simplemente en bautizar como "mentales" los bucles y los circuitos cerrados en el cerebro.[13] Para despejar la ecuación mente = cerebro lo que ha hecho es sencillamente declarar que la mente es una actividad cerebral y que el contenido de la conciencia está constituido por sensaciones corporales.

---

[12] Nicholas Humphrey, "How to solve the mind-body problem", que aparece en un número monográfico del *Journal of Consciousness Studies* centrado en el ensayo de Humphrey y con los comentarios de diez especialistas.

[13] Stevan Harnad, "Correlation *vs.* causality. How/why the mind-body problem is hard".

Como explica Humphrey, el fantasma de la sensación subjetiva de dolor puede reducirse a la actividad propia de un estado de autorresonancia.

El fenómeno autista nos enfrenta a la necesidad de determinar si existen vínculos causales entre los circuitos cerebrales internos y las redes culturales y sociales externas. Es evidente que la disfunción de ciertos sistemas neuronales lesiona la comunicación con el mundo exterior, lo cual causa efectos dramáticos en el comportamiento de un autista. Pero algo similar ocurre en un esquizofrénico o un melancólico. Lo peculiar del autismo consiste en que hay una sustancial interrupción de los circuitos exocerebrales, y entonces nos podemos preguntar si, a su vez, estas redes externas pueden causar efectos en los sistemas neuronales. Aparentemente, las redes exocerebrales son una pieza necesaria de ciertos circuitos neuronales, a tal punto que si son amputadas, los tejidos internos construyen un sistema fantasmal sustitutivo. De la tesis de Humphrey se deriva que, en realidad, no sólo la hipertrofia sustitutiva del autista sino también la conciencia son una sensación fantasmal relacionada con estados cerebrales internos. Yo creo, en contraste, que la conciencia normal está emplazada en redes que conectan los circuitos neuronales con los circuitos exocerebrales.

Otro psicólogo ha tomado un camino muy diferente para explicar cómo las experiencias conscientes afectan al cerebro. Para Max Velmans la mente y el cerebro son ontológicamente complementarios y mutuamente irreducibles. Su peculiar combinación de monismo ontológico y dualismo epistemológico lo lleva a afirmar simplemente que cada individuo tiene una sola vida mental pero dos maneras de conocerla: el conocimiento "subjetivo" en primera persona y el conocimiento "científico" en tercera persona. De esta forma Velmans puede aceptar que las experiencias conscientes son causas efectivas de estados cerebrales, sin que por ello se viole el principio científico según el cual el mundo físico está cerrado causalmente, y por lo tanto no existe ningún espíritu o sustancia metafísica que lo pueda influir.[14] Es decir, que lo que sentimos y pensamos conscientemente no es un mero epifenómeno ca-

---

[14] Max Velmans, "How could conscious experiences affect brains?"

rente de poderes causales, sino que tiene efectos en lo que realmente hacemos. Según Velmans tenemos que vivir con la paradoja de entender la explicación que hace una tercera persona
de la cadena de efectos que un estímulo externo doloroso
produce en el sistema nervioso central (la *res cogitans* cartesiana) y al mismo tiempo aceptar la presencia de una sensación
subjetiva de dolor, una categoría que sólo existe en primera
persona y que no tiene existencia objetiva en el mundo físico
exterior (la *res extensa*). Y sin embargo estas dos perspectivas
irreconciliables se refieren a una misma situación, a una misma sensación y a una misma información. La solución de Velmans consiste en decir que ambas perspectivas son correctas.
Con toda razón se ha dicho que la solución de Velmans al problema de la relación entre el cerebro y la conciencia es puramente verbal.[15] La idea de Velmans renuncia al estudio de las
conexiones causales que puede haber entre la mente y el cerebro. Simplemente nos remite a la posibilidad, explorada ya por
investigadores como Crick y Koch, de hallar correlaciones entre conciencia y cerebro, como el caso ya citado de los disparos sincronizados de neuronas a una frecuencia de 40 hertz.

Ahora quiero citar una tercera reflexión, la de un neurobiólogo que ha hecho importantes contribuciones al estudio
del cerebro y ha desarrollado una sugerente y compleja teoría
sobre la selección de grupos neuronales.[16] Consciente de que
le era necesario abordar el problema de la conciencia como
instancia causal, ha presentado una hipótesis sobre lo que llama el "transformador fenoménico". Para Edelman un núcleo
dinámico de interacciones neuronales, basado en el sistema
talámico-cortical, convierte las señales procedentes del mundo exterior y del propio cerebro en una conciencia subjetiva
capaz de realizar distinciones cualitativas basadas en habilidades semánticas. Este transformador fenoménico no es causado por la acción del proceso neuronal nuclear, sino que es
una propiedad de dicha actividad, un proceso que acompaña
y refleja los estados neuronales subyacentes en que se basa la
conciencia.[17] Para Edelman la conciencia es un epifenómeno

---

[15] Jeffrey Gray, "It's time to move from philosophy to science".
[16] Gerald M. Edelman, *Bright air, brilliant fire*.
[17] Gerald M. Edelman, *Wider than the sky: the phenomenal gift of consciousness*, p. 78.

que carece de poder causal, pero que refleja la capacidad causal del núcleo neuronal dinámico. La referencia clásica es la
famosa afirmación de T. H. Huxley, quien sostenía que la conciencia es un producto colateral del funcionamiento del cuerpo, que no tiene poder alguno para modificar dicho funcionamiento, de la misma forma que el silbato de vapor que
acompaña los movimientos de una locomotora no tiene ninguna influencia en su maquinaria. Es por ello por lo que, con-
cluía Huxley, los humanos somos autómatas conscientes.
Edelman no concuerda con la idea de que los hombres son
autómatas, pues su darwinismo neuronal y su explicación de
los procesos de selección le impiden considerar al cuerpo humano como una máquina. Sin embargo, el transformador fenoménico es ciertamente como el silbato de la locomotora
o como, para usar las imágenes de William James, la melodía
que emana de las cuerdas del arpa, que no frena ni acelera su
vibración, o como la sombra que corre al lado del caminante
sin influir en sus pasos.[18]

Edelman es consciente de que la vinculación que propone entre el transformador fenoménico y su sustrato neuronal
debe ser probada mediante la experimentación. Pero está seguro de que, dada la estrecha relación entre ambas instancias,
podemos hablar como si la conciencia pudiera ser la causa
de modificaciones de los circuitos cerebrales, aun sabiendo
que no es así. Por ello, para explicar la experiencia real que
permite definir cualidades como la tibieza de lo tibio o la roju-
ra del rojo, basta verlas como propiedades de un fenotipo
y explicar la base de dichas distinciones. No parece que podamos llegar muy lejos con la ayuda de esta interpretación.
Al igual que Humphrey y Velmans, Edelman esquiva el asunto
al que nos han enfrentado el autismo y los comportamientos
antisociales: los fenómenos culturales y sociales que cualifi-

---

[18] Véase la cita de Huxley en los comentarios que hace William James en
el cap. 3 de sus *Principios de psicología*. En realidad, el silbato o la melodía sí
pueden tener un poder causal. Si los consideramos como señales que se transforman en símbolos en un sistema cultural determinado, veremos que la ausencia de un silbatazo puede ocasionar que la locomotora choque con automóviles en un cruce y se detenga y la falta de un flujo melódico adecuado
puede ocasionar el despido del arpista y el silencio del arpa. El epifenómeno deja de serlo cuando se integra a un circuito simbólico capaz de influir en
el desenvolvimiento y en la configuración de los procesos cerebrales.

can y dan sentido a gran parte de las sensaciones y las percepciones que llegan al cerebro. No podemos sustraernos al problema de la influencia del mundo sociocultural en los procesos cerebrales por más que decretemos que la conciencia es un epifenómeno, que en realidad es un proceso nervioso o que es la pareja incómoda de una dualidad irreductible. Debido a una obsesión casi mística por la clausura causal del mundo físico han quedado fuera del claustro las redes culturales y sociales en las que vivimos.

Es evidente que las estructuras culturales y sociales son un fenómeno material, pero su reducción al nivel de los procesos físicos es completamente inútil y genera una pérdida brutal de la riqueza informativa que nos permite comprender las redes socioculturales. La degradación analítica de estas redes a su nivel físico significa perder de vista lo esencial: su estructura. Si menciono este tema es simplemente para señalar que la conexión de los circuitos cerebrales con los procesos socioculturales no es una operación que viola la clausura causal del mundo físico exigida por los científicos. No se trata de inventar un metacerebro sino de investigar las peculiaridades de un exocerebro.

Una consecuencia importante de una investigación de esta naturaleza radica en la necesidad de comprender que la cultura no puede ser reducida al conjunto de "habilidades" sociocognitivas que permiten a los humanos manejar sistemas simbólicos, identificarse con otras personas, predecir su comportamiento, aprender y practicar una conducta caracterizada por actos sociales. Aunque la cultura se basa en ciertas habilidades, las estructuras simbólicas e institucionales no son la suma de las capacidades cognoscitivas del cerebro. Es insuficiente la idea, muy extendida, de que "todas las instituciones culturales humanas —como lo ha expresado Tomasello— reposan sobre la habilidad sociocognitiva biológicamente heredada de todos los individuos de crear y usar convenciones sociales y símbolos".[19] El problema es que esta afirmación resulta banal si no se comprende que entre las habilidades cognitivas y las instituciones culturales hay complejos sistemas sociales y simbólicos que están dotados de una lógica

---

[19] Michael Tomasello, *The cultural origins of human cognition*, p. 216.

propia, de reglas de desarrollo y de estructuras que no pueden reducirse a las habilidades individuales. El hecho es que
en los fenómenos culturales y sociales hay circuitos que se
encuentran fuera del cerebro y que no pueden explicarse por
los procesos nerviosos centrales, por la capacidad de las memorias neuronales, por módulos cognitivos innatos y por las
habilidades cerebrales en el uso de lo que los psicólogos llaman una "teoría de la mente" para reconocer las intenciones
de otros. A pesar de que el cerebro aloja más de 100 000 millones de neuronas y que éstas forman una red de unos mil
millones de millones de conexiones sinápticas, las estructuras culturales y sociales no caben en él: no hay manera de que
el cerebro pueda absorber y contener en su interior más que una
pequeña parte de los circuitos socioculturales. El cerebro,
para referirme al célebre poema de Emily Dickinson, es más
vasto que el cielo, más profundo que el mar y pesa tanto
como Dios; pero la cultura humana lo desborda con creces.[20]

[20] The Brain–is wider than the Sky–/For–put them side by side–/The
one the other will contain/With ease–and You–beside–/The Brain is deeper
than the sea–/For–hold them–Blue to Blue–/The one the other will absorb–/
As Sponges–Buckets–do–/The Brain is just the weight of God–/For–Heft
them–Pound for Pound–/And they will differ–if they do–/As Syllable from
Sound–/ (Poema 632).

VII. EL SISTEMA SIMBÓLICO DE SUSTITUCIÓN

No PRETENDO que las vastas estructuras sociales y culturales sean un exocerebro gigantesco, una colosal prótesis compuesta por un sinfín de circuitos simbólicos. Una definición tan laxa pierde carácter explicativo y nos lanza al abismo de los lugares comunes o las obviedades. Sin embargo, hay que reconocer que la inmensa vastedad de la cultura no parece contener todos los secretos de su estructura y evolución. A cada paso los estudios de antropólogos, historiadores, lingüistas, sociólogos y psicólogos han revelado la necesidad de acudir a explicaciones metasociales para completar la interpretación de los fenómenos culturales. No me refiero solamente a la búsqueda de caminos religiosos y metafísicos. Más significativas son las tendencias a buscar respuestas en los espacios de las mentalidades sociales, los inconscientes colectivos, los arquetipos, la selección natural, los genes o la estructura del cerebro. Me parece que estas inquietudes responden a un problema real y difícil de resolver. En las estructuras socioculturales parece haber una incompletitud similar a la que me parece ver en ciertos circuitos neuronales, y que es especialmente notoria en los mitos, el lenguaje simbólico, la imaginería visual o las relaciones de parentesco. Pero la búsqueda de "causas" u "orígenes" extraculturales se ha topado con múltiples dificultades para generar un modelo de explicación capaz de unificar las estructuras biológicas y las culturales. Pareciera que estamos ante mundos tan irreductibles como pueden serlo los misterios teológicos y las realidades seculares. Acaso sea más creativo dejar de buscar una causalidad metacultural o extrasocial para enfrentarnos al problema de descifrar una trama de interacciones que tiene su propia dinámica: la red que une el cerebro con el exocerebro. Para apoyar estas búsquedas y reflexiones me serviré de las ideas que han elaborado algunos neurólogos, biólogos y psicólogos que han explorado el mundo de la cultura.

Los circuitos exocerebrales constituyen un sistema simbólico de sustitución. Esto quiere decir que sustituyen ciertas funciones cerebrales mediante operaciones de carácter simbólico, con lo cual se amplían las potencialidades de los circuitos neuronales. Un ejemplo sencillo es el uso de memorias artificiales, una de cuyas formas más primitivas puede ser la simple acumulación y clasificación de objetos que simbolizan determinadas situaciones, personas, localizaciones, relaciones, pactos, acciones, intenciones o rituales, que pueden ser recordadas en momentos y contextos no directamente relacionados con lo que se quiere memorizar. Una colección codificada de objetos naturales y artificiales requiere, desde luego, de la capacidad de darle nombre a cada uno. El habla basada en voces que simbolizan acciones, objetos y personas va ligada a la capacidad de producir imágenes visuales de tipo simbólico, que quedan plasmadas en pinturas, estatuillas, grabados, esculturas y figuras de diverso tipo. Para completar este paisaje mínimo de recursos exocerebrales podemos agregar la capacidad de intercambiar signos y símbolos visuales y verbales, lo que impulsa las formas mitológicas de imaginación y permite identificar unidades y sistemas de parentesco. Me atrevería a sumar el uso de la música (canto y percusiones) para tejer vínculos, embrionariamente rituales, entre las situaciones simbolizadas y los estados emocionales. Así, los primeros hombres anatómicamente modernos de hace unos 250 000 años contaban con un reducido paquete exocerebral formado por unos pocos componentes: habla, sistemas de parentesco, imaginería visual, música, danza, mitología, ritual y memoria artificial. Por supuesto, este paquete exocerebral se apoyaba en las habilidades para producir y usar instrumentos líticos primitivos (y sin duda herramientas fabricadas con materiales perecederos como la madera, que no han sobrevivido).

Ciertamente, podemos encontrar ejemplos en especies animales no humanas de procesos de comunicación, codificación y memorización. Sin embargo, lo peculiar del exocerebro humano es que sustituye funciones que otros animales realizan mediante procesos no simbólicos. Los animales intercambian signos, que en algunos casos son movimientos de una acción no ejecutada plenamente o interrumpida, y pueden analizar y memorizar la información que procede de su entorno. Pero casi no encontramos muestras de una actividad simbólica. El neurólogo Elkohonon Goldberg, en sus reflexiones sobre la relación de los lóbulos frontales con la mente civilizada, dice que la historia de la civilización se ha caracterizado por un desplazamiento cognitivo desde el hemisferio cerebral derecho al izquierdo, debido a la acumulación de "plantillas cognitivas" que se almacenan externamente gracias a recursos culturales, y que son internalizadas por los individuos durante el aprendizaje, como si fueran módulos prefabricados.[1] Estas plantillas cognitivas prefabricadas que se acumulan extrasomáticamente son en cierta forma lo que yo describo como un sistema simbólico de sustitución, aunque prefiero una definición más restringida y operativa. Estas plantillas permiten la extraordinaria capacidad de almacenar y transmitir conocimientos colectivos durante muchas generaciones. Pero hay que dar un paso más para ponderar la posibilidad de que algunas de estas plantillas formen parte de un circuito que une ciertas funciones cerebrales con los sistemas simbólicos, un circuito sin el cual la red cognitiva no puede operar. Goldberg se inclina a pensar que las rutinas cognitivas se hallan más ligadas al hemisferio cerebral izquierdo, que sería el responsable de una relación con las plantillas culturales prefabricadas. En contraste, el hemisferio derecho se vincularía con la novedad cognitiva. El problema que se plantea es si existe un mecanismo biológico que regule el equilibrio entre el "conservadurismo" y la "innovación". La hipótesis de Goldberg es que la lateralidad manual propia de los humanos (sólo 10% de la gente es zurda) podría ser el mecanismo que controla el delicado equilibrio entre tradición e innovación. La represión cultural en sociedades tradicionales contra los zurdos reforzaría, según esta especulación, las tendencias conservadoras. Goldberg va aún más allá en sus especulaciones: "¿es posible —se pregunta— que el desarrollo moral implique a la corteza frontal, igual que el desarrollo visual implica a la corteza occipital y el desarrollo del lenguaje implica a la corteza temporal?"[2] Parte de una suposición previa: que el flujo prin-

---

[1] Elkohonon Goldberg, *The executive brain. Frontal lobes and the civilized mind*, cap. 5.

[2] *Ibid.*, cap. 9.

cipal de la implicación va de la corteza cerebral hacia la moral, la visión o el lenguaje. Por eso se pregunta si la corteza frontal contiene la taxonomía de todas las acciones morales y de los comportamientos sancionables. Habría que invertir la pregunta si queremos avanzar: ¿es posible que el desarrollo de la corteza necesite de la taxonomía moral contenida en la cultura? La agnosia moral que podría sobrevenir por un daño en la corteza prefrontal no provendría del hecho de que los casilleros morales del cerebro estarían arruinados, sino de que —como en el síndrome de la personalidad antisocial— estarían averiados los circuitos que comunican con el exocerebro, el lugar donde se guardan las taxonomías complejas que no pueden almacenarse en el sistema nervioso central. Las hipótesis especulativas de Goldberg serían aún más estimulantes si pensásemos en flujos bidireccionales entre la corteza cerebral y los circuitos cognitivos externos.

Cuando Goldberg aborda el tema de la autoconciencia se pregunta si la corteza prefrontal es capaz de diferenciar el yo del no yo, de integrar la información sobre el medio interno del organismo con los datos que proceden del mundo exterior. Aunque Goldberg considera que esta corteza es la única parte del cerebro dotada de los mecanismos neuronales capaces de integrar las dos fuentes de información, se apoya en la hipótesis del psicólogo Julian Jaynes para suponer que la autoconciencia emergió en épocas tardías de la historia, acaso apenas 2 000 años antes de la era cristiana. Según Jaynes, antes del advenimiento de la autoconciencia funcionó un cerebro doble, diferente al que tenemos hoy. En el cerebro de los seres humanos de hoy las funciones propias del habla se encuentran localizadas en el hemisferio izquierdo: la corteza motora suplementaria en el lóbulo frontal, el área de Broca en la parte inferior del mismo lóbulo y el área de Wernicke en la parte de atrás del lóbulo temporal. Antes del advenimiento de la autoconciencia, propone Jaynes, el área del lóbulo temporal derecho correspondiente al área de Wernicke estaba activa y organizaba las experiencias alucinatorias que permitían a las personas escuchar las voces de los dioses. Esta peculiar mente "bicameral" impidió durante milenios el desarrollo de la autoconciencia, al ser incapaces los individuos de distinguir el yo del no yo. Jaynes cree encontrar en la historia temprana de la humanidad huellas de la incapacidad de distinguir la representación interna de otras personas de la presencia de individuos reales, así como de la imposibilidad de definir como alucinaciones internas del yo las voces que emanan del hemisferio derecho y que se toman como expresiones mágicas y religiosas de las divinidades.

Para Jaynes la *Ilíada* del siglo VIII a.C. representa una época bicameral en la que los humanos carecían de conciencia subjetiva: sin alma ni voluntad, eran autómatas nobles manipulados por los dioses. La mente estaba dividida en una parte ejecutiva y otra parte dominada: la primera era la voz alucinada de la divinidad que impulsaba desde el hemisferio derecho las acciones humanas; la segunda era el hombre que con el hemisferio izquierdo aceptaba las órdenes. Ninguna de estas partes del cerebro era consciente. La argumentación de Jaynes no es convincente, ya que reduce las manifestaciones culturales a una estrecha y lineal interpretación psicológica. Muchas de las manifestaciones culturales que considera como típicas de la mentalidad bicameral son, desde mi punto de vista, características del exocerebro: las creencias míticas, la música, los oráculos, las alucinaciones religiosas, los estados de posesión, las fantasmagorías rituales y otras formas similares de religiosidad primitiva o antigua. Lo que Jaynes pasa por alto es el carácter profundamente simbólico de estos fenómenos culturales, tan empapados de procesos metafóricos, alegóricos y analógicos como el habla, que Jaynes considera como un proceso separado (propio del hemisferio izquierdo) ligado a la autoconciencia. La tesis de la mente bicameral pareciera indicar que la evolución biológica del cerebro continuó hasta tiempos muy recientes y que incluso hoy en día podríamos encontrar individuos con características cerebrales arcaicas y bicamerales. O bien, como dice Goldberg, hay que aceptar que la evolución biológica de los lóbulos frontales no es suficiente para la gestación de la autoconciencia, y que es necesaria la función cultural para ello.[3] Creo que esta última es la alternativa adecuada, no solamente debido a la inmensa capacidad acumulativa de los procesos culturales,

---

[3] *Ibid.*, cap. 7. Véase Julian Jaynes, *The origins of consciousness in the breakdown of the bicameral mind.*

sino también porque como circuitos simbólicos completan las funciones cerebrales que estimulan el desarrollo de la auto-conciencia. Me parece que las conclusiones sobre el predomi-nio de un cerebro dividido y de una mente bicameral, basadas en el estudio de la *Ilíada* y de las antiguas culturas micénica, mesopotámica, egipcia, maya e inca, son una operación psi-cológica forzada para probar la tesis de que el surgimiento de la autoconciencia es un fenómeno reciente en la historia hu-mana. Supone algo que no está probado: un control total de la cultura desde los centros cerebrales de mando. Las estructu-ras sociales y culturales aparecen como meros instrumentos de la actividad cerebral, carentes de autonomía y meros refle-jos de las capacidades de las redes neuronales.

La idea de que la evolución biológica, basada en la selec-ción natural, es insuficiente para explicar el surgimiento de la conciencia no es nueva. Hay que mencionar ante todo al gran naturalista y antropólogo Alfred Russell Wallace, quien junto con Darwin descubrió los principios de la evolución por selección natural. Aunque estos dos científicos mantenían opi-niones muy cercanas, discreparon precisamente sobre el tema del surgimiento de un cerebro capaz de generar en los huma-nos una conciencia compleja y avanzada. Wallace no creía, como Darwin, que los procesos de selección natural pudiesen explicar el surgimiento de las expresiones sofisticadas de la conciencia propias de un cerebro biológicamente moderno. Para que este proceso surgiese fue necesario, según Wallace, la aparición de nuevas causas ligadas a los procesos cultu-rales. Wallace partió de un razonamiento estrictamente cientí-fico al aceptar que, una vez que el lenguaje y la cultura inter-venían, la evolución humana adquiría formas lamarckianas al aparecer la herencia de caracteres adquiridos por medios extrasomáticos. Es cierto que Wallace agregó a su teoría al-gunos tintes espiritualistas para explicar el misterioso surgi-miento de las asombrosas capacidades que llevaron a los hombres a desarrollar las facultades matemáticas, artísticas y musicales propias de las más avanzadas civilizaciones. Creyó que sólo la intervención de potencias espirituales invisibles podía impulsar las maravillosas capacidades de los hombres: el "progreso del mundo inorgánico de la materia y el movi-miento hasta llegar al hombre —escribió— apunta claramente a la existencia de un universo invisible, un mundo espiritual, al cual está subordinado globalmente el mundo de la materia".[4] Sin embargo, como ha señalado Loren Eiseley, la formulación original de las ideas que reconocen el papel fundamental de la cultura no tuvo nada que ver con las creencias religiosas de Wallace.[5] Ramachandran recupera el aspecto esencial de la idea de Wallace: el descubrimiento de que hay una simbiosis entre el cerebro y la cultura. Ambos son tan interdependientes, afirma Ramachandran, como la célula nucleada y sus mitocondrias o el cangrejo ermitaño desnudo y su concha.[6] Otro neurólogo, Llinás, en su muy estimulante libro sobre la conciencia, nos recuerda esa hipótesis evolucionista según la cual los vertebrados pueden ser vistos como crustáceos vueltos al revés, con el esqueleto adentro y la carne afuera. Dice que esto no sucede con el cerebro, que parece un cangrejo cubierto por el exoesqueleto.[7] Pero ha ocurrido algo similar a lo que les sucede a los cangrejos ermitaños que, para proteger su desnudez como Diógenes, buscan un exoesqueleto artificial en la concha vacía de algún caracol. De manera análoga la carne cerebral de los humanos ha buscado fuera del endeble cráneo que la oculta un exocerebro artificial, expuesto a la intemperie, la cual le proporciona una sólida estructura simbólica en la cual apoyarse.

He presentado este vaivén entre las discusiones evolucionistas decimonónicas y las concepciones más modernas de los neurólogos para señalar con fuerza la importancia de estudiar los nexos entre el cerebro y la cultura. Ahora quiero pasar a discutir una propuesta concreta que intenta explicar estas conexiones. El zoólogo Richard Dawkins ha presentado un argumento análogo al de Wallace: para comprender la evolución del hombre moderno debemos desechar al gen como la única base para entender dicha evolución. La transmisión cultural no se explica por los procesos genéticos de selección. Según Dawkins existen unidades de transmisión cultural, análogas

---

[4] Alfred Russell Wallace, "Darwinism applied to men", cap. 15 de su libro *Darwinism* publicado en Londres en 1889, p. 476.

[5] Loren Eiseley, *Darwin's century. Evolution and the men who discovered it*, p. 296.

[6] V. S. Ramachandran y Sandra Blakeslee, *Phantoms in the brain*, p. 190.

[7] Rodolfo R. Llinás, *I of the vortex. From neurons to self*, p. 4.

a los genes, que son capaces de propagarse saltando de un cerebro a otro, mediante un mecanismo de imitación que produce réplicas. Estas unidades capaces de replicarse fueron bautizadas como memes. Así, se propone la existencia de una unidad de información (el mem) y de un mecanismo que produce su transmisión (la imitación). El mem no es una metáfora sino una estructura peculiar del sistema nervioso de todos los individuos. La imitación opera debido a que el mem tiene la capacidad de supervivencia que resulta de que produce gran atracción psicológica en los cerebros. A la manera de Wallace (a quien no cita), Dawkins sostiene que, en el momento en que aparecen las condiciones para que un nuevo replicador pueda hacer copias de sí mismo, se inicia un tipo de evolución diferente que ya no depende de los viejos mecanismos de selección genética responsables de haber creado los cerebros, los cuales son algo así como la fértil sopa primordial en la que nacieron los primeros memes.[8]

El más grave problema al que se enfrenta esta teoría es su total incapacidad para definir al mem como la más pequeña unidad capaz de replicarse en forma fidedigna y creativa.[9] Esta unidad mimética puede ser lo mismo el *Quijote*, el dios cristiano, una tonada pegajosa, el cálculo infinitesimal, una moda de zapatos, la costumbre de secuestrar aviones, el mito del hombre salvaje, una técnica para fabricar ladrillos, la rueda o la idea de evolución. Cualquier idea o cosa que logre sobrevivir es un mem. De esta manera se elimina todo poder explicativo a este concepto, que acaba siendo una simple banalidad referida a los procesos de imitación y transmisión cultural. En realidad esta teoría no busca explicar las razones por las que ciertas ideas o prácticas sobreviven, investigando su utilidad, sus ventajas, su ubicación en un conjunto u otras causas, puesto que se ha invertido la búsqueda: la supervivencia de un mem no se explica por su función sino por el hecho de que su copia beneficia a la misma unidad replicante.[10] Por ello la llamada memética no ha producido ni un solo análisis de la cultura que valga la pena.[11]

---

[8] Richard Dawkins, *The selfish gene*, pp. 191-194.
[9] Daniel C. Dennett, *Consciousness explained*, p. 201.
[10] Susan Blackmore, *The meme machine*, p. 27.
[11] Adam Kuper, "If memes are the answer, what is the question?"

Podemos preguntarnos si, a pesar de todo, la hipótesis de los memes puede explicar algunas funciones cerebrales. Hay propuestas que suponen, a partir de las ideas de Dawkins, una base neuronal para los memes: la imitación y el aprendizaje producirían un efecto de "calentamiento" en grupos de neuronas que, por ello, tendrían una mayor susceptibilidad a disparar y serían la base de las señales que expresan fenotípicamente al mem.[12] El antropólogo Robert Aunger ha propuesto algo similar: un pequeño conjunto neuronal (unas 100 neuronas) produciría una copia de seguridad de la información que alberga. El conjunto compartiría un estado de prontitud de las sinapsis a disparar conjuntamente: este estado de "alerta" del grupo de neuronas capaz de crear copias sería un mem. Las series de descargas eléctricas de estos conjuntos forman unos paquetes (los llama "triones") que son capaces de moverse por el cerebro, influir en eventos mentales y dirigir el comportamiento del organismo. Estos triones pueden escapar del cerebro al inducir a sus huéspedes a traducirlos a nuevos códigos, mediante gestos y palabras, y así desparramarse por el medio ambiente externo.[13] Aunger define de este modo al neuromem: "Una configuración en un nudo de la red neuronal capaz de inducir la réplica de su estado en otros nudos".[14] El problema con estas hipótesis radica en que buscan el sustrato neuronal de una unidad mínima de transmisión cultural que no ha logrado ser definida más que de una manera muy vaga. Además, no hay nada que pruebe que el conjunto neuronal que produce descargas sincronizadas sea más el soporte del mem que un correlato de la conciencia o la representación de una imagen.

El filósofo Daniel Dennett ha retomado con entusiasmo la teoría de los memes y con sus exuberantes reflexiones sin duda ha estimulado la búsqueda de los procesos culturales ligados a la conciencia. Cuando especula sobre los mecanismos que impulsan la evolución cultural y la transmisión de sus productos señala la importancia que debió de tener para nuestros ancestros primitivos la plasticidad cerebral en la instalación de un programa que regula los hábitos de compartir

[12] Juan Delius, "The nature of culture".
[13] Robert Aunger, "Culture vultures".
[14] Robert Aunger, *The electric meme. A new theory of how we think*.

las adquisiciones. Supone que a los primeros homínidos, dotados ya de un lenguaje rudimentario, les faltarían las conexiones entre áreas cerebrales que permitirían la operación de programas de transmisión cultural. En estas circunstancias los individuos habrían practicado sistemas de autoestimulación de las conexiones ausentes mediante el procedimiento de hablar en voz alta, de manera que la información que se vocaliza se transmite del sector cerebral emisor a otra área del sistema nervioso que la recibe por vía auditiva. Ello ocurre como si hubiera una transmisión radiofónica que generase un cableado virtual externo entre dos regiones cerebrales internamente incomunicadas. Dennett supone que esta autoestimulación auditiva debió de propiciar nuevas conexiones neuronales internas. Así se construyeron los caminos de entrada y salida para los vehículos del lenguaje, los cuales fueron rápidamente contaminados de esos parásitos que son los memes.[15] Me parece más interesante plantear la hipótesis opuesta: las áreas cerebrales *no* son estimuladas a construir canales internos de comunicación, puesto que los circuitos externos funcionan con mayor eficacia y son capaces de crecer y ramificarse muy rápidamente. Acaso Dennett no contempla esta posibilidad debido a la obsesión muy extendida por encontrar todas las respuestas al problema de la conciencia *dentro* del sistema nervioso central.

Yo creo que los circuitos externos que comunican las zonas del habla con las del oído, a las que podemos sumar las conexiones exteriores de las regiones motoras que controlan la mano que dibuja, graba o pinta con los centros visuales, forman redes colectivas que comparten los miembros de la comunidad humana. Estas peculiares conexiones autoestimuladoras se manifiestan en la rica actividad simbólica, cargada además de emotividad, de la música, la danza ritual, la creación artística, la comunicación verbal, la memoria acumulada por medio de símbolos o mitos y el intercambio de información y apoyos en el seno de grupos familiares extensos

---

[15] Daniel C. Dennett, *Consciousness explained*, pp. 193-194, 197 y 200. En una obra posterior, *Sweet dreams*, Dennett parece haber olvidado las redes culturales, para encerrarse en la fatigosa discusión filosófica con quienes tercamente insisten en suponer que la conciencia es un misterio más allá del alcance de la investigación científica.

y bien estructurados. Este núcleo exocerebral sin duda incluye capacidades miméticas e imitativas, pero su compleja red simbólica pierde sentido si se la reduce a la acción de una maquinaria memética que supuestamente funciona de una manera similar a una máquina genética.

VIII. ESPEJOS NEURONALES

ALGUNOS neurólogos no sólo han querido desvelar el misterio de la conciencia sino que además han intentado descubrir los secretos del genio. La respuesta a los enigmas de la conciencia debía estar encerrada en la cabeza de los más brillantes personajes de la historia. Ello se tradujo en una extrema curiosidad de algunos científicos (y de no pocos charlatanes) por realizar estudios directos de los cerebros de los genios. Rebanadas del cerebro de Albert Einstein fueron repartidas a diversos científicos por el patólogo que realizó su autopsia y que guardó en un frasco el órgano pensante del gran físico durante 40 años, hasta que al final de su vida decidió entregar lo que quedaba a la nieta del genio, para lo cual atravesó los Estados Unidos en automóvil con los despojos mortales. La neuróloga Marian Diamond, de la Universidad de California, examinó algunas rebanadas y sólo pudo comprobar que en el área de asociación (área 39 del hemisferio izquierdo) del cerebro de Einstein había una gran concentración de células gliales, más que en otras secciones.[1] Por lo demás, ni ella ni otros pudieron encontrar el secreto del genio. Desde luego hubo otros casos previos de grandes pensadores cuyos cerebros fueron a dar al laboratorio de los científicos, como los de los matemáticos Carl Friedrich Gauss y Sonja Kovalevski. Otro cerebro famoso, el de Lenin, fue objeto de la minuciosa investigación de Oskar Vogt, un importante neurólogo alemán contratado por el gobierno soviético para descubrir la naturaleza única y extraordinaria del encéfalo del gran dirigente de la Revolución de Octubre. Vogt, en su laboratorio de Berlín, había desarrollado técnicas refinadas para cortar el cerebro en secciones seriadas para su estudio. Este médico estaba orientado por la idea de buscar relaciones entre los procesos mentales y lo que llamaba la "arquitectónica" del cerebro. Fue en el laboratorio

---

[1] M. C. Diamond *et al.*, "On the brain of a scientist: Albert Einstein". Véase también Michael Paterniti, *Driving Mr. Albert: A trip across America with Einstein's brain*.

de Vogt donde Korbinian Brodmann hizo sus estudios de cito-
arquitectura de la corteza cerebral de los mamíferos, que cul-
minaron en la célebre monografía que estableció en 1909 las
52 áreas corticales. Vogt se dedicó durante dos años y medio
(entre 1925 y 1927), en su laboratorio de Moscú, a rebanar el
cerebro entero de Lenin en decenas de miles de secciones, que
fueron meticulosamente montadas y coloreadas para su estudio. Vogt observó que las neuronas piramidales de la tercera
capa en diversas áreas del córtex leninista eran especialmente
numerosas y grandes. Concluyó que seguramente el gran re-
volucionario había nacido con estas grandes células nerviosas
y que su tamaño no era (como acaso podríamos sospechar)
una compensación provocada por los daños cerebrales sufri-
dos a consecuencia de la enfermedad.[2] Al parecer los científicos de la época que conocieron el reporte de Vogt, publicado
en 1929, se mostraron un tanto perplejos.

Por supuesto, los neurocientíficos preferirían introducir
sus instrumentos en el cerebro vivo de los humanos, si fuese
posible hacerlo sin que la intrusión produjese daños. Pero la
intromisión sólo ocurre en las pocas ocasiones en que es indispensable una intervención quirúrgica. Así que los neuróio-
gos, que acaso han soñado con escudriñar directamente los
tejidos cerebrales de los genios, han tenido que contentarse
con abrir la cabeza de seres mucho menos inteligentes. Pero
lo que allí han encontrado es mucho más interesante y revelador que lo que se halló en los cerebros muertos de Einstein
y Lenin. Uno de los hechos más importantes ocurridos durante la llamada década del cerebro fue el descubrimiento de las
neuronas espejo en los lóbulos frontales de los monos, realizado por Giacomo Rizzolatti y sus colaboradores en 1996.[3]
Este descubrimiento abre nuevas perspectivas científicas para
comprender la evolución del cerebro humano, el surgimiento
del lenguaje y los mecanismos de la conciencia. El hallazgo
es aparentemente muy sencillo: las neuronas espejo son unas
células visuales y motoras originalmente detectadas en la corteza ventral premotora de los monos (área F5) que tienen la

[2] Marina Bentivoglio, "Cortical structure and mental skills: Oskar Vogt
and the legacy of Lenin's brain".
[3] Giacomo Rizzolatti, L. Fadiga, L. Fogassi y V. Gallese, "Premotor cortex
and the recognition of the motor actions".

particularidad de que se activan tanto cuando el animal realiza una acción (como agarrar un objeto) como cuando observa a otro individuo (incluyendo humanos) realizar una acción similar. El sistema de las neuronas espejo es posiblemente la base neuronal de las formas sociales de reconocimiento y de entendimiento de las acciones de otros individuos. Hay que destacar que el área F5 del mono es homóloga del área de Broca en los humanos. Los monos reconocen las acciones realizadas por otros debido a que el patrón de activación neuronal que se produce en las áreas prefrontales es similar al que se genera internamente para producir esas mismas acciones. Esto implica la existencia de una especie de "semántica" inscrita en las neuronas motoras, que son capaces de "representar" una acción. Como puede verse, se trata de un circuito especular que reconoce actos del entorno social mediante neuronas cuya acción motora es inhibida para que no se desencadene la acción que el individuo está contemplando. Pero son las mismas neuronas que, dado el caso, ponen en movimiento al cuerpo para que realice la acción observada (como jalar, empujar o agarrar objetos). Hay que agregar otros datos: estas neuronas espejo no se activan (o lo hacen en forma mínima) si la acción de la mano sólo imita el movimiento de tomar un objeto sin que éste exista. Tampoco se activan si el objeto es empujado con un instrumento y no con la mano. Es importante advertir que, aunque pareciera tratarse de un circuito neuronal que propicia la imitación, el hecho es que hasta donde se sabe los monos carecen de habilidades miméticas.

Se han encontrado sólidos indicios de que en el hemisferio izquierdo de los humanos funciona también un sistema de neuronas espejo. Un estudio registró en los músculos implicados en una acción observada un aumento del potencial producido por impulsos motores.[4] Otros estudios indicaron la existencia de un sistema especular de reconocimiento: la observación del acto de tomar un objeto activó el surco temporal superior, el lóbulo parietal inferior (área 40) y el *gyrus* frontal inferior (área 45 o de Broca).[5] En el cerebro de los monos también el sistema de neuronas espejo implica una conexión

---

[4] Luciano Fadiga *et al.*, "Motor facilitation during action observation: a magnetic stimulation study".

[5] Giacomo Rizzolatti y Michael A. Arbib, "Language within our grasp".

triangular formada por el surco temporal superior (por donde posiblemente entran las señales visuales), el área PF en la zona inferior del lóbulo parietal y el área F5 de la parte ventral de la corteza premotora.[6] Estas dos últimas áreas son homólogas de las áreas de Broca y de la 40 en el cerebro humano.

La hipótesis que ha surgido plantea que el sistema de neuronas espejo que se observa en los monos, donde las funciones motoras no sólo controlan la acción sino que también la representan, puede ser el origen de un sistema humano de representación especializado en procesar información social.[7] Es decir, que un sistema encapsulado y rígido capaz de controlar con eficacia la relación del organismo con su medio ambiente se habría transformado en un sistema abierto y flexible capaz de manejar información simbólica procedente de un contorno multicultural rico y cambiante. Rizzolatti y Arbib creen que hubo una evolución progresiva del sistema de neuronas espejo, que habría producido un surgimiento del área de Broca a partir de un área precursora similar al área F5 de los monos, que ya tenía propiedades espejeantes. Así, habrían surgido capacidades miméticas, un sistema de signos manuales y gestos faciales y, por último, un sistema simbólico de vocalización. Gradualmente y por selección natural primero habría surgido una capacidad mimética, después se habría gestado una estructura de señales manuales y de gesticulaciones codificadas para, por último, abrir paso al sistema de vocalización simbólica que es el habla. El lenguaje humano habría evolucionado a partir de un mecanismo básico que originalmente no estaba vinculado a la comunicación, sino a la capacidad de reconocer acciones.

La hipótesis parece muy razonable. Las modificaciones de los circuitos compuestos por neuronas espejo habrían per-

---

[6] Leonardo Fogassi y Vittorio Gallese, "The neural correlates of action understanding in non-human primates".

[7] La función social de las neuronas espejo parece confirmarse en un estudio realizado por Ramachandran y sus colegas. Observaron que en humanos hay una supresión de las ondas mu del electroencefalograma, tanto cuando un individuo normal mueve su mano como cuando observa a otro moverla. Pero en autistas el bloqueo de las ondas mu ocurre cuando mueven voluntariamente la mano pero no cuando otro la mueve. Esto parece indicar que los autistas sufren anomalías en su sistema de neuronas espejo. V. S. Ramachandran, *A brief tour of human consciousness*, p. 119, n. 6.

mitido conectar ahora no sólo con las acciones fijas y estereotipadas de los movimientos de las manos de otros individuos,
sino con un sistema cultural y social flexible y creativo de comunicación compuesto de señales, signos y sonidos codificados. Las ventajas de unos primates dotados de estas habilidades son evidentes y pueden haber sido un factor determinante
en el proceso de selección natural que abrió paso a la evolución de los hombres anatómica y cerebralmente modernos.

¿Qué desencadenó los cambios en el sistema primitivo de
neuronas espejo? ¿Qué propició los nuevos usos de esta estructura neuronal? Si nos detenemos a considerar las interpretaciones de quienes han descubierto las neuronas espejo,
podremos vislumbrar algunas respuestas. Un elemento esencial es el hecho de que el registro de un acto va acompañado
de una serie de mecanismos que impiden al observador desencadenar un comportamiento mimético que reproduzca la
acción que se contempla. Hay procesos de inhibición en la médula espinal que bloquean selectivamente a las neuronas motoras que podrían copiar la acción que se observa. Sin embargo, en ocasiones se comprueba que el sistema motor permite
un "breve prefijo" de la acción que es contemplada. El otro
individuo que está realizando la acción supuestamente reconocería este prefijo y vería una intención tras el fugaz movimiento truncado. El observador a su vez se daría cuenta de
que su reacción involuntaria afecta al actor. Aquí tendría que
intervenir una capacidad del observador para controlar su sistema de neuronas espejo con el objeto de emitir voluntariamente una señal. Este diálogo embrionario sería, según
Rizzolatti y Arbib, el núcleo del lenguaje. Sin embargo, este
desarrollo parece contradecir las peculiaridades mismas de
las neuronas espejo, tal como se observan en los monos: estas
células nerviosas no se activan si no está presente el objeto de
la acción. ¿Por qué comenzarían a hacerlo, en ausencia del
objeto mismo? Sería necesario suponer una mutación que
permitiese un control voluntario del mecanismo de inhibición
y la consiguiente habilidad para ejecutar signos manuales.
Es una hipótesis que nos lleva a suponer un flujo continuo de
mutaciones que irían conduciendo paulatinamente a los primeros humanos del signo manual al gesto y de éste a las voca-
lizaciones fonémicas.

Si consideramos mi hipótesis sobre el exocerebro acaso alcancemos una explicación un poco diferente. Habría que partir del supuesto contrario: la inhibición y la dificultad de copiar el movimiento de los demás serían una condición, ya mencionada más arriba, que se aunaría a la serie de obstáculos crecientes para reconocer el entorno. Se ha dicho con razón que el sistema de neuronas espejo de los humanos funciona de manera diferente al de los monos. En estos últimos el sistema no es una base del entendimiento o del habla, y ni siquiera de la imitación intencional. En los humanos en cambio el sistema no está encapsulado, no es únicamente un circuito cerebral localizado, sino que forma parte de la estructura flexible que permite el habla.[8] En algún momento debió de ocurrir en los primeros humanos un cambio significativo del sistema neuronal que ocasionó una gran multiplicación de neuronas espejo, abrió el sistema y lo conectó a áreas cerebrales relacionadas con la articulación vocal y el procesamiento de señales. A modo de imagen metafórica, supongamos un ser humano que descubre un potencial nuevo: ante un acto de otro individuo puede pronunciar sílabas asociadas al movimiento que ve. Aquí tendríamos un ejemplo del típico sistema de sustitución sensorial. Las dificultades inherentes al sistema encapsulado de neuronas espejo se superarían mediante un circuito que sustituiría la entrada de información sensorial por la capacidad de aceptar y procesar información simbólica. Los especialistas que buscan mecanismos para ayudar a las personas ciegas afirman que hasta ahora el sistema de sustitución sensorial más exitoso es el Braille. Sugieren que la lectura de signos escritos puede considerarse el primer sistema de sustitución sensorial.[9] A mi parecer, y siguiendo en la misma lógica, en realidad el primer sistema de sustitución sensorial fue el habla, aunque en este caso —a diferencia de la escritura— habría un sustrato neuronal condicionado genéticamente. Las voces silábicas que representan actos y objetos sustituyen artificialmente las funciones sensoriales de reconocimiento e interpretación que no operan con eficacia más que

---

[8] Maxim I. Stamenov, "Some features that make mirror neurons and human language faculty unique".

[9] Paul Bach-y-Rita y Stephen W. Kercel, "Sensory sustitution and the human-machine interface".

dentro de ciertos límites. Si la acción o el objeto no son visibles o tienen una apariencia nueva que disfraza su naturaleza, el sistema sensorial es incapaz de interpretar la situación. Pero la voz articulada de otro individuo puede señalar simbólicamente la existencia del acto o del objeto que por cualquier motivo los sentidos no pueden reconocer (se ha extinguido u ocultado, por ejemplo). La base de esta nueva capacidad es, como ha señalado Rizzolatti, el hecho de que la precursora del área de Broca estaba dotada, antes del surgimiento del lenguaje, de un mecanismo para reconocer las acciones realizadas por otros.

Estos descubrimientos ponen en duda la teoría chomskiana de una gramática universal que emanaría de un órgano mental único surgido misteriosamente en algún momento del proceso evolutivo. El habla no tiene como base un módulo específico sino que habría evolucionado a partir de diferentes estructuras neuronales que originalmente no estaban relacionadas con mecanismos de comunicación. La idea de que existe un dispositivo neuronal para el habla, genéticamente determinado, se apoya en una interpretación formalista del lenguaje que hace gran hincapié en las estructuras sintácticas en detrimento de las funciones semánticas, metafóricas y simbólicas. Se parte del postulado de que existe una gramática universal inscrita en el cerebro que, al conectar con el ambiente social, se dispara y genera en los niños el desarrollo de diversas lenguas, todas ellas construidas a partir del mismo modelo sintáctico. Muchos neurocientíficos encuentran esta idea tan estéril como la vieja interpretación cartesiana.[10]

Conviene no caer en la tentación de ver los circuitos neurológicos relacionados con el habla como la sede de programas independientes del mundo exterior, capaces de aplicar reglas sintácticas abstractas y formales a información preñada de un alto contenido simbólico, semántico y sentimental procedente del entorno social y cultural. En realidad se trata de circuitos continuos que conectan el mundo interior con el universo exterior. Por supuesto estos circuitos existen en todos los animales que establecen una red de relaciones con el nicho ecológico que habitan. Por ejemplo, el acto de caminar

---

[10] Gerald M. Edelman, *Bright air, brilliant fire*, pp. 241 y ss.

no implica la operación de un circuito de tipo cibernético de entrada y salida de información, inscrito en un proceso de reconocimiento de datos externos que revelan que el suelo es relativamente plano y que la interacción con él implica la ley de la gravedad, con lo cual se pueden dar instrucciones de salida que gobiernan el movimiento de las piernas y de otros mecanismos fisiológicos, como podría hacerlo un robot programado para desplazarse por la superficie de Marte. El hecho es que los circuitos neuronales y motrices operan bajo el supuesto (inconsciente) de que existe la gravedad y que el piso es hasta cierto punto plano. Se trata de la operación de circuitos que interactúan en forma continua con un entorno que ha sido interiorizado. Los actos conscientes de la comunicación simbólica requieren de un *suelo* social relativamente estable y de una *gravedad* cultural regida por códigos. Los circuitos de la comunicación consciente e intencional se encuentran tanto en el interior del cerebro como en la intemperie sociocultural que rodea a los humanos. A diferencia de las realidades físicas del entorno, el suelo y la gravedad del hábitat sociocultural tienen un carácter artificial, y son mucho más elásticos e inestables que las rígidas leyes que determinan la estructura del contorno natural. Y es en esta artificialidad donde podremos hallar muchas de las claves de la conciencia y del lenguaje humanos.

Surge en este punto una duda: ¿el cerebro ha interiorizado las propiedades del mundo externo? Es lo que cree el neurofisiólogo Rodolfo Llinás, quien considera que el cerebro es un sistema autorreferencial cerrado, modulado por los sentidos. Esta idea rechaza la explicación del acto de caminar como una sucesión de reflejos en un sistema central de entradas y salidas de información. Ya a comienzos del siglo XX Thomas Graham Brown habría demostrado que el movimiento organizado se genera intrínsecamente sin necesidad de recepciones sensoriales, y que la interacción refleja se necesita sólo para modular la marcha.[11] En 1911 Graham Brown demostró que la médula espinal aislada puede generar impulsos rítmicos alternados en las neuronas motoras de las patas traseras de un gato, aun en ausencia de recepción de sensaciones. Hoy

---

[11] Rodolfo R. Llinás, *I of the vortex: from neurons to self*, p. 6.

se piensa que existen redes neuronales (generadores centrales de pautas) capaces de propiciar comportamiento rítmico sin retroalimentación sensorial.[12] Llinás expande esta propuesta a la actividad cerebral, en la que habría un *a priori* neurológico surgido de un proceso de interiorización del contorno exterior, plasmado en un cableado neuronal activo. Si trasladamos esta propuesta al problema de la autoconciencia, deberemos suponer que —además de las propiedades del mundo físico— el cerebro humano ha interiorizado las estructuras de lo que he llamado suelo social y gravedad cultural. Pero aquí no es posible suponer que sólo existe una alternativa, la que opone la propuesta de la interiorización a la concepción reflexológica en la que el aprendizaje y la cognición de los elementos sociales y culturales serían un proceso de entradas de información y respuestas procesadas, un sistema de ingestión de datos y excreción de órdenes que vincularía al cerebro con su entorno. Hay por lo menos otra interpretación: la que propone que el cerebro es un sistema abierto a circuitos culturales externos de los cuales depende parcialmente para su funcionamiento. Esta situación ocurre debido a que los espacios neuronales son incapaces de representar, absorber e interiorizar las propiedades cambiantes de la cultura y de la estructura social. Sólo una parte de estas propiedades forma parte de los circuitos neuronales. Esto no quiere decir que el cerebro es una máquina de aprender que a lo largo de la vida va imprimiendo información en la tábula rasa de la mente. La forma en que la evolución del cerebro logró adaptarse a los flujos culturales cambiantes (y a ciertos cambios del medio físico) fue la configuración de circuitos externos estrechamente conectados a la estructura neuronal interna. Se trata de la gestación del exocerebro.

La propuesta de un cerebro autorreferencial cerrado, que contendría como un *a priori* las propiedades del mundo externo, elimina la posibilidad (y la necesidad) de un exocerebro para explicar el misterio del ego o de la conciencia. Las experiencias y las sensaciones subjetivas (las *qualia*) serían, lo mis-

---

[12] Thomas Graham Brown, "The intrinsic factors in the act of progression in the mammal". Las redes que pueden generar una pauta rítmica de actividad motora en ausencia de información sensorial de los receptores periféricos son denominadas CPG *(central pattern generators)*.

mo que el lenguaje, estados cerebrales internos generados intrínsecamente. La propuesta de Llinás es reveladora de los formidables problemas a los que se enfrenta la descripción de la arquitectura cerebral subyacente a las *qualia*, y nos conecta con las interpretaciones ya discutidas de Gerald Edelman, Nicholas Humphrey y Max Velmans (en el § 7) y con el experimento imaginario de Ramachandran comentado en el § 6. Para que las sensaciones subjetivas sean un fenómeno encerrado en el cerebro es necesario demostrar que los umbrales que separan las percepciones (de color, peso, tono, etc.) son fijados por procesos internos. Hay una ecuación diferencial, conocida como la ley Weber-Fechner y definida en el siglo XIX, que parece determinar los umbrales de la percepción de cambios en la intensidad del estímulo: mientras que las percepciones subjetivas aumentan aritméticamente, las magnitudes objetivas del estímulo físico correspondiente crecen geométricamente. Por ejemplo, para notar (con los ojos vendados) un incremento mínimo en el peso de un kilogramo que tenemos en la mano bastan algunos gramos. Pero esos mismos gramos no son percibidos si sostenemos diez kilos: para percibir un cambio es necesario añadir un peso mucho mayor. Para medir los efectos subjetivos de los estímulos se puede usar una ecuación sencilla que incluye el logaritmo natural, un factor constante que se determina experimentalmente, y la relación entre el umbral por debajo del cual no se percibe nada y la sensación apreciada provocada por el estímulo.[13] Esta ecuación permite determinar, para una serie aritmética de umbrales subjetivos, una sucesión geométrica de sensaciones físicas, y funciona no solamente en la percepción de peso, sino también en escalas de decibelios, gradaciones de brillo, series tonales de siete notas y otras escalas de percepción. Rodolfo Llinás sostiene que podemos medir *todas* las *qualia* o sensaciones subjetivas con esta ecuación y, en consecuencia, obtener una progresión matemática que divide la experiencia en umbrales percibidos subjetivamente.[14] Piensa que es aplicable a la escala musical de siete notas lo mismo que, coincidencia

---

[13] Percepción = $k \cdot ln$ (Ex/Eo), donde k es el factor constante, ln el logaritmo natural, *Ex* es la sensación provocada por un estímulo y *Eo* es el umbral por debajo del cual no se aprecia ningún estímulo.

[14] Rodolfo R. Llinás, *I of the vortex*, p. 215.

reveladora, a la banda de siete colores del arcoíris. Detengámonos en esto último: ¿realmente hay siete colores en el arcoíris? Eso dicen algunos diccionarios, pero en realidad los umbrales que separan los colores son convenciones culturales que varían enormemente. Aun restringiéndonos al espectro solar, y dotados de ojos occidentales, los códigos para definir las diferencias cromáticas serán variables, especialmente en los tramos del extremo azulado: ¿qué color hay entre el azul y el violeta? Se observará además una dificultad de localizar en el arcoíris los tonos purpúreos que mezclan los extremos opuestos. Hay que agregar el hecho de que el espectro solar omite los colores acromáticos (el blanco y el negro), que tienen una enorme y compleja carga simbólica y que son, por cierto, los únicos que se encuentran en la conocida lista de rasgos "universales" elaborada por el antropólogo Donald E. Brown.[15] En dicha lista tampoco aparece la noción de color (en muchas lenguas, como en chino, no existe una palabra para designar la categoría general de color).[16] Hay lenguas que solamente cuentan con dos términos básicos para expresar colores (el negro y el blanco), y otras tienen más de diez adjetivos básicos para señalarlos. Ello no quiere decir que los hablantes de lenguas que tienen pocas palabras para los colores sufran de acromatopsia o de atraso. En realidad los colores para los que no hay adjetivos pueden ser señalados mediante el uso de sustantivos o verbos modificados por morfemas funcionales determinantes. No es fácil medir las respuestas a los colores en diversas culturas. Habrá una obvia imposición si, para medirlas, se usan estímulos cromáticos abstractos y artificiales divididos en segmentos arbitrarios e impresos en materiales ajenos a la cultura que se estudia. O bien se pueden usar estímulos a partir de elementos tomados de su contorno habitual, pero aquí indirectamente habrá una distorsión provocada por la mirada externa que selecciona y organiza la muestra. A pesar de estas dificultades, los investigadores han llegado a descubrir una gran variedad de codificaciones lingüísticas para los colores, que recurren a asociaciones muy variadas: el vínculo del color con senti-

---

[15] Donald E. Brown, *Human universals*.
[16] Dominique Zahan, "L'homme et la couleur", p. 139.

mientos o emociones, la referencia a la manera en que se representa la cosa dotada de color, las huellas que deja, las peculiaridades del objeto coloreado, su relación con otro y mil formas más. En este tupido bosque de símbolos y estructuras gramaticales no es posible guiarnos mediante ecuaciones sobre la relación entre los estímulos y las sensaciones: los umbrales que separan unas cualidades cromáticas de otras no están inscritas en la lógica matemática de circuitos neuronales cerrados. La mayor parte de las secuencias de eventos discretos percibidos subjetivamente por medio de las sensaciones no puede determinarse en función del crecimiento logarítmico del estímulo, como en el caso de la sensación de peso o de brillo, sino por su relación con redes simbólicas y cadenas sintagmáticas. Sin éstas no podremos comprender por qué la luna es verde en algunos grupos étnicos africanos lo mismo que en el universo poético del romancero gitano de Federico García Lorca.

IX. LA CONCIENCIA AL ALCANCE
DE LA MANO

SE HA creído que si despojamos al cerebro de los artificios subjetivos y de los suplementos culturales podríamos tener a la conciencia, por decirlo así, al alcance de nuestra mano. La conciencia estaría dentro de nuestro cráneo, anidada en las redes cerebrales, en espera de poder expresarse. Hubo un caso espectacular, en el siglo XIX, de una persona que creció hasta los siete años con dos canales esenciales de comunicación con el mundo cortados. La niña Helen Keller, nacida en 1880 en Alabama, había quedado totalmente ciega y sorda a los 19 meses de edad. A partir de los siete años inició un proceso de enseñanza que parece milagroso y que la llevó a un dominio extraordinario de la lengua y la cultura de su tiempo. En un libro tierno e inteligente describe lo que ella llama "el mundo en que vivo". El gran psicólogo William James, después de leer el libro, le escribió a Helen Keller que estaba "muy desconcertado, profesionalmente hablando, por su testimonio de sí misma antes de que su 'conciencia' fuese despertada por la instrucción", y que no podía explicar el hecho de que ella careciese de una memoria emocional de la etapa previa a su iniciación en el sistema manual de signos alfabéticos.[1] La propia Keller había escrito que antes de la llegada de Anne Sullivan, la maestra que le enseñó a comunicarse, vivía "en un mundo que era un no mundo" y que no tiene la esperanza de poder describir adecuadamente "ese tiempo inconsciente, aunque consciente, en la nada".[2] Parecía que esta brillante mujer tenía casi al alcance de su mano la memoria de su niñez, cuando estaba desprovista casi totalmente de herramientas culturales que pudiesen marcar con huellas artificiales la

---

[1] Cartas de diciembre de 1908 citadas por Roger Shattuck en "A world of words", introducción al libro de Helen Keller *The world I live in* [1908], p. xxviii.
[2] "That unconscious, yet conscious time of nothingness", Helen Keller, *The world I live in*, p. 72.

conciencia en "estado de naturaleza". En un libro anterior, su fascinante autobiografía, Keller señala que, antes de aprender un lenguaje, sabía de alguna forma que era diferente de la otra gente, pues mientras ella usaba apenas una docena de señales rudimentarias para expresar sus deseos, el resto movía los labios. Afirma que en esa época "crecía el deseo de expresarme a mí misma".[3] Pero ¿quién era ella misma? Muchos años más tarde, en un libro publicado en 1955, dedicó un capítulo a corregir sus ambigüedades. Allí prácticamente deja de hablar de ella misma en primera persona y afirma que antes del lenguaje ella era una "no persona" y se refiere a este ser con el nombre de Fantasma. Sin embargo tiene algunos recuerdos de ese ser fantasmal, e incluso llega a escribir paradójicamente que hay en su memoria imágenes del lugar donde su maestra comenzó a enseñarle a usar signos alfabéticos manuales: "Yo soy consciente de un Fantasma perdido en lo que parecía ser su nuevo contorno".[4] La pequeña Helen tenía ciertos rasgos autistas que sin duda provenían de la ausencia de lazos sociales importantes. Su maestra, por ejemplo, cuenta que "rehusaba ser acariciada y no había forma de lograr su afecto, su simpatía o su pueril aprobación amorosa".[5]

Al leer las inquietantes páginas en las que Helen Keller describe su condición prelingüística sentimos que su conciencia, cuando creíamos estar a punto de contemplarla en su estado primigenio, se nos escurre entre los dedos de la mano como un fluido fantasmal inasible. Pero pronto comprendemos que estamos leyendo el testimonio de una mujer que utilizó sus manos —en sustitución de los sentidos que le faltaban— para construir su propia conciencia. La fascinante experiencia de Keller consiste en que ella transitó por un solo canal (el tacto) y a una velocidad vertiginosa el trayecto que a los niños normales les toma más tiempo mediante el uso de todos sus sentidos. Por ello resulta atractivo su relato del instante en que, en el famoso pasaje del pozo, comprende por

[3] Helen Keller, *The story of my life* [1903], p. 22.
[4] Helen Keller, *Teacher* [1955], cap. 2, reproducido en *The story of my life*, p. 397.
[5] "Anne Sullivan's letters and reports", carta del 11 de marzo de 1887, en *The story of my life*, p. 143.

primera vez la relación entre los símbolos y las cosas. El agua que era bombeada del pozo no se escapó entre los dedos de Helen: en ese momento mítico ella comprendió que la combinación de signos que su maestra le deletreaba en una mano simbolizaba el líquido fresco que se derramaba sobre la otra. Allí atrapó con sus dedos para siempre el fluido que la conectaba con el mundo. Esa noche, por primera vez, le dio un beso a su maestra. La historia de Helen Keller hace más evidente el hecho de que la conciencia se construye como una prótesis que gira en torno del eje del lenguaje. Esta prótesis, que sustituyó al oído y a la vista, fue primero el viejo sistema alfabético de signos manuales que originalmente habían inventado los monjes trapenses para comunicarse a pesar del voto de silencio, y que fue adaptado después para educar a los sordomudos. El sistema ya había sido aplicado con cierto éxito en Boston a otra mujer, Laura Bridgman, que había quedado ciega y sorda desde muy pequeña, y que Charles Dickens hizo famosa en un memorable relato de su visita a Estados Unidos en 1842. Después el alfabeto braille amplió enormemente el mundo consciente de Keller y le permitió convertirse en una notable escritora.

La experiencia de Helen Keller es un ejemplo, lleno de ricos y vivaces matices, de la hipótesis con que inicié mis reflexiones. He descrito a un imaginario cerebro en "estado de naturaleza" enfrentado a problemas que sobrepasan su capacidad. Un cerebro como éste se encuentra sometido a un considerable sufrimiento, como el de la niña Keller que se enfurecía y lloraba cuando se enfrentaba a contrariedades. Un cerebro en estas condiciones, abandonado a sus fuerzas internas, se apaga. Es lo que le ocurrió a otra niña, Genie, que se presentó con su madre en 1970 en una oficina de trabajo social en Los Ángeles. La niña tenía 13 años y su padre la había mantenido encerrada todo el tiempo, desde la edad de 20 meses, en una habitación, atada con camisas de fuerza, aislada de la familia, a la que había prohibido dirigirle la palabra, castigada a golpes si hacía ruido. Genie no era ciega ni sorda, pero no había podido mantener ninguna relación social con su entorno. Al salir de su encierro no podía entender más de una docena de palabras, prácticamente no hablaba, era incapaz de mascar alimentos, pesaba apenas 27 kg, medía 137 cm, no podía fijar su mirada más allá de tres metros y medio, era incontinente y, al parecer, no podía siquiera llorar.[6] Durante algunos años Genie fue atendida y observada por varios psiquiatras, psicólogos y lingüistas. Fue trasladada del hospital a un hogar donde recibió cuidados maternales, y comenzó a aprender algunas palabras, aunque al cabo de cinco años llegó a un límite en sus habilidades verbales que no logró sobrepasar. Aunque no alcanzó un dominio de la sintaxis (apenas podía construir algunas frases con verbos y sustantivos), desarrolló una aguda inteligencia visual y ciertas capacidades matemáticas. Pero, después de cinco años, era incapaz de dominar el sistema pronominal. Usaba indistintamente el "yo" y el "tú", e intercambiaba arbitrariamente diversos pronombres.[7] Su capacidad de entender las normas sociales era muy escasa; por ejemplo, cosa que incomodaba enormemente a todos, Genie se masturbaba con frecuencia en público. Debido a sus limitaciones mentales y a la inestabilidad provocada por cambios frecuentes de su hogar adoptivo, con el paso de los años esta muchacha fue cayendo en un silencio taciturno. Acabó siendo trasladada a una institución para adultos inválidos en el sur de California, donde vive sumida en la depresión, alejada del mundo. Su motor cerebral, incapaz de superar los retos, se apagó.

¿Por qué Genie no alcanzó un desarrollo como el de Helen Keller? La explicación más aceptada alude al hecho de que el periodo crítico para aprender una lengua se cierra en la pubertad. Por ello Genie ya no fue capaz de construir los nexos exocerebrales necesarios para desarrollar capacidades sintácticas y semánticas avanzadas. Pruebas neurológicas mostraron que el escaso uso del lenguaje en Genie se apoyaba en el hemisferio cerebral derecho y que amplias áreas del lado izquierdo parecían estar apagadas.[8] Tal vez los neandertales fueron como ella: seres inteligentes pero carentes de circuitos neuronales dependientes del contorno sociocultural capaces de estimular conexiones exocerebrales. El caso de Genie pareciera mostrar que no hay estructuras gramaticales inna-

[6] Véase el libro de Russ Rymer, *Genie: an abused child's flight from silence*.

[7] Susan Curtiss, *Genie: a psycholinguistic story of a modern "wild child"*.

[8] Justin Leiber, "Nature's experiments, society's closures".

tas impresas en algún módulo cerebral, y que la sintaxis, lo mismo que los significados, se construyen en una red que conecta circuitos neuronales con redes culturales.[9] Esto no quiere decir que el cerebro es una tábula rasa. Los circuitos que necesitan conectarse con el ambiente exterior tienen sin duda características genéticamente determinadas y sistemas estables de señales.

Veamos ahora, en ejemplos muy diferentes, la forma en que el uso de prótesis culturales ayuda a soportar situaciones patológicas dramáticas. Es el caso de enfermos parkinsonianos y postencefalíticos que usan, para circular sin quedarse como "congelados" en el camino, lo que A. R. Luria llamó "algoritmos de comportamiento" y que Oliver Sacks define como prótesis para la conducta: sustitutos artificiales basados en el cálculo.[10] Los enfermos calculan trayectorias en el espacio que les permiten lanzarse por las habitaciones como si fueran bolas de billar, que al rebotar en las paredes llegan al lugar deseado. Sacks agrega que, mejor que estos algoritmos, la música funciona como una prótesis (un peculiar marcapasos) que, por ejemplo, impulsa a los enfermos a recuperar lo que Luria llamaba la "melodía cinética" de una escritura normal, cuando sin música no lograban realizar más que trazos indescifrables.[11]

Estos ejemplos nos muestran, una vez más, la ubicación central del habla y del lenguaje en los circuitos exocerebrales. Los sistemas simbólicos de comunicación conforman el núcleo en torno al cual se articulan las piezas del exocerebro. Algunos lingüistas consideran que se trata de un núcleo duro constituido esencialmente por estructuras sintácticas formales que tienen su origen, como ha asegurado Chomsky, en un dispositivo genéticamente instalado en la mente, dedicado a la adquisición y el aprendizaje del lenguaje. Desde este punto

---

[9] Por supuesto hay lingüistas que no aceptan que el lenguaje de Genie fuese agramatical y sintácticamente defectuoso e inconsistente, pues este hecho atenta contra los postulados chomskianos. Véase al respecto a Peter E. Jones, "Contradictions and unanswered questions in the Genie case: a fresh look at the linguistic evidence".

[10] Alexander Románovich Luria, *The man with a shattered world: the history of a brain wound*, último capítulo. Oliver Sacks, *Awakenings*, p. 229, nota.

[11] Oliver Sacks, *ibid.*, p. 280.

de vista se establece que un cerebro sin un módulo innato especializado sería insuficiente para que un niño pueda adquirir en muy poco tiempo un sistema gramatical tan complejo a partir de las pocas expresiones y palabras que escucha en el seno de su familia (este argumento es el de la llamada "pobreza del estímulo"). El razonamiento ha sido generalizado a una gran variedad de habilidades y rasgos culturales, de manera que parece necesario que existan módulos tanto para la amistad y el cuidado de los niños como para el miedo y el intercambio social.[12] La teoría modular sólo se sostiene si se acepta el supuesto de que las estructuras esenciales del lenguaje caben enteramente dentro del cerebro (y, por extensión, que prácticamente todos los fundamentos del mundo cultural también se alojan dentro del cráneo). Yo sostengo, en contraste, que las estructuras lingüísticas funcionan como núcleo mediador en los circuitos exocerebrales. Muchos neurólogos han encontrado enormes dificultades para integrar en sus investigaciones la visión dura, rígida y formalista del lenguaje, centrada en sus expresiones gramaticales. Me parece que la neurología encontrará una inspiración más estimulante y creativa en las reflexiones que toman como base el simbolismo del habla. En la tradición lógico-matemática de Alfred North Whitehead, la filósofa Susanne Langer ha propuesto una brillante interpretación del habla y de los llamados lenguajes artísticos y mitológicos.[13] Yo quiero recuperar de ella su idea de que el lenguaje es la parte discursiva de un conjunto de expresiones simbólicas como los rituales, la danza, la música, las artes plásticas y el mito. Una idea similar puede ser recuperada de Ernst Cassirer.[14] Langer plantea que una teoría general del simbolismo debe distinguir dos modos simbólicos: el discursivo y el no discursivo, el verbal y el no verbal. Los dos modos vienen de la misma raíz, sostiene Lan-

---

[12] John Tooby y Leda Cosmides, "The psychological foundations of culture".

[13] Susanne K. Langer, *Philosophy in a new key. A study in the symbolism of reason, rite, and art*. Este libro, ahora casi olvidado, tuvo un éxito extraordinario cuando apareció en 1942, pues es un buen texto de divulgación. Guillermo Lorenzo ha señalado la importancia del pensamiento de Langer en el estudio del origen del lenguaje: "El origen del lenguaje como sobresalto natural".

[14] Ernst Cassirer, *Mito y lenguaje* [1924].

ger, pero sus flores son diferentes: "en este mundo físico espacio-temporal de nuestra experiencia hay cosas que no se adaptan al esquema gramatical de expresión. Pero no son necesariamente asuntos oscuros, inconcebibles o místicos; son simplemente temas que es necesario concebir mediante algún sistema simbólico diferente del lenguaje discursivo".[15] Llega a afirmar que "si el ritual es la cuna del lenguaje, la metáfora es la ley que rige su vida". El lenguaje debe haber surgido y evolucionado en un contexto simbólico de rituales, danzas, fiestas y música, es decir, en un contorno de expresiones no discursivas.[16]

Para ello es importante distinguir entre señales y símbolos. Para marcar la distinción Langer cita precisamente el famoso pasaje de la autobiografía de Helen Keller donde relata el descubrimiento de la diferencia entre señales o signos digitales y el nombre o símbolo de la cosa (el agua). El signo o la señal, que es la base de la inteligencia animal, indica algo sobre lo que hay que actuar o bien es un medio para activar una acción. En cambio el símbolo es una herramienta del pensamiento.[17] Una señal revela la presencia de una cosa, una situación, un acontecimiento o una condición. La señal es percibida por el sujeto y significa un objeto presente, futuro o pasado. Cierto olor indica la presencia de una fruta, determinado ruido significa que se acerca un cuadrúpedo de gran tamaño, un peculiar sabor revela que el alimento está podrido. Además de

---

[15] Susanne K. Langer, *Philosophy in a new key*, p. 88.

[16] *Ibid.*, p. 141. Recientemente Steven Mithen ha destacado el papel de la música en el origen del lenguaje, aunque no presta mucha atención a las ideas de Langer. Mithen ofrece una interpretación modular muy especulativa y una exploración sugerente de recientes estudios neurofisiológicos sobre la música y su posible relación con la evolución de los homínidos *(The singing Neanderthals)*. En un libro anterior, *The prehistory of the mind*, ya había ofrecido un panorama del posible origen de la mente humana, pero no se había percatado de la importancia de expresiones simbólicas no discursivas como la música.

[17] Langer no usa el concepto de signo a la manera de Saussure, quien lo concibió como la unión entre una imagen acústica y un concepto, entre una representación sensorial y una idea abstracta. El signo para Saussure es una entidad dual que conecta a significantes (patrones de sonidos) con significados (conceptos). Para Langer ésta es la función simbólica, y el signo es más bien como el síntoma o la señal. Para evitar confusiones usaré preferentemente el concepto de señal. *Ibid.*, p. 63.

estas señales naturales, hay signos artificiales: el silbato que anuncia la salida del tren, las dos letras que significan un sonido vocal silábico, las señales en un pentagrama que significan un acorde musical preciso. Helen Keller aprendió varias secuencias de signos digitales antes de comprender que formaban un símbolo (una palabra) que le podía servir para pensar y concebir un objeto. Como sostiene Langer, los signos *anuncian* sus objetos a un sujeto, mientras que los símbolos *lo conducen a concebirlos*. Una corta secuela de señales en la mano podía anunciarle a Keller que una sensación fría fluiría entre sus dedos. Pero sólo la palabra "agua" como símbolo le permitió pensarla. Los símbolos más obvios y sencillos son los nombres propios, que evocan a una persona concreta. Por supuesto, las señales pueden ser usadas como símbolos y éstos pueden funcionar como señales o signos. Pero es importante reconocer la diferencia entre las funciones simbólicas y las señalizadoras.

La diferencia entre señales y símbolos es importante para enfrentar el problema de las conexiones del cerebro con el exocerebro. Los circuitos neuronales funcionan mediante señales químicas y eléctricas, mientras que el lenguaje es un sistema simbólico. Hasta donde se sabe, el cerebro no funciona mediante símbolos, al menos no de una manera directa ni mediante procesos de representación: para operar con símbolos el sistema nervioso necesita conectarse con el entorno cultural para que ciertos conglomerados de señales adopten una forma simbólica. Pero no se sabe aún cómo opera esta transformación. Por su parte, en los sistemas culturales sí hay operaciones con señales que se transforman en representaciones simbólicas. Mi propuesta consiste en considerar que algunas transformaciones simbólicas de los circuitos culturales tienen, por decirlo así, un *carácter cerebral*, sin que sean operaciones que transcurren en el interior del cráneo. Ocurren en las redes que comunican unos cerebros con otros, a unos individuos con otros.

Para comprender este aspecto del problema puede resultar útil alejarse de las dimensiones más rígidas del lenguaje codificado y acercarse a las expresiones fluidas y flexibles del habla. Se ha observado, con razón, que la gran facilidad con que los niños aprenden una lengua (y que supuestamente prueba que hay un módulo cerebral que genera las estructuras lingüísticas) se refiere a las formas espontáneas del habla cotidiana. Pero cuando se aplica el análisis generativo a la sintaxis siempre se usan ejemplos del lenguaje codificado y escrito. El problema es que la diferencia entre el habla espontánea y el lenguaje codificado es muy grande.[18] Así que no hay tal abismo entre la "pobreza" del contexto lingüístico que estimula al niño y la "riqueza" de las reglas sintácticas del habla cotidiana. Y a partir del habla común y sencilla es perfectamente posible escalar paulatinamente, en el proceso de socialización, hasta llegar al manejo de estructuras lingüísticas sofisticadas, sin necesidad de un módulo cerebral especializado que guíe las operaciones de aprendizaje.[19]

Veamos ahora otra interpretación que complementa el análisis: la de Lev Vygotsky, que publicó en 1934 un texto pionero titulado *Pensamiento y habla*.[20] El desarrollo del pensamiento no es concebido por Vygotsky como la gradual socialización de estados profundamente íntimos y personales (como lo plantea Piaget). Para Vygotsky la función primordial del habla, tanto niños como en adultos, radica en la comunicación y el contacto social. Las formas tempranas del habla son esencialmente sociales y durante su crecimiento el niño va transfiriendo los patrones de conducta originalmente sociales a sus procesos internos.[21] El desarrollo del lenguaje hablado comienza como una actividad social, después adquiere un carácter centrado en el yo, para finalmente generar un habla interior. Para Vygotsky es importante reconocer que las gramáticas del habla común, del lenguaje escrito y del habla interior son muy diferentes. El habla coloquial usa una sintaxis

[18] Charles N. Li y Jean-Marie Hombert, "On the evolutionary origin of language", p. 198.

[19] La diferencia entre *lenguaje* y *habla* es similar, pero no idéntica, a la distinción de Saussure entre *langue* (sistema abstracto) y *parole* (la manifestación del sistema). La diferencia que me interesa hace hincapié en planos de complejidad y en funciones.

[20] La edición en inglés de 1986 mantiene el título equivocado de *Thought and language* debido a que así se le conoce ampliamente desde la primera traducción de 1962 (cito de la versión revisada por Alex Kozulin en 1986). Véase también el libro *Conciencia y lenguaje* de A. R. Luria, gran continuador de Vygotsky.

[21] Lev Vygotsky, *Thought and language*, pp. 34-35.

simple, tiene un carácter expresivo y musical lleno de entonaciones y presupuestos implícitos y se desarrolla siempre como parte de una conversación fluida motivada por los interlocutores y por el contexto en que se produce. En contraste, el habla interior tiene un carácter condensado, abreviado y casi totalmente predicativo, puesto que el sujeto que piensa es siempre conocido por el pensador y no requiere ser enunciado.[22] El habla interior tiene una sintaxis incompleta y desconectada. El lenguaje codificado y escrito tiene en cambio una sintaxis muy compleja y coherente, con una fuerte inclinación monológica y abstracta. A partir de Vygotsky podemos comprender que las estructuras lingüísticas son diversas y flexibles, no se expresan de una sola forma, se adaptan a diferentes funciones y se ubican en distintos planos de complejidad.

Las expresiones simbólicas de los humanos no se reducen al lenguaje y al habla. Las habilidades plásticas que permiten dibujar, pintar, modelar y grabar han generado una gran variedad de símbolos. Lo mismo ocurre con la música y la danza. En estas formas no discursivas de expresión encontramos una relación entre señales significantes y símbolos, pero no hallamos, como en el lenguaje, las unidades mínimas de significado (las palabras) que pueden combinarse en secuencias que encuentran su equivalente en distintas lenguas. Los colores, las imágenes, los movimientos del cuerpo o los tonos no son parte de un vocabulario y las estructuras que los enlazan no son una sintaxis. Y no obstante estas expresiones forman flujos o conglomerados de símbolos que evocan sentimientos, ideas y emociones por medios no representativos. Si queremos comprender las expresiones simbólicas como constituyentes del exocerebro no debemos pensar sólo en sus expresiones sofisticadas y complejas características de las civilizaciones avanzadas. No se trata de analizar el arte de, digamos, Dimitri Shostakovich, Isadora Duncan y Pablo Picasso como parte del exocerebro. Sin embargo, debemos aceptar que al menos una parte, posiblemente pequeña, de las expresiones simbólicas modernas (tanto discursivas como no discursivas) está estrechamente vinculada con redes neuronales que se apoyan en la existencia de conexiones externas.

[22] *Ibid.*, p. 182.

Esta pequeña parte del simbolismo exocerebral es la que podemos suponer estaba presente ya cuando los primeros humanos comenzaron a labrar estatuillas, pintar paredes en las cuevas y, seguramente, cantar, danzar y hablar. ¿Cómo se aproxima un neurocientífico al mundo del arte? El doctor Ramachandran dedica al arte un simpático capítulo de su libro sobre la conciencia y me interesa citarlo pues una parte importante de su reflexión está inspirada por el comportamiento animal ante una prótesis. El ejemplo lo toma de Nikolaas Tinbergen, quien hizo algunos experimentos con polluelos de gaviota argéntea. Apenas salen de su cascarón comienzan a picotear la mancha roja que su madre tiene en el pico amarillo; ella entonces regurgita comida semidigerida para alimentar a los pequeños. Obviamente, el polluelo reacciona así debido a que ciertos circuitos nerviosos en las zonas visuales de su cerebro están especializadas en reconocer picos de gaviota. En el transcurso de sus experimentos, Tinbergen presentó un pico artificial, con mancha roja, a los polluelos, quienes reaccionaron exactamente de la misma forma aun cuando detrás del pico, en lugar de madre, estaba la mano del científico. Pero Tinbergen llevó las cosas al límite: tomó un largo palo amarillo con tres rayas rojas y se lo mostró a los polluelos. Éstos reaccionaron con mucho mayor entusiasmo ante este curioso artefacto, que ni siquiera se parecía a un pico de gaviota: preferían la prótesis a un pico de verdad. Y aquí es donde entra la idea de Ramachandran: "si las gaviotas argénteas tuvieran una galería de arte, colgarían en la pared un largo palo con tres rayas rojas; lo venerarían, pagarían millones de dólares por él, lo llamarían un Picasso, pero no entenderían por qué... por qué quedan hipnotizadas por esta cosa aun cuando no se parece a nada".[23] Un etnólogo que estudiase las especulaciones de Ramachandran podría preguntarse: ¿por qué este neurólogo cree que los coleccionistas de arte que compran arte contemporáneo actúan exactamente como los polluelos de gaviota? Porque está convencido de que existe una gramática perceptual que contiene elementos figurales primitivos universales, uno de los cuales es la atracción por representaciones en las que ciertos rasgos significativos se

[23] V. S. Ramachandran, *A brief tour of human consciousness*, p. 47.

han hiperenfatizado hasta deformarlos por completo (como el palo amarillo con tres rayas rojas). Es muy sintomática la extendida atracción entre muchos neurólogos por la idea de unos módulos mentales que funcionan como arquetipos y que les interesan más que las prótesis y los artefactos en que eventualmente se apoyan. Esta atracción se justifica por la evidencia de que hay un buen número de operaciones simbólicas que tienen su base en circuitos neuronales. Ramachandran considera que hay varios indicios de que existen "metáforas sensoriales" inscritas en el sistema nervioso, como lo demuestran los fenómenos sinestésicos que vinculan áreas cerebrales usualmente separadas (ya he comentado la asociación entre números y colores).[24] Menciona tres pruebas. En primer lugar, las vinculaciones entre sonidos e imágenes que parecen estar profundamente arraigadas en el cerebro, como la que se establece entre los sonidos *vuva* y *quiqui* que se asocian en 98% de la gente (de diversas culturas) respectivamente con una figura de formas bulbosas similar a una ameba y con una figura dentada con un perfil quebrado y estrellado. Este y otros ejemplos demostrarían que estamos ante la existencia previa de una traducción no arbitraria de la apariencia visual de un objeto (representado en el giro fusiforme) y la representación de un sonido (en la corteza auditiva).[25] En segundo lugar, supone una asociación entre el área visual y la de Broca (que controla los músculos de la vocalización); una prueba sería, por ejemplo, que los objetos pequeños se simbolizan en diversas lenguas con palabras que hacen que los labios imiten el tamaño ("diminutivo") y las cosas grandes con sonidos que obligan a abrir la boca ("enorme", "largo"). A este poco convincente argumento añade una tercera asociación entre el área de la mano y la de la boca, que como se sabe son adyacentes en el homúnculo motor que dibujó Penfield. Ya Darwin había observado que con frecuencia la gente, cuando corta con unas tijeras, mueve al mismo tiempo las mandíbulas inconscientemente.

Falta considerar en estos ejemplos, incluyendo el caso del polluelo que acepta un palo como metáfora de la gaviota ma-

[24] *Ibid.*, p. 62.
[25] *Ibid.*, p. 77.

ternal que le trae alimentos, un aspecto esencial: la presencia de un elemento artificial simbólico externo, de una prótesis que aparece como un dibujo, una palabra, un instrumento o un simulacro (de pico). No me cabe duda de que el uso de estas prótesis tiene como apoyo la presencia de procesos de sinestesia en el cerebro. Este proceso sinestésico interno opera mediante señales químicas y eléctricas que viajan entre regiones (las regiones motoras del habla, los centros visuales y el giro fusiforme). Pero me parece muy difícil suponer que las relaciones de correspondencia entre regiones utilicen códigos simbólicos y metafóricos. Es necesario que los flujos internos de señales logren establecer correspondencias sinestésicas con las prótesis simbólicas externas, y no sólo entre diversas áreas del cerebro.

Regresemos al experimento mental de las gaviotas interesadas en el arte. Para que hayan llegado a formar una sociedad dispuesta a montar exposiciones, han debido previamente fabricar ellas mismas las prótesis simbólicas que les permitan un sistema estable de graznidos para comunicarse, además de muchos otros artefactos e instituciones sociales. Acaso un grupo mutante de gaviotas comprendió la importancia de la simulación fabricada por Tinbergen y a partir de esa especie de soplo divino logró desarrollar con el tiempo una civilización avanzada. Pero los primeros pasos en la evolución de unas hipotéticas gaviotas sociales inteligentes debieron ser el desarrollo de un paquete mínimo de prótesis exocerebrales para lograr sobrevivir en un medio lleno de amenazas. Para ello las gaviotas cultas (lo mismo que los humanos primigenios) debieron tener algún sistema que les permitiese enlazar y establecer correspondencias entre las señales internas y los símbolos externos. La autoconciencia gaviótica o humana debió aparecer cuando se produjo este paso de las señales internas a los símbolos externos que son comprendidos por otros individuos.

Cuando Ramachandran se acerca a este problema expone una idea que, si la hubiese explorado con detenimiento, le habría llevado directamente al exocerebro. Sugiere que las representaciones sensoriales no conscientes adquieren la condición de *qualia* en el proceso de ser codificadas en conjuntos manejables que puedan llegar a las estructuras ejecutivas centrales del cerebro. Ello produce otras representaciones de alto nivel, a las que llama "metarrepresentaciones", y que pueden considerarse "casi como un segundo cerebro 'parasitario'" que permite descripciones más económicas de los procesos automáticos que realiza el primer cerebro.[26] En este punto hay dos alternativas: plantear que se trata de una especie de homúnculo interno y privado, o bien buscar más lejos y pensar que este segundo cerebro es externo. Ramachandran toma la primera opción y considera que el homúnculo cerebral es responsable de realizar representaciones de representaciones (es decir: metarrepresentaciones), y que por ello se liga a las capacidades lingüísticas. Parece necesario, pues, que la conciencia surja en una especie de salto de una clase de representaciones a otra. Pero algunos neurólogos, como Ramachandran, tienen miedo de que el salto los lance al espacio exterior, fuera de los circuitos nerviosos. Prefieren mantenerse dentro del cerebro, aun cuando para ello tengan que abrazar al homúnculo cartesiano, en su encarnación metarrepresentacional como estructura mediadora y traductora.[27]

Me parece sintomática y reveladora la necesidad de acudir a la hipótesis de un segundo cerebro interior, que habría emergido en el curso de la evolución. Sin duda surgieron, en algún punto del proceso evolutivo, nuevos circuitos y se adaptaron los previos a las operaciones cognitivas de alto nivel, pero las funciones propiamente metarrepresentacionales requieren de recursos externos de carácter sociocultural. Lo que estamos buscando son símbolos que representan señales, y señales capaces de indicar la presencia de símbolos. Para ello, regresemos al problema de las imágenes visuales que permiten entender ciertas facetas del arte. Podemos entender que la atracción del cerebro por ciertos rasgos enfatizados y deformados (el palo amarillo con tres rayas de las gaviotas) se ex-

---

[26] *Ibid.*, p. 99.

[27] Ramachandran admite que aunque el yo es privado, se enriquece mucho por las interacciones sociales, y acepta que puede haber evolucionado principalmente en un medio social. Es más, considera que nuestros cerebros se encuentran inextricablemente ligados al ambiente cultural. Pero se trata de una vaga definición de la sociedad y la cultura como "medio" o "ambiente", sin un reconocimiento de que en este "hábitat" hay estructuras y circuitos que pueden formar parte de ese segundo cerebro "parásito". *Ibid.*, pp. 105 y 108.

presa en los humanos, pongamos por ejemplo, en figuras antropomórficas con rasgos sexuales amplificados, como las famosas Venus prehistóricas o las representaciones fálicas. Aquí habría una conexión entre cierta selectividad en las señales con que operan los circuitos nerviosos y los símbolos ligados al culto a la fertilidad. La preferencia neuronal por ciertas asociaciones cromáticas puede ligarse a símbolos de identidad tribal o familiar. La inclinación y la habilidad por descubrir figuras en contextos velados (un predador escondido en el follaje) pueden conectarse a símbolos de potencias malignas ocultas. La capacidad de apreciar elementos aislados fuera de contexto puede asociarse a las capacidades simbólicas para generar nombres y sustantivos. Para las gaviotas estetas el multicitado palo con rayas que capta la atención de sus neuronas es un símbolo de la madre primordial. Para que estas peculiares transformaciones ocurran es necesario que las secuencias de señales neuronales se expresen como símbolos que son comprendidos por otros individuos. Y viceversa: es preciso que las estructuras simbólicas que provienen de la sociedad puedan encontrar un equivalente en señales capaces de circular por el sistema nervioso. Me inclino a pensar que el "aparato traductor" se halla más bien fuera del cráneo, por una razón sencilla: hasta donde se sabe, el cerebro sólo es capaz de procesar señales, mientras que podemos estar seguros de que los circuitos sociales y culturales pueden operar tanto con símbolos como con señales. Por supuesto, una secuencia discreta de señales neuronales, equivalente a un símbolo, debe ir acompañada de algún "marcador" que la identifique, para que su significado no se diluya en el torrente de códigos químicos y eléctricos. Este problema lo abordaré más adelante, cuando me refiera al tema de la memoria.

X. AFUERA Y ADENTRO:
EL INMENSO AZUL

Para comprender las relaciones entre las redes exocerebrales y los circuitos neuronales que operan con señales eléctricas y químicas aparentemente es necesario encontrar ciertos dispositivos que liguen las secuencias internas con las externas. La primera dificultad con que nos topamos radica en la misma separación de lo interno y lo externo. El problema es que a partir del énfasis en uno u otro ámbito se han desarrollado dos grandes interpretaciones de los procesos mentales. En primer lugar tenemos la llamada visión "internalista", que establece que la conciencia es un proceso determinado por ciertos tipos de actividad cerebral interna en los individuos durante el proceso de su interacción con el mundo. En contraste, la visión "externalista" afirma que la conciencia es una construcción que depende de las relaciones sociales y culturales basadas en el lenguaje. La primera visión suele ser innatista y sostiene que las estructuras cognitivas son dispositivos cerebrales determinados genéticamente. Es la visión que tienen Noam Chomsky y Jerry Fodor.[1] En el otro extremo encontramos a autores como Clifford Geertz y Richard Lewontin, que enfatizan la importancia decisiva de la interacción y del sistema simbólico.[2] Yo no quiero entrar a revisar esta polémica, entre otros motivos porque me parece que se trata de una confrontación tan superada como la que establece la oposición entre natura y cultura.

Pero no todos los neurocientíficos están, en el fondo, convencidos de que la oposición natura/cultura está superada, pues ello implica aceptar que la mente y la conciencia se ex-

---

[1] Véanse Noam Chomsky, *New horizons in the study of language and mind*, y Jerry Fodor, *The modularity of mind*.

[2] Véanse Clifford Geertz, *The interpretation of cultures*, y Richard Lewontin, *Biology as ideology*. En otro ensayo Geertz se refirió al "carácter funcionalmente incompleto del sistema nervioso" ("Culture, mind, brain/Brain, mind, culture", p. 205).

tienden más allá de las fronteras craneanas y epidérmicas que definen a los individuos. Y para muchos esta aceptación equivale a validar la visión "externalista". Recientemente Robert Wilson, conocido por sus reflexiones sobre las ciencias cognitivas, ha dedicado un interesante libro al problema de las fronteras de la mente. Wilson está convencido de que la mente no se detiene ante los muros que separan al individuo del mundo exterior y presenta una hipótesis que en cierta manera coincide con las ideas que he expuesto sobre el exocerebro.[3] Wilson concibe la conciencia como un proceso extendido en el tiempo (dura mucho más que unos pocos segundos) que se encuentra sostenido por un *andamiaje (scaffolding)* ambiental y cultural externo. Este proceso, dice Wilson, *encarna* en un cuerpo que se halla *empotrado* en un medio ambiente. Desgraciadamente no se extiende en la explicación del andamiaje externo que forma parte de la conciencia. Cita como ejemplos los equipos de navegación, los relojes y los mapas, y desde luego el habla y la escritura, como mediadoras que modifican la estructura de la cognición.[4] La concepción de que la conciencia es apuntalada por andamios culturales y ambientales es similar a mi idea de que la autoconciencia humana opera con prótesis culturales. Pero en el planteamiento de Wilson está ausente la idea de que las prótesis (o los andamios) constituyen un sistema simbólico de sustitución de funciones que los circuitos cerebrales no pueden completar por sí mismos.

Veamos ahora el problema desde el punto de vista de los modelos computacionales de la conciencia. Wilson reflexiona sobre las visiones amplias que no sólo consideran al cerebro como un sistema de computación, sino que creen que dicho sistema incluye al medio ambiente que rodea al organismo. El problema con esta interpretación es que, para que sea coherente, debe considerar tanto a la mente como al mundo

---

[3] Robert A. Wilson, *Boundaries of the mind. The individual in the fragile sciences*.

[4] Wilson bautiza su concepción de la conciencia como TESEE: Temporalmente Extendida, Sostenida en Andamios, Encarnada y Empotrada (Temporally Extended, Scaffolded, and Embodied and Embedded). Pero no dedica más de una docena de páginas a su concepción (*ibid.*, pp. 215-225 y 240-241). Aunque no lo cita, las ideas de un proceso encarnado y empotrado parecen tomadas de Francisco Varela (*The embodied mind*).

que la rodea como un sistema de cómputo unificado. Pero para que ello sea cierto hay un requisito que cumplir: el medio social y los circuitos neuronales deben constituir una compleja estructura causal que permita una caracterización formal común, de tal manera que sea innecesario buscar reglas de traducción entre las partes cerebrales y las expresiones ambientales.[5] Aunque el modelo computacional de la mente y del cerebro ha sido abandonado por casi todos los neurobiólogos, el problema de la posible unidad sistémica de los ámbitos internos y externos de la conciencia se mantiene como un tema inquietante. Al respecto es sugestiva la explicación de Dana Ballard sobre las funciones de rápida y constante actualización de datos codificados en el medio ambiente durante el proceso de cognición. El cerebro se aprovecha de información almacenada en el ambiente y que por ello no requiere ser archivada o computada por el individuo. Un ejemplo de esta "codificación deíctica" en el proceso de reconocimiento visual son los rápidos y constantes movimientos oculares, sacádicos, que obtienen de ciertos puntos fijos del contorno a los que se apunta la mirada una información que no es necesario guardar dentro del cerebro. Así, el orden óptico ambiental es aprovechado por los veloces movimientos del ojo que apuntan o señalan directamente los elementos del campo visual necesarios para completar un proceso de conocimiento y reconocimiento.[6] Esta interpretación se puede extender a la memoria, a la atención y a otras actividades.

Un obstáculo difícil de superar radica en el hecho de que los códigos requieren de una sintaxis que organice la manera en que deben ser combinados y manejados. Como observa Wilson, los códigos necesitan ser interpretados y para ello se requieren otros códigos para lograr el desciframiento. Pero aquí entramos en una regresión infinita, pues siempre se requerirá de nuevos códigos para descifrar los anteriores. O bien, para salvar este obstáculo, podemos imaginar un proceso no interpretativo que prescinda de los códigos: pero en este caso resulta inútil el uso de códigos en la interacción, pues ningún

---

[5] Robert A. Wilson, *ibid.*, pp. 167-169.
[6] Dana Ballard, M. Hayhoe, P. K. Pook y R. P. Rao, "Deictic codes for the embodiment of cognition". Véanse los comentarios de Robert Wilson en *ibid.*, pp. 176 y ss.

proceso posterior intentará descifrarlos e interpretarlos.[7] Si llevamos a su extremo esta última alternativa, podríamos llegar a un callejón sin salida: la codificación social y cultural sería un raro epifenómeno externo que no influiría en el funcionamiento de los circuitos neuronales, los cuales operarían mediante procesos internos no interpretativos ni representacionales. Pero ello no soluciona el problema de los vínculos entre lo interno y lo externo. Simplemente lo anula al decretar un divorcio tajante entre dos ámbitos inmanentes: el ambiente cultural externo y el espacio cerebral.

El problema que la investigación científica debe resolver consiste, a mi juicio, en encontrar la manera concreta en que los circuitos nerviosos —y específicamente la corteza cerebral— logran trabajar con los símbolos, los códigos y las señales del mundo cultural. Las investigaciones han avanzado mucho en la localización de los procesos que se inician en los estímulos sensoriales que son transducidos en las terminales periféricas de las fibras nerviosas y son enviados a las áreas sensoriales primarias de la corteza cerebral. Como explica Mountcastle, se conocen relativamente bien la geografía y las conexiones de los impulsos nerviosos, pero se sabe muy poco sobre los mecanismos y los procesos operativos. Muchos fenómenos han sido localizados en la corteza cerebral, como la sincronización, la acumulación de datos y su recuperación, la amplificación y otros. Pero los circuitos neuronales de estos procesos aún no son completamente entendidos. El hecho es que no se conocen las funciones básicas del córtex cerebral.[8] Mountcastle señala la urgencia de generar modelos teóricos e hipótesis que guíen la investigación, y señala la fertilidad que tuvieron los modelos computacionales en el estímulo de los estudios neurofisiológicos. Sin embargo, asegura tajantemente que la metáfora que ve al cerebro como una computadora digital es totalmente falaz y debe ser abandonada.[9]

Yo creo que las nuevas reflexiones de los científicos sobre los problemas de la conciencia contribuyen a la gestación de modelos teóricos estimulantes y creativos. Algo que quiero destacar es el hecho de que la conciencia de alto nivel (o auto-

[7] Robert Wilson, *ibid.*, pp. 140-149.
[8] Vernon B. Mountcastle, "Brain science at the Century's ebb", pp. 16-17.
[9] *Ibid.*, p. 29.

conciencia) parece contener una paradoja: para que un individuo se percate de su individualidad única, sus sensaciones
"internas" deben estar expuestas al mundo "externo". No me
refiero al hecho obvio de que el cerebro se alimenta de información que proviene del medio ambiente. Quiero decir que el
carácter unitario del flujo interior se confirma en la medida en
que entra en contacto y circula por el espacio social y cultural,
en interacción con otras personas. No se trata solamente de
que la epidermis define la individualidad de un organismo.
Dicho en otras palabras: para que una individualidad pueda
definir su mundo interior es necesario que este mundo sea
también externo y se exponga a las inclemencias del clima social. Pero si lo interior está, al menos parcialmente, afuera,
entonces comienza a perder sentido la dicotomía interno-
externo. Ya he señalado que, en su discusión con Jean-Pierre
Changeux, Paul Ricoeur sugirió que la conciencia está afuera
de ella misma, y que es necesario reconocer que el espacio
consciente no se encuentra totalmente dentro del cerebro.
Changeux defiende la utilidad de los modelos de conciencia
que la definen como procesos que ocurren dentro del cráneo.
Ricoeur le señala que el modelo que postula no procede de las
ciencias neuronales, sino de otras disciplinas que hacen hincapié precisamente en una apertura a un mundo formado por
interacciones, y que permite observar a la conciencia como un
espacio de simulación y de acciones virtuales que se encuentra intercalado entre el mundo exterior y el organismo. Y sin
embargo Changeux, como muchos otros neurocientíficos, está
paradójicamente convencido de que "todo ello sucede dentro
del cerebro".[10] Ricoeur le recuerda que el espacio de la conciencia se liga al tiempo y por lo tanto a la experiencia viva de
los humanos, cuyo espacio vital es, por un lado, el de sus cuer-
pos, sus posturas, sus movimientos y sus desplazamientos;
pero es también, por otro lado, el espacio envolvente externo.
Este espacio global de la experiencia viva es privado y común,
es corporal y público. Para Ricoeur el llamado "medio cerebral interno" se encuentra dentro de ese espacio amplio que
engloba tanto al organismo como a su contorno habitable.[11]

[10] Jean-Pierre Changeux y Paul Ricoeur, *Ce qui nous fait penser*, pp. 155
y 157.

[11] *Ibid.*, p. 158.

La paradoja de la conciencia ha intentado ser superada mediante teorizaciones metapsicológicas que definen el *yo* como el desarrollo en el niño de una representación figurada de sí mismo a partir de la experiencia de la superficie de la piel. Ésa es la definición del "Yo piel" que hace el psicoanalista Didier Anzieu, quien temeroso de que la psicología se convierta en la parienta pobre de la neurofisiología, intenta ubicar la conciencia del *yo* en la piel, un hecho originario tanto biológico como imaginario. Para Anzieu el Yo piel es una realidad de orden fantasmático, una estructura intermediaria entre el cuerpo, el psiquismo, el mundo y los otros.[12] La metáfora de la piel como figura del ego puede ser estimulante, pero no deja de ser una falsa solución de la paradoja de la conciencia. No pasa de ser un curioso juego de palabras, donde la piel es un envoltorio como la corteza de un fruto o como el córtex cerebral, lleno de pliegues e invaginaciones, que delimita al organismo individual. El ego se alojaría en una epidermis psíquica dotada de la estructura de un envoltorio, una noción que permitiría a los psicoanalistas diagnosticar mejor las enfermedades que aquejan a sus actuales pacientes, que sufren hoy menos neurosis, fobias e histerias y más angustias narcisistas propias de personas que no reconocen los límites y las fronteras que separan el *yo* psíquico del corporal, el *yo* ideal de la realidad o aquello que depende de uno de lo que depende de otros.[13] Pero el hecho de que la cultura moderna y posmoderna parezca acrecentar la vulnerabilidad de las personas frente a las heridas narcisistas, supuestamente ocasionadas por defectos y debilidades del envoltorio psíquico, no nos arroja luz sobre el problema de la conciencia: más bien nos ayuda a definir ciertas peculiaridades de la compleja transición hacia una nueva época cultural y sociopolítica cuyos códigos, a comienzos del siglo XXI, todavía no conocemos.

Las metáforas son útiles para estimular la investigación y la reflexión. Creo que la metáfora de la botella de Klein, que ya sugería más arriba, permite pensar mejor el problema de la dicotomía interno/externo en el proceso cognitivo y en la formación de la autoconciencia. Una botella de Klein —así lla-

---

[12] Didier Anzieu, *Le Moi-peau*, pp. 25-26.
[13] *Ibid.*, p. 29.

mada en honor del gran matemático alemán— es el resultado
de una acción similar a la ejecutada en una tira plana de papel
para crear la cinta de Moebius, donde el verso y el anverso son
la misma cara. Al pegar los dos extremos de la tira, que previamente se ha torcido una vez, formamos ese sencillo e inquietante espacio geométrico tridimensional que sólo tiene
una cara. La llamada botella de Klein es un espacio topoló-
gico que se obtiene al unir los dos extremos de un tubo, retor-
ciéndolo de tal manera que no forme un anillo y que por lo
tanto tenga un solo lado. En un espacio de esta naturaleza podemos pasar de un lado a otro sin tener que atravesar la superficie: es una botella donde se pasa del interior al exterior
sin tener que salir.

Muchos neurocientíficos rechazan esta situación paradójica. Por ejemplo, para Antonio Damasio la mente y su conciencia son primero y ante todo fenómenos privados, aunque
ofrecen muchos signos públicos de su existencia. Por eso nos
dice: "yo nunca sabré tus pensamientos, a menos que me
los cuentes; y tú nunca conocerás los míos hasta que te los
diga".[14] Pero las cosas no son tan simples: yo le contesta-
ría que, "si no lo explicas a nadie, tú no sabrás *que* piensas
aunque sepas *qué* piensas". Pero como los humanos no somos
seres aislados, sino individuos hablantes que no cesamos de
comunicarnos, sabemos *qué* pensamos y nos damos cuenta
de *que* pensamos. Por ello no nos sirve el conocido experimento mental de la científica experta en neurofisiología del color
pero que vive encerrada dentro de un ambiente en blanco
y negro. Se supone que esta experta un buen día sale a
otro mundo y experimenta por vez primera la sensación del
color. La conclusión es que su conocimiento científico, por
más refinado que sea, no le puede proporcionar la experiencia
multicromática, que sería única y exclusivamente privada.[15]
De aquí que se suponga que la conciencia del color sea in-
transferible e interna. Ya he comentado en el capítulo v la
solución de Ramachandran a este problema. Ahora quiero señalar que lo único que este experimento mental nos dice es
que la detallada descripción de los circuitos neuronales y su

[14] Antonio Damasio, *The feeling of what happens*, p. 309.
[15] Véase Franck Jackson, "Epiphenomenal qualia", y los comentarios de
Antonio Damasio, *ibid.*, p. 307.

explicación científica son incapaces de comunicar las experiencias cromáticas. Pero si escapamos del laboratorio mental donde se realiza artificialmente el experimento y nos acercamos a las redes culturales reales, podremos comprobar que de manera cotidiana los seres humanos se comunican entre sí experiencias cromáticas (y de muchas otras clases).

La convivencia social nos rodea de enormes enjambres de símbolos relacionados con los colores. Fragmentos de canciones, frases hechas, recuerdos de pinturas o películas, versos, vestidos, joyas y mil cosas más se conectan a nuestra noción del azul, por ejemplo. Se podría decir que hay un pequeño segmento del exocerebro referido al azul y que un escritor puede aprovechar para escribir un relato o un poema que nos transmite su experiencia del color, mediante analogías, metáforas, códigos implícitos, presuposiciones y suposiciones. Cuando leemos el libro de Rubén Darío titulado *Azul* el poeta nos transmite, entre muchas otras cosas, sus sensaciones sobre el azul. Por supuesto, no nos transmite *toda* su experiencia del azul, sino solamente una porción, un fragmento que impulsa un flujo de ideas y emociones propias del poeta y que nosotros no conocíamos antes de leerlo. En su experimento mental Ramachandran enchufaría un cable nervioso artificial en el cerebro de Rubén Darío, conectado directamente con nuestro sistema neuronal: así tendríamos *toda* la experiencia poética del azul sentida por este escritor, el cual se habría convertido en una prótesis mecánica y automática. En este ejemplo imaginario obtendríamos la experiencia azulosa directa de un individuo nacido en Nicaragua en el siglo XIX, pero nos perderíamos las sensaciones modernistas de su texto simbolista:

> ¡Oh inmenso azul! Yo adoro
> tus celajes risueños,
> y esa niebla sutil de polvo de oro
> donde van los perfumes y los sueños.
> ["Anagke", 1888]

¿Dónde está aquí la conciencia? Precisamente en la conexión simbólica indirecta entre las impresiones de Rubén Darío y nuestra experiencia al leer sus versos. Es el mismo carácter incompleto y fragmentario de la comunicación lo que me permite afirmar que las nieblas sutiles, los celajes risueños, los perfumes y los sueños son símbolos azulados que forman parte de la conciencia subjetiva, y que no por ello están encerrados en los cerebros de quien los escribió y de quienes los leen. Se hallan también en los libros y en las bibliotecas de la gran memoria cultural de una sociedad. Así que, parcialmente, podemos tener acceso a las experiencias mentales de Rubén Darío y de otras personas. Y quiero insistir en que sólo tenemos un acceso parcial: si el acceso a la conciencia de otros fuese total, paradójicamente, perderíamos nuestro sentido de identidad y se erosionaría nuestra conciencia.

Pasemos ahora a un pequeño simulacro de interpretación neurofisiológica. Si leemos estos versos a un hablante monolingüe de japonés se activan solamente las áreas auditivas primarias y secundarias de su cerebro. En la fase siguiente del experimento, leemos a una persona de habla española una lista inconexa de sustantivos, adjetivos y verbos extraídos del poema:

perfumes	azul	oro
niebla	polvo	inmenso
risueño	sueños	adoro

En este caso hay una información léxico-semántica comprensible, y en consecuencia la reacción cerebral es más extensa: se activa la circunvolución frontal inferior izquierda, entre otras zonas. El siguiente paso consiste en leerle a la misma persona estos versos extraños, anormales y difíciles de comprender:

> ¡Oh menoro blaní! Yo suforo
> tus celaños polfumes,
> y esa suebla pertil de azolvo de jes.

En este caso el esfuerzo por descifrar el sentido de unas palabras desconocidas, pero inscritas en frases con información gramatical comprensible, activan, además de las áreas auditivas, los dos polos temporales y se observa una mucho mayor actividad en el hemisferio izquierdo. Otro patrón de actividad cerebral aparecería si la información semántica fuese correcta, pero se mutilase la estructura sintáctica:

> Yo adoran lo polvos risueña
> hacia vamos el sueñas de inmenso.

Por último, le leemos a nuestro sujeto el poema tal como lo escribió Darío: aparece una actividad extensa e importante en muchas regiones cerebrales, especialmente en el área prefrontal izquierda.[16]

Todo esto indica que nuestro cerebro responde de una forma ordenada y que hay patrones de comportamiento que se reconocen en la distribución topográfica de la actividad neuronal. Al escuchar los versos de Rubén Darío se ponen a funcionar complejos sistemas cerebrales, grupos de neuronas oscilan a 40 hertz, se establecen enlaces tálamo-corticales, se activan conexiones dentro de cada hemisferio, a través del cuerpo calloso se comunican los dos hemisferios y se emiten neurotransmisores inhibitorios o excitantes. El cerebro comprende las estructuras sintácticas y los significados de las palabras. Es evidente que en el sistema nervioso se almacena información que, además de permitir la comprensión del sentido literal de los versos, genera una cascada de asociaciones, algunas de las cuales seguramente el escritor las buscó intencionalmente: el cielo, la alegría y lo valioso que se desprenden del azul inmenso, los celajes risueños y el polvo de oro. Pero quien escuche el poema agregará asociaciones personales con el perfume de seres amados, los deseos soñados o la nostalgia de un día neblinoso en París. Aquí opera lo que Changeux llama las prerrepresentaciones, que corresponden a estados de actividad dinámicos, espontáneos y transitorios de poblaciones de neuronas capaces de formar combinaciones múltiples.[17]

Aunque la experiencia del azul que evocan los versos de Darío tiene una evidente base cultural, aun aquí podemos en-

---

[16] El experimento mental es una paráfrasis de estudios científicos reales. Véanse Helen J. Neville y Daphne Bavelier, "Specificity and plasticity in neurocognitive development in humans", y Jean-Pierre Changeux, *L'homme de verité*, p. 190.

[17] *Ibid.*, p. 93.

contrar huellas innatas en la percepción de los colores. Cuando se asocia el azul con el polvo de oro amarillo nos enfrentamos a una situación contradictoria: nuestro cerebro es incapaz de imaginar reflejos que sean simultáneamente azules y amarillos. No somos capaces de ver un amarillo azulado o un azul amarillento. Tampoco podemos identificar colores que sean al mismo tiempo verdosos y rojizos; y en cambio sí vemos la mezcla de azul y rojo como un morado o el amarillo y el rojo como anaranjado. Por supuesto, no hay ninguna razón física, cultural o lógica que impida ver simultáneamente los dos pares de colores opuestos. La longitud de onda es un fenómeno continuo, no hay ningún tabú cultural que prohíba dichas combinaciones ni tampoco impedimentos formales. El sistema tricromático de conos fotorreceptores en la retina explica la codificación en tres colores básicos (azul, verde y rojo), pero no permite comprender el amplio y variable abanico de categorías culturales que dan nombre a los colores. Tampoco explica la causa que prohíbe las combinaciones de rojo con verde y de azul con amarillo. Para esto último es necesaria la teoría de Ewald Hering que establece que en ciertas áreas retinales las neuronas producen dos pares de señales cromáticas opuestas (rojo/verde, azul/amarillo) y un par de señales acromáticas (oscuro/claro). Habría que agregar otros factores que inciden en la apreciación de los colores: su apariencia cambia según el contraste con las peculiaridades del contorno, de acuerdo a su adaptación al fondo y por influencia de la iluminación ambiental. La información visual es enviada desde la retina al núcleo geniculado lateral y de allí a la corteza visual primaria por tres vías: la parvocelular, la magnocelular y la koniocelular. La información se codifica y se distribuye de forma muy compleja; y no se sabe bien si las funciones principales en la interpretación del color se producen durante el flujo que va de la retina al córtex o bien están localizadas en algún centro cortical especializado en información cromática.[18]

Aunque los versos de Darío evocan principalmente imágenes visuales, hay también una referencia a los olores. Se cree

[18] Brian A. Wandell, "Computational neuroimaging: color representations and processing".

que en el curso de la evolución, la importancia de la visión en color provocó la disminución de las funciones olfativas en el cerebro. La codificación de olores es similar a la de los colores. Se han descubierto unos 1 000 receptores olfativos capaces de activarse con olores distintos. Cada receptor es fabricado por un gen específico, reconoce las moléculas de un solo aroma y envía la información directamente al bulbo olfativo en el cerebro. Las células del epitelio nasal que tienen el mismo receptor envían todas ellas señales al mismo glomérulo en el bulbo olfativo (hay dos glomérulos por receptor, o sea, unos 2 000). Los olores que podemos reconocer y nombrar son la combinación de las señales que envían algunos cientos de receptores. Así pues, el sistema olfativo codifica unos mil olores y puede reconocer unas 10 000 combinaciones peculiares. Esto quiere decir que, como en el sistema visual, desde el proceso de transducción, cuando las neuronas sensoriales envían señales químicas y eléctricas como respuesta a estímulos externos, encontramos una codificación que separa y marca la información molecular o lumínica.[19] Hay que señalar que no ocurre lo mismo en el sistema auditivo que percibe las frecuencias de las ondas del sonido: allí no hay una segmentación, de tal manera que escuchamos toda la secuencia de tonos, desde los más altos hasta los más bajos, sin interrupciones. Aparentemente la codificación de los tonos tiene un origen enteramente cultural.

Quiero destacar que, si partimos de la hipótesis del exocerebro, podemos observar en la conciencia del azul un *continuum* que une los símbolos poéticos, sus expresiones lingüísticas, las imágenes cromáticas, las reacciones excitantes e inhibitorias, las conexiones corticales, las asociaciones y las respuestas motoras y emocionales. La conciencia del azul es un continuo ir y venir a lo largo de circuitos que son al mismo tiempo culturales y neuronales, externos e internos, sociales y privados, simbólicos y señaléticos, mentales y corporales.

La conciencia, por supuesto, no es solamente el breve centelleo que nos permite percatarnos del conglomerado de metáforas e imágenes contenidas en los versos de Darío. Es

[19] Richard Axel y Linda Buck, "A novel multigene family may encode odorant receptors: a molecular basis for odor recognition". Por esta investigación sus autores recibieron en 2004 el premio Nobel de Medicina.

el flujo prolongado y coherente —como lo entendió William James— que nos da unidad como individuos y nos proporciona una aguda sensación de identidad. Sin embargo, para efectos de esta reflexión, he tomado en cuenta solamente el pequeño fragmento de conciencia que se revela cuando escuchamos los versos. Mi propuesta es que las 23 palabras de que se componen los cuatro versos, sus ligazones sintácticas, sus ritmos y su rima, el enjambre de imágenes visuales que evocan y la comunicación con la persona que los lee en voz alta *son parte de la conciencia*, una parte íntimamente conectada con la memoria, con los recursos lingüísticos alojados en el cerebro y con los circuitos emocionales que son excitados. La conciencia del azul es un enjambre articulado e interconectado de instancias neuronales y culturales cuya coherencia y continuidad permiten esa peculiar experiencia. Creo que la brillante inteligencia de Helen Keller le permitió a esta mujer ciega y sorda intuir la presencia de un exocerebro que la ayudaba, por decirlo así, a *ver* y *oír* aquellos aspectos que sus sentidos no percibían. Lo que no miraba lograba verlo, lo que no escuchaba alcanzaba a oírlo. ¿Cómo? Ella misma lo explica cuando, molesta, critica a quienes creen que los ciegos y los sordos no tienen derecho moral de referirse a la belleza, los cielos, las montañas, el canto de los pájaros y los colores: "y sin embargo un espíritu atrevido me impulsa a usar palabras sobre la visión y el sonido cuyo significado puedo adivinar sólo gracias a analogías y fantasías".[20] Es muy sintomático el conmovedor reclamo de Helen Keller contra quienes asumen que la ceguera y la sordera la aíslan de las cosas que los demás pueden gozar. Arguye que gran parte de las delicias de la vida cotidiana provienen del peligroso juego de imaginar analogías y del enorme poder del tacto, el olfato y el gusto que ha desarrollado. Ella moviliza un poderoso sistema simbólico de sustitución que le permite construir artificialmente, en los huecos oscuros y silenciosos de sus redes exocerebrales, las sensaciones cromáticas y musicales que le faltan. Tenía una cultura tan vasta y una inteligencia tan penetrante que fue capaz de comprender la naturaleza protésica del exocerebro y manejarla con gran habilidad para recomponer y equilibrar su con-

---

[20] Helen Keller *The world I live in*, pp. 28-29.

ciencia del mundo al mismo tiempo que construía su identidad: "cuando consideramos —contesta a sus críticos— lo poco que se ha descubierto sobre la mente, ¿no es asombroso que alguien presuma que puede definir lo que uno puede conocer o no conocer? Admito que hay maravillas innumerables en el universo visible que yo no puedo adivinar. De igual manera, oh confiado crítico, hay una miríada de sensaciones que yo percibo en las cuales tú ni sueñas".[21] Ella, más que la mayoría, gracias a sus terribles carencias fue capaz de reconocer en la cultura las prótesis simbólicas que le permitían sustituir las sensaciones auditivas y ópticas. No es muy diferente lo que hacemos cuando escuchamos los versos de Darío, que son como una prótesis en la que nos apoyamos para comprender y sentir que la inmensidad del azul puede nublarse con el gozo perfumado y onírico del polvo dorado.

---

[21] *Ibid.*, p. 29.

XI. LAS ESFERAS MUSICALES
DE LA CONCIENCIA

Como hemos visto, una de las grandes dificultades para comprender la relación entre circuitos neuronales y redes culturales radica en la naturaleza hasta cierto punto rígida de los códigos lingüísticos, del sistema semántico de significados y de las estructuras sintácticas. No es fácil encontrar correlatos neuronales que reflejen las peculiaridades del habla. Pero si saltamos a otro ámbito cultural, donde los símbolos son muy flexibles y los significados carecen de una fijación convencional, tal vez logremos una aproximación diferente e iluminadora del problema de la autoconciencia. Me refiero a las expresiones musicales, que ya he mencionado a propósito de las teorías de Susanne Langer. La sola mención del concepto "expresiones" musicales nos enfrenta a una situación compleja. Me referiré principalmente a la música instrumental llamada clásica o culta que no va acompañada de palabras. Desde hace siglos se afirma que la música, los compositores y los intérpretes "expresan" diferentes emociones, pasiones, humores y estados de ánimo. Desde luego, esta idea presupone que la música logra, en los que la escuchan, conmover los sentimientos, excitar las emociones y concitar los afectos de tal forma que corresponden aparentemente a las intenciones expresivas del creador y del intérprete. Langer, a partir de la evidente ligazón entre las emociones y la música, ha enfatizado la necesidad de comprender que ésta implica un vínculo de *representación* con los sentimientos y los afectos. Es decir, en la música hay un componente simbólico que permite entender que las emociones son representadas de una forma peculiar por secuencias y combinaciones de sonidos. Susanne Langer sostiene que hay un isomorfismo entre emociones y música, y que las representaciones musicales son inefables; es decir, que la música revela estados de ánimo y sentimientos que no pueden ser expresados tan bien mediante el lenguaje u otros sistemas simbólicos. Ahora bien, ¿en qué consiste la relación entre una determinada forma musical y una forma emocional? Se ha criticado a Langer por no definir o precisar qué podría ser la *forma* de las emociones.[1] No puedo dar una respuesta general, pero sí quiero proponer que algunas de las formas que adquieren las emociones son precisamente las estructuras de la música. Estas estructuras se encuentran en el exocerebro y son una de las formas que adquieren las emociones: su forma simbólica.

Es sabido que desde tiempos antiguos los griegos establecieron una vinculación entre ciertos modos ("armonías") y determinados estados de ánimo. Aristóteles, en la *Política*, señala que las melodías imitan el carácter y que por ello el modo mixolidio vuelve tristes a los hombres mientras que el modo dorio modera el temperamento y el modo frigio inspira entusiasmo.[2] Los modos ("armonías") de Aristóteles y Platón eran los tonos de las escalas de Cleónidas y Ptolomeo, una combinación de nota, intervalo, tono y tipo de voz que hacía referencia a estilos melódicos regionales. Los tratadistas del Renacimiento y del barroco mantenían teorías que vinculaban arreglos según los intervalos y las disonancias con la excitación de sentimientos y el estímulo de afectos. Esta tradición pasa por la Ilustración, encarna en Diderot y Rousseau, y llega hasta nuestros días. Sin embargo, es imposible pensar en un diccionario de símbolos musicales con sus correspondientes traducciones en términos emocionales. Sin duda es posible encontrar correlatos musicales de las emociones, pero no lograremos jamás ponernos de acuerdo en la definición de se-

---

[1] Véase el interesante libro de Laird Addis, *Of mind and music*, que desarrolla con creatividad e inteligencia las tesis de Susanne Langer (p. 25 sobre la "forma" de las emociones). Es curioso que Arturo Rosenblueth, para explicar el isomorfismo que existe entre los mensajes que recibimos del exterior mediante las fibras sensoriales aferentes y la estructura de los objetos y eventos originales, usó el ejemplo de la sonata para piano *opus* 111, de Beethoven, en sus diversas formas: partitura (1822), ejecución (de Schnabel, 1932) y posterior impresión en un disco fonográfico. Pero no explica cómo el isomorfismo podría continuar en los circuitos nerviosos (*Mente y cerebro*, pp. 73-79).

[2] *Política* 1349b, 1-5. En tiempos recientes Deryck Cooke, en su libro *The language of music*, ha querido establecer relaciones entre los 12 tonos de la escala y las sensaciones de placer, alegría, dolor, aflicción, anhelo, etcétera.

cuencias tonales y ritmos precisos para la admiración, la cólera, la esperanza, la melancolía, el orgullo o la vanidad. Podemos pensar que hay emociones que se reconocen fácilmente en determinadas piezas musicales, como la alegría o la tristeza. Pero será muy difícil que logremos definir un pasaje musical como expresión de la envidia o la vergüenza. Y sin embargo creemos firmemente que un compositor ha impreso en su música la expresión de amores, ansiedades, culpas, desprecios, manías, nostalgias y sorpresas. Pero no podríamos establecer en un diccionario las emociones, clasificadas por orden alfabético, de la admiración a la zalamería, con los correspondientes códigos musicales que podrían representarlas simbólicamente. Y, aunque ha sido sugerido, no es posible afirmar que los tonos son las palabras, la armonía es la gramática, y los temas, la sintaxis de la música.

Para reflexionar sobre el problema de la forma musical que puede adquirir una emoción, un humor o un sentimiento me gustaría usar ejemplos concretos. En algunas ocasiones los compositores se han referido textualmente a algún pasaje o movimiento con la palabra *melancolía*. ¿Qué han querido decir? Podemos suponer que Jean Sibelius escribió su *opus* 20 para violonchelo y piano, titulado *Malinconia*, para expresar las emociones que le causó el fallecimiento en 1900 de su hija más pequeña a consecuencia de una epidemia de tifo. Es posible que su dolor haya ocasionado los largos, desencajados e insistentes pasajes de piano y el tono intensamente sombrío e incluso irritante del violonchelo. La melancolía que emana de esa pieza sin duda nos perturba y nos introduce a un peculiar flujo de emociones. Puedo adivinar otra situación muy diferente si escuchamos la *Sérénade mélancolique* de Pyotr Tchaikovski (*opus* 26, de 1875). Creo que aquí el compositor, más que expresar su melancolía, tiene la intención de despertar suavemente esa emoción en quien escucha la serenata, en forma tal que incluso sienta el placer y el gozo de la tristeza y el abandono. Se diría que Tchaikovski sabe manipular determinadas secuencias melódicas que por su carácter intrínseco producen melancolía en quien las escucha, sin que por ello esté comunicando el vivo sufrimiento del compositor. Una tercera experiencia musical la hallamos en el último movimiento del sexto cuarteto, *opus* 18, de Beethoven, que se inicia con un tenebroso adagio titulado "la Malinconia". Me parece que en esta pieza, de 1801, el compositor no quiso ni expresar su dolor ni provocarlo: su intención fue entregar una simulación de la melancolía mediante secuencias angustiosamente inconclusas alternadas con pasajes rápidos que parecen simulacros de manía.

Otro trío de obras que podrían escucharse sucesivamente como *expresión*, *provocación* y *simulación* de la melancolía son: *Melankoli* de Edvard Grieg (piezas líricas IV para piano, *opus* 47, n. 5, 1885-1886), *Romance oublieé* de Franz Liszt (andante malinconico para violoncelo y piano, 1880), y *Melancolía* de Paul Hindemith (primera variación del ballet *Los cuatro temperamentos*, 1940). Podemos comprender que, si bien se trata de explicaciones diferentes del fenómeno musical, las formas de *expresión*, *provocación* y *simulación* de las emociones implican alguna clase de simbolismo que permite la comunicación entre compositores, intérpretes y audiencia. Para los fines de exponer mi propuesta no es necesario entrar en la discusión de las teorías causales sobre la emoción en la música. Es suficiente comprobar que, desde cualquier punto de vista, en la música encontramos un fenómeno de interpretación simbólica de las emociones y los estados de ánimo. Sin embargo, resulta imposible lograr una clasificación convencional de formas de expresión, estímulo o simulación y, por lo tanto, de representación de las emociones. Regresemos a los ejemplos: si escuchamos con atención las piezas citadas entenderemos que ni siquiera la clasificación en tres categorías (expresión, estímulo y simulación) es adecuada, segura y estable. Si comentamos nuestras impresiones con otras personas comprobaremos que la interpretación de estas piezas es relativamente variable, y que además cambia según el día y la hora en que las escuchamos. La música no es un conjunto articulado de señales naturales que, como los olores de las plantas o los sonidos que producen los animales, implican un vínculo de determinación entre lo representado y la representación. La música se ubica en un lugar impreciso entre las señales naturales y los símbolos convencionales del habla. Por ello Laird Addis, a partir de las ideas de Langer, propone que la música representa ciertos estados de conciencia de una forma "quasi-natural", es decir, se trataría de una expresión necesaria de las emociones, determinada por las peculiaridades de nuestra especie.[3]

La diferencia entre las formas simbólicas convencionales del habla y las formas no convencionales de la música tiene su correspondencia en la organización topográfica de los estímulos en el cerebro. Ello se expresa en la llamada lateralización del cerebro, es decir, en el hecho de que los estímulos verbales excitan más el hemisferio izquierdo, mientras que las expresiones musicales y ambientales afectan sobre todo el lado derecho. Se ha comprobado que incluso desde la más tierna edad existe una ventaja del oído izquierdo (que envía contralateralmente los estímulos al hemisferio derecho) en la percepción de sonidos musicales y ambientales. Esta lateralización aparece hacia los tres meses de edad.[4] Investigaciones recientes han mostrado que hay una especialización en los hemisferios: el derecho opera con un sistema mucho más sensible a las frecuencias tonales mientras que el izquierdo alberga un sistema más rápido capaz de registrar cambios acústicos. El lado derecho, mejor capacitado para procesar la música, sería especialmente sensible al espectro tonal; en contraste, el lado izquierdo tendría una gran sensibilidad a las secuencias temporales, necesaria para distinguir los cambios rápidos en la pronunciación de muchas consonantes. Por supuesto, estos dos sistemas están estrechamente interconectados y operan en forma simultánea. Las diferencias acaso están relacionadas con el hecho de que en el hemisferio izquierdo los axones de las neuronas tienen más mielina, lo que facilita la velocidad en la transmisión de impulsos.[5]

La simbología cultural tiene menos fuerza y distinto carácter en las representaciones musicales si la comparamos con las estructuras sintácticas y semánticas del habla. No quiero decir que la importancia de los símbolos sea menor en la música, sino que su presencia se expresa con mayor elasti-

---

[3] Laird Addis, *Of mind and music*, p. 36.
[4] T. G. Bever, "The nature of cerebral dominance in speech behavior of the child and adult". D. Kimura, "Speech lateralization in young children as determined by an auditory test". B. B. Glanville, C. T. Best y R. Levenson, "A cardiac measure of cerebral asymmetries in infant auditory perception".
[5] Robert J. Zatorre y Pascal Belin, "Spectral and temporal processing in human auditory cortex".

cidad y en forma más fluida. Yo creo que la música, además de representar estados internos de autoconciencia, es ella misma un estado externo de la conciencia. Con esto quiero decir que esa condición "quasi-natural" que se le asigna a las secuencias y ritmos tonales de la música es, más precisamente, lo que he llamado el *carácter cerebral* de ciertas manifestaciones culturales: hay una continuidad entre lo interno y lo externo. Es posible que este carácter cerebral sea especialmente notable en la música, tan importante o más que en las representaciones plásticas (la pintura, la escultura, la danza). Tiene razón Laird Addis cuando concluye que al escuchar música se nos *presentan* los humores y las emociones, y con ello son afectados nuestros sentimientos.[6] Se podría decir que la música es un segmento presente, vivo y fluido, de la conciencia. En este sentido, la idea de Susanne Langer es tremendamente sugestiva y estimulante: "hay ciertos aspectos de la llamada 'vida interior' —física o mental— que tienen propiedades formales similares a las de la música: patrones de movimiento y descanso, de tensión y descarga, de acuerdo y desacuerdo, preparación, realización, excitación, cambio súbito, etc."[7] Yo añadiría la repetición, un elemento estructural de la música que tiene diversas modalidades: por secciones, por variaciones, por tratamiento fugado y por desarrollo. Me parece interesante imaginar que la actividad nerviosa adopta formas semejantes al rondó, la chacona, la fuga, el motete o la sonata.

En cierto modo la idea de que hay una correspondencia o una vinculación entre la música y los procesos internos es muy antigua. Platón explica en el *Timeo* que la armonía de los sonidos contiene movimientos similares a los del alma, aunque advertía que las revoluciones propias de la música no debían aprovecharse para obtener placeres irracionales, sino sólo como un medio para ordenar toda desarmonía que pudiera surgir en las órbitas de las esferas interiores. Incluso un crítico formalista tan opuesto a la idea de que la música pueda expresar emociones como Edward Hanslick, reconoce que puede representar "propiedades dinámicas" de los sentimientos, tales como intensidades crecientes y decrecientes, lenti-

---

6 Laird Addis, *Of mind and music*, p. 112.
7 Susanne K. Langer, *Philosophy in a new key*, p. 228.

tud, rapidez, debilidad o fuerza.[8] Aquí conviene aclarar que, estrictamente hablando, en la música no hay movimiento. No hay en ella nada que se desplace de un punto a otro en el espacio. Lo que hay es duración, tiempo. La sucesión de notas, unas más altas y otras más bajas, a ritmos determinados, no es propiamente un movimiento sino el símbolo o la metáfora de un movimiento: hacia "arriba" o hacia "abajo" son meras convenciones. Ciertamente, es usual describir la música asociándola a movimientos corporales, de manera que definimos ciertos pasajes como agitados, calmados, lentos, lánguidos, débiles, tranquilos o graciosos.[9] De estas referencias dinámicas se suele pasar a describir la tristeza como una música lenta, tranquila y en tonos bajos, a pesar de que hay expresiones musicales con estas características que no suelen ser definidas como tristes y de que no podemos pensar que la gente triste habla bajo, se mueve despacio o actúa con tranquilidad.

Muchos pensadores e investigadores han llegado a la conclusión de que la música es un fenómeno cultural mucho más estrechamente conectado con el cuerpo que otras expresiones simbólicas, como las artes plásticas o la literatura. El habla misma, producida gracias a los órganos vocales, adquiere formas simbólicas codificadas mediante convenciones que se alejan de los referentes somáticos. Me interesa la vinculación de la música con el cuerpo porque ello permite situar sus componentes emocionales en los procesos cerebrales que los articulan. Para ilustrar mi idea me propongo, a modo de experimento, utilizar las tesis musicales de un gran filósofo, Schopenhauer. Para este experimento me serviré de sus reveladoras interpretaciones de la relación entre la música y la voluntad, pero eliminaré la estructura metafísica que las sustenta. Es obvio que esta operación aniquila una parte esencial de su pensamiento, pero en cambio nos permite observar algunas intuiciones que surgieron de su sensibilidad musical.

---

[8] Edward Hanslick, *The beatiful in music* [1854], citado por Malcolm Budd, *Music and the emotions*, p. 22.

[9] Véase en Carroll C. Pratt, *The meaning of music*, una propuesta sobre los vínculos entre los movimientos del cuerpo y la música. Sin duda la estrecha relación entre la música y la danza —otra importante expresión del exocerebro— ha contribuido a que se atribuyan movimientos a diversas secuencias tonales y a los ritmos.

Me apoyaré en algunas interpretaciones del pensamiento de Schopenhauer hechas por Malcolm Budd, que traducen las formulaciones del filósofo alemán a los términos que discuten hoy los teóricos de la música. Para Schopenhauer hay una analogía entre la secuencia temporal propia de la melodía y la conciencia humana. La conciencia conecta todas sus partes en un flujo vital unificado. La melodía, por su parte, es una secuela de tonos diferentes que se conectan en un proceso que tiene un principio y un final, y pasa por etapas que presuponen secciones anteriores y que apuntan hacia una continuación más o menos esperada. Lo mismo ocurre con la vida humana consciente, cuyo sentido une en una sola secuencia temporal un pasado que se conecta con un futuro esperado. Para Schopenhauer es propia de la melodía la alternancia de disonancias y reconciliaciones de dos elementos: el ritmo y la armonía. En el plano armónico la melodía se desvía de la tónica hasta que en un cierto momento es alcanzada una nota armoniosa: aquí se produce una satisfacción incompleta a partir de la cual la melodía retorna a la nota fundamental, con lo que se logra la plena satisfacción. Para que esto ocurra es necesario que los momentos armoniosos sean apoyados por el ritmo que acentúa ciertos compases. Así, en ciertos puntos los intervalos armónicos coinciden con el ritmo acentuado y en otros se separan, de manera que hay momentos de descanso y puntos de satisfacción.[10]

La sucesión de consonancias y disonancias le permite a Schopenhauer establecer vínculos entre la alegría y las melodías que transitan del deseo a la satisfacción en ciclos rápidos. En cambio, la tristeza es representada por melodías lentas que usan disonancias dolorosas y que tardan muchos compases antes de retornar a la tónica. Y así, en esta línea, asimila el *allegro maestoso*, con sus largos pasajes y desviaciones, a las nobles fuerzas dirigidas a un objeto lejano que por fin es alcanzado. Un *adagio* se refiere al también noble sufrimiento

---

[10] Cuando Schopenhauer habla de música piensa en las melodiosas óperas de Rossini. El compositor italiano le parece un extraordinario modelo porque se expresa en un lenguaje musical puro que no intenta amoldarse a las palabras ni imitar la realidad. En cambio despreció la música de Haydn. ¿Se habrá dado cuenta de que, por ejemplo, en la obertura de *Guillermo Tell* escuchamos una impresionante descripción musical de una tormenta?

que desprecia la felicidad superficial. No quiero simplemente regresar al irresoluble tema de la codificación de las emociones mediante diferentes tipos de melodía. Lo interesante en este punto es que Schopenhauer, según la interpretación de Budd, una vez establecida la relación entre emociones y melodías, llega a la conclusión de que la música no es capaz de representar el objeto de un deseo o de un sentimiento, ni sus motivos, sino solamente aquellos elementos emocionales que tienen que ver con la voluntad: facilidad o dificultad, relajamiento o tensión, satisfacción o deseo, placer o dolor. Por ello *la música es una representación de aquello que no puede ser representado.*[11] Esta idea me parece extraordinariamente estimulante y nos ayuda a formular el problema de la relación entre un mundo cultural repleto de representaciones y un espacio cerebral que opera con procesos no representacionales. Me gusta forzar la idea schopenhaueriana de voluntad, que él veía también como una expresión de la realidad corporal, para pensarla más precisamente como una referencia a los mecanismos cerebrales íntimamente ligados a las emociones. Antonio Damasio nos explica que las emociones forman parte de la regulación homeostática que asegura la supervivencia del organismo, y se agrupan en procesos polarizados en los que oscilan sensaciones positivas y negativas, de placer o dolor, acercamiento o alejamiento, recompensa o castigo, ventaja o desventaja. Muy bien podríamos decir, inspirados en Schopenhauer, que estas oscilaciones son una expresión de la voluntad: ingredientes esenciales de emociones primarias como la alegría, la tristeza, el miedo, la cólera, la sorpresa y el disgusto.[12]

La música no puede representar las ideas y los motivos asociados a las emociones, sino sólo las sensaciones de placer o disgusto, de satisfacción o deseo. Acaso los procesos emocionales que implican principalmente las regiones subcortica-

---

[11] Las ideas de Schopenhauer sobre la música están expuestas en el cap. 52 del primer volumen de *El mundo como voluntad y representación* y en el cap. 39 del volumen complementario. Véase Malcolm Budd, *Music and the emotions*, p. 91.

[12] Antonio Damasio, *The feeling of what happens*, pp. 50-55. Toma en cuenta también las emociones "sociales" secundarias, como el azoramiento, los celos, la culpa y el orgullo.

les (hipotálamo, tallo cerebral, cerebro anterior) se encuentran en una situación análoga: no pueden representar las ideas, ni pueden manejar símbolos asociados a las emociones, sino que solamente operan con respuestas químicas y eléctricas que forman patrones distintivos de reacciones y tensiones, de aceptación o rechazo, placer o disgusto. Me pregunto si la música no nos puede proporcionar claves para entender la "voluntad" que anima los circuitos neuronales asociados a las emociones. La música sería una representación simbólica de estados emocionales internos cuya estructura neuronal carece de componentes propiamente representacionales.

Acaso podamos comparar esta paradójica situación a aquel extraño experimento realizado por Goethe, que tanto le gustaba a Schopenhauer: había organizado para la representación de algunas de sus obras a unos cortesanos que sólo se sabían su papel, pero desconocían el conjunto de la pieza hasta que llegaba el día de la presentación en público. La vida, creía Schopenhauer, era una representación de este género, donde los actores desconocen el parlamento de los demás. El teatro cerebral de las emociones podrá ser algo similar: sólo cuando aparecen representados en el escenario público externo adquieren un sentido pleno. Hacia el final del capítulo 52 de *El mundo como voluntad y representación*, dedicado a la música, Schopenhauer cita una vez más su metáfora favorita: las artes, especialmente la música, son como una cámara oscura —como un teatro dentro del teatro o una escena dentro de otra escena— que permite ver los objetos con mayor pureza y abarcarlos de una sola ojeada. La ventaja de la música sobre el resto de las artes, cree Schopenhauer, es que mientras éstas reproducen sólo sombras aquélla representa esencias.

A Antonio Damasio se le ocurrió aplicar la metáfora de una partitura musical a la mente. Los flujos de imágenes, que constituyen la contrapartida interna de lo que observamos, son como diferentes partes musicales de una partitura orquestal en la mente, que representan escenas externas, objetos, sentimientos y emociones. Cree, sin embargo, que hay una porción de la partitura interna para la cual no hay una contraparte externa precisa, y es la que entona el sentido de identidad propio de la autoconciencia. Damasio piensa en la música sólo como una metáfora de la manera en que diversas melodías y grupos de instrumentos concurren para formar un flujo interno coherente.[13] Pero no se le ocurre pensar que la música real que escuchan las personas es, además de una metáfora útil, también una prolongación externa de esos incrementos y decrementos en la emisión de sustancias químicas transmisoras de las neuronas subcorticales, y que se asocian a sensaciones de aceleración o freno y de placer o disgusto. Las alucinaciones musicales que sufren algunas personas afectadas de sordera —equivalentes a los miembros fantasma que ya he comentado— podrían indicar que, cuando se interrumpe el flujo de información acústica, los circuitos cerebrales que convierten los sonidos sencillos en patrones complejos buscan la música en la memoria y la procesan como si proviniera del exterior. A falta de los necesarios estímulos provenientes del exterior, en algunas personas los circuitos internos fabricarían su propia prótesis fantasmal.[14]

El propio Damasio escribe que "la tristeza activa consistentemente las regiones medias de la corteza prefrontal, el hipotálamo y el tallo cerebral, mientras que la cólera o el miedo no activan ni la corteza prefrontal ni el hipotálamo".[15] Sin duda las emociones producen "ruidos" y señales en el cerebro que apenas han comenzado a descifrarse. Por lo pronto los neurocientíficos escuchan y registran un concierto de sincronías, discordancias, frecuencias en la oscilación periódica, velocidades de los disparos neuronales, sustancias transmisoras que inhiben o estimulan y modulaciones de intensidad variable.

La posibilidad de que la música contenga en su seno una prolongación exocerebral de procesos neuronales ligados a las emociones se puede explorar si intentamos encontrar en ella elementos cuya presencia sea indispensable para su comprensión. ¿Existen formas y sistemas de organización de los sonidos sin los cuales los oyentes dejan de entender la música? El problema se complica debido a que es difícil encontrar una forma de organización universal y que en cambio podemos demostrar que en las diversas épocas y culturas las formas de expresión musical han cambiado significativamente.

[13] *Ibid.*, p. 88.
[14] Timothy D. Griffiths, "Musical hallucinosis in acquired deafness".
[15] Antonio Damasio, *The feeling of what happens*, p. 61.

Leonard Bernstein, en un intento por encontrar un equivalente musical a la gramática generativa de Chomsky, propuso a la serie armónica como la estructura universal y fundamental de la que surge el sistema tonal. La serie armónica, que ciertamente se basa en un fenómeno acústico natural, sería no sólo el origen de la música tonal europea, sino también de toda forma musical, sea culta o popular, sinfónica o folclórica, atonal, politonal o microtonal.[16] Desde luego, esta afirmación ha sido puesta en duda. Pero además, por lo que respecta al tema que nos ocupa, nada demuestra que la serie armónica se encuentre codificada en el sistema nervioso central, como observa Anthony Storr.[17] ¿Dónde y cómo podemos entonces buscar la conexión entre el flujo de expectativas y resoluciones, que es el fundamento de la interpretación de Schopenhauer, con los circuitos neuronales?

Me gustaría abordar el problema con un ejemplo histórico: el surgimiento y desarrollo de las formas atonales en la música europea del siglo XX. Como sabemos, Schopenhauer se basa exclusivamente en el sistema tonal. A partir del uso de la escala diatónica se establece qué sonido es disonante y cómo debe buscarse una consonancia que lo corrija. Esto determina el efecto de espera, cuando nos alejamos de la tonalidad principal, y por lo tanto el deseo de regresar al origen. El juego consiste en invitar a la previsión de un regreso a la tónica, un retorno desviado, retardado y confrontado a sorpresas satisfactorias que no llegan a romper la organización tonal.[18] Alessandro Baricco considera que la llamada "música nueva" aniquila la organización tonal: "suspendido en el espacio sin coordenadas de la música atonal, el que escucha ya no puede elaborar previsiones. A una nota, a un grupo de acordes, le puede seguir cualquier nota. Se cae el mecanismo de espera y respuesta que gobierna el placer de la audición".

---

[16] Leonard Bernstein, *The unanswered question*, p. 33.

[17] Anthony Storr, *Music and the mind*, especialmente el cap. 3.

[18] Esta descripción de las consonancias y las disonancias en la música diatónica no coincide exactamente con la curiosa teoría de Schopenhauer sobre las bases físicas de la armonía: éstas consisten en que cuando dos tonos mantienen una relación "racional", entonces son consonantes, pues hay una coincidencia en sus vibraciones. Cuando no hay coincidencia, los tonos son disonantes. Véase en Malcolm Budd (*Music and the emotions*, p. 93) un comentario al respecto.

La sorpresa es un suceso que remplaza a un hecho esperado. Pero puesto que en la música atonal hay una sorpresa continua, no puede haber previsiones y la idea misma de sorpresa se esfuma. Por eso Baricco considera que "si no se puede esperar nada, nada puede asombrar, en sentido estricto. La música atonal, así, se convierte, para el oído, en una secuencia de acontecimientos sonoros sencillamente indescifrables, mudos y extraños".[19]

Así se explicaría que el público se haya alejado de la música atonal y que sólo sea apreciada por pequeñas minorías. El propio Baricco, sin embargo, reconoce una objeción: las nuevas músicas, aunque rechazan el sistema tonal, usan formas de organización alternativas en el marco de las cuales puede operar la dialéctica que contrasta presentimientos, esperanzas y esperas con réplicas, sorpresas y resoluciones. El problema radicaría, acaso, en la educación del público que ahora deberá aprender las nuevas estructuras musicales y sus reglas. Al respecto, en su libro sobre Schoenberg, Charles Rosen dice: "una disonancia es cualquier sonido musical que es necesario corregir: es decir, que debe ir seguido de una consonancia. Una consonancia es un sonido musical que no necesita corrección, que puede funcionar como nota final, que redondea una cadencia. La clase de sonidos que son consonancias es determinada por el estilo musical predominante en un cierto momento histórico". Explica a continuación que la definición de consonancias ha cambiado de manera radical en las diferentes épocas y culturas, y concluye que "no son ni el oído ni el sistema nervioso los que deciden qué es una disonancia".[20]

Según esta interpretación, el juego de disonancias y consonancias podría desencadenar flujos de predicciones, tardanzas y promesas entretejidas con asombros, satisfacciones y soluciones, en el marco de cualquier sistema, aunque no sea tonal. Otro asunto es si los públicos son reacios a entender nuevas formas musicales. Por supuesto, cabe la posibilidad de que, además del público, también los circuitos neuronales de las emociones tengan dificultad para reconocer, por ejemplo, las estructuras de la música serial dodecafónica, donde

---

[19] Alessandro Baricco, *El alma de Hegel y las vacas de Wisconsin*, pp. 51-52.
[20] Charles Rosen, *Arnold Schoenberg*, pp. 24-25.

ninguna de las 12 notas de la escala cromática tiene priori-
dad. Si éste es el caso, la interiorización de las estructuras se-
riales sería esencialmente un problema de aprendizaje en el
que no intervendría de manera importante el isomorfismo
entre espacios neuronales y flujos musicales. Desde luego,
hoy no podemos dar una respuesta a esta cuestión. Plantear
el problema nos permite imaginar musicalmente las posibles
peculiaridades exocerebrales de diferentes piezas. Por ejemplo, comparemos dos célebres piezas tristes e inquietantes
para piano, una de Mozart y otra de Schoenberg. En el *andante cantábile* de la sonata K330, justo al comienzo, después
del tema, Mozart en dos momentos cambia una sola nota del
acorde: son disonancias que nos provocan un sobresalto, que
se disuelve después en el impresionante fluir melancólico.
Ahora escuchemos el *intermezzo* de la Suite *opus* 25, de
Schoenberg, donde en un contexto de tristeza nada melodiosa
recibimos constantemente los latigazos brahmsianos de un
delirio adusto lleno de sobresaltos. Por lo que acabo de expresar, es obvio que esta pieza para piano de Schoenberg despier-
ta mis emociones y me atrae mucho. Pero es evidente que a lo
largo del siglo XX la música serial no ha logrado atraer al gran
público y es previsible que, en una presentación, la Suite
opus 25 atraiga inmensamente menos gente que la sonata
K330 de Mozart. La pregunta es si este hecho significa un más
bajo contenido exocerebral (y en consecuencia una mayor in-
telectualización) en la música serial, que dificulta su conexión
con los procesos emocionales internos, o bien se trata del problema, esencialmente cultural, de la inserción de las músicas
atonales en una sociedad que (¿todavía?) no las reconoce
como propias. Me inclino a pensar que el equilibrio entre el
carácter intelectual y los contenidos exocerebrales tiene relación con la capacidad de las diferentes estructuras musicales para manejar la schopenhaueriana combinación de satisfacciones y esperas —sorpresas presentidas— que nos
enfrenta a la presencia emocional de un estado de autoconciencia que suena fuera de nosotros, en la sala de conciertos
o en los aparatos electrónicos reproductores o transmisores.
Un escaso uso de la dialéctica de esperas y respuestas posiblemente indica un bajo contenido exocerebral en determinadas
expresiones musicales.

Quiero terminar abordando de nuevo un tema más amplio. He descrito texturas y circuitos en una dimensión sensorial, sentimental y emocional. Cabe aquí la inquietante pregunta, que se hacen muchos neurocientíficos: ¿cómo y por qué la música no sólo transmite señales sino que además provoca sensaciones? Se trata de una cuestión inscrita en un problema más general: ¿por qué y cómo gozamos y sufrimos de sensaciones en lugar de simplemente percibir señales que podrían activar como respuesta las funciones cerebrales necesarias? Stevan Harnad sostiene que el estudio de los correlatos neuronales de las sensaciones no nos permite explicar cómo y por qué las sentimos, y que sin esta explicación no comprenderemos jamás el misterio de la conciencia. Efectivamente, es muy probable que la comprensión del funcionamiento de los circuitos neuronales que se activan mientras escuchamos música no nos permita explicar cómo y por qué tenemos un flujo de sensaciones del que somos conscientes. Mi propuesta es que para resolver el problema de la conciencia y de las sensaciones es necesario buscar también fuera de las esferas cerebrales. A Stevan Harnad la idea de buscar explicaciones en un continuo endo y exocerebral le parece que es una fantasía que nos encierra en un salón hermenéutico de espejos.[21]

Una aproximación reveladora radica en suponer que, por ejemplo, un cuarteto para cuerda de Darius Milhaud sobre la muerte *forma parte* de los circuitos de la conciencia. Cuando escuchamos este cuarteto (el número 3) sentimos profundamente una sensación de tristeza y melancolía. A Harnad le parece que simplemente he bautizado a la música como parte de la conciencia de nuestras sensaciones, pero que este desplazamiento nominal no explica cómo opera el proceso ni por qué estamos dotados de una sensibilidad en lugar de responder funcionalmente como zombis sin sentir nada.[22] A fin de cuen-

---

[21] Cito a Stevan Harnad a partir de un intercambio de cartas en el que debatimos el problema durante junio de 2005.

[22] El argumento de los zombis es uno de esos absurdos (a veces estimulantes) que obsesionan, como ha dicho Francisco Varela, a la filosofía cognitiva angloamericana. Véase su conversación con Susan Blackmore en el libro que ella dedica a entrevistar a diversos científicos y filósofos: *Conversations on consciousness*, p. 227. Varela comprende bien, desde su perpectiva

tas, desde el punto de vista darwiniano de las ventajas para sobrevivir, lo mismo sirve responder "funcionalmente" que hacerlo "emocionalmente". Para huir corriendo de un animal peligroso no es necesario sentir miedo: un conjunto de instrucciones y señales podría cumplir con eficiencia el mismo propósito de salvar la vida. Yo creo, en contraste, que extender el campo de la conciencia y de las sensaciones no es un simple asunto de nombres. En realidad, suponer que la música tiene componentes exocerebrales que forman parte de la conciencia significa que debemos considerar la música como algo más que *representaciones* de las sensaciones. La música nos ofrece también interpretaciones simbólicas de cómo y por qué sentimos.

Se podría objetar, como hace Harnad, que en un mundo de seres insensibles en el que sólo hubiera actos y elaboraciones, incluyendo los circuitos simbólicos exocerebrales, todo sería exactamente igual que en otro mundo, el nuestro, donde las sensaciones acompañan a la conciencia. Los circuitos simbólicos exocerebrales podrían funcionar con eficacia en una sociedad de zombis insensibles. Ellos escucharían música sin sentirla o gozarla, pero podrían reaccionar emitiendo toda clase de señales y ejecutando acciones (sonrisas, muecas, movimientos, bailes, comentarios) que denotasen respuestas con funciones sociales y comunicativas coherentes y comprensibles para el grupo. Por ello, cree Harnad, el hecho de que existan circuitos simbólicos no explica cómo y por qué los humanos son conscientes y tienen sensaciones. Esta objeción se apoya en la idea (falsa) de que los circuitos culturales carecen de poderes causales y explicativos, una carencia que sería propia de la conciencia y de las sensaciones. Se trata de un postulado no probado e insostenible. Los neurólogos y los psiquiatras saben, por su experiencia clínica, que existe una conexión causal entre la música y los estados cerebrales. Un buen ejemplo lo proporciona Oliver Sacks en su libro *Despertares*, donde narra el caso de una grave enferma postencefalítica (Fran-

neurofenomenológica, que la conciencia se halla al mismo tiempo inscrita o encarnada *(embodied)* en un cuerpo con capacidades sensomotoras y empotrada *(embedded)* en un contexto biológico y cultural (Francisco J. Varela, "The reenchantment of the concrete", p. 329). Véase también su libro, escrito con otros dos autores, *The embodied mind*.

ces D.), tratada con L-dopa, que salía de sus crisis gracias a la música: al escucharla se desbloqueaba, abandonaba sus movimientos automáticos, se movía con fluidez y facilidad, danzaba ágilmente. Sacks observó esta influencia de la música en numerosos pacientes parkinsonianos, afectados por el síndrome de Tourette y postencefalíticos; comprobó cómo los efectos reguladores de la música se reflejaban en los electroencefalogramas de enfermos: se registró el paso de señales propias del estupor y las convulsiones a registros normales mientras escuchaban o interpretaban una pieza musical. Cita el caso de una enferma que se sabía de memoria todo Chopin y a la que bastaba decirle *"opus* 49" para que de inmediato cambiase su electroencefalograma; Sacks concluye que sus estudios "demuestran hasta qué punto están unidos lo fisiológico y lo existencial", es decir, los circuitos neuronales y las redes de la vida cultural.[23]

Sin embargo aquí salta una pregunta: ¿el carácter híbrido neuronal/cultural de los circuitos de la conciencia ayuda a explicar el peculiar hecho de que, además de las funciones cerebrales y la transmisión de señales, existen las sensaciones? Yo diría que este carácter híbrido ayuda a comprender las peculiaridades subjetivas de las sensaciones más complejas y, sobre todo, de las emociones. El hecho de no conocer con precisión cómo y por qué surgieron, en un momento de la evolución de los seres vivos, las sensaciones básicas de placer y dolor, no nos bloquea el estudio de las expresiones más complejas de la satisfacción o el disgusto, como las que observamos en la música. Estamos ante el hecho de que aquí las emociones están estrechamente asociadas a símbolos, y podemos asegurar que estas sensaciones, desprovistas de símbolos, serían completamente diferentes. El hecho de que se sumen símbolos a las funciones sensibles es lo que hace que la conciencia sea un proceso que no se puede explicar sólo mediante la observación de los mecanismos endocerebrales. La suma de funciones somáticas y símbolos explica que la autoconciencia y las sensaciones en que se sustenta tengan un carácter causal. Sin embargo, es claro que las explicaciones funcionales en el lenguaje de los neurobiólogos no permiten

---

[23] Oliver Sacks, *Awakenings*, "The electrical basis of awakenings", p. 331.

entender el misterio de la conciencia. Si suponemos que el lenguaje de la música intenta comprender el mismo misterio, nos encontramos con que tampoco nos ofrece una explicación cabal. Ante el problema de la conciencia, donde confluyen la biología y la cultura, nos damos cuenta de que carecemos de una teoría unificada que pueda explicar la extraña conexión de circuitos simbólicos con redes neuronales. No se trata solamente de un problema de "correlación" entre sensaciones y símbolos, y de la búsqueda de un "traductor" que permita la comunicación de los sentimientos de una persona (el compositor) a otra (el escucha). Si la sensación va acompañada de un símbolo, ya no es la misma sensación "pura" o "natural" que hipotéticamente existe antes de la traducción. Si al ver el color rojo soy capaz de nombrarlo mi sensación ya no es la de un ser que carece de lenguaje. La "traducción" modifica el sentimiento: es consustancial a la sensación. En la música es más evidente: no hay una melancolía originaria y natural que sea expresada por los símbolos musicales de una sonata para piano. No hay una melancolía pura encerrada en el castillo interior cartesiano de un "siento luego existo" y que algún músico genial sería capaz de "traducir" para comunicarla al mundo externo mediante la excelencia de su arte. En las esferas musicales de la conciencia conviven símbolos y sensaciones en un mismo espacio sin necesidad de intérpretes ni mediaciones.

XII. LA MEMORIA ARTIFICIAL

Estamos muy acostumbrados a usar enormes bibliotecas, gigantescas bases de datos y depósitos inmensos de información a los que accedemos por internet. Se trata, evidentemente, de memorias artificiales que funcionan como prótesis para apoyar y expandir las limitaciones de nuestra capacidad natural de almacenar información dentro de la cabeza. Las memorias artificiales, pequeñas o grandes, son el ejemplo más obvio de lo que he denominado redes exocerebrales. Estos circuitos externos de la memoria incluyen toda clase de registros (bautismales, catastrales, civiles, etc.), archivos documentales, museos, mapas, tablas, calendarios, agendas, cronologías, cementerios, monumentos, ceremonias conmemorativas y las ya mencionadas bibliotecas, bases de datos e internet. La complejidad de estas prótesis que atesoran la memoria colectiva es avasalladora. Conviene que nos remontemos a sus humildes orígenes para buscar algunas de las claves de su funcionamiento. En épocas antiguas, aunque ya se conocía la escritura, se dependía mucho de la oratoria y de la transmisión oral de conocimientos. Los griegos todo cuanto querían decir en un discurso tenían que recordarlo, y para ello acudían a la mnemónica, un conjunto de artificios que ayudaban a ampliar las capacidades naturales de la memoria. Platón veía en la escritura una amenaza para las habilidades memoriosas del alma. En el *Fedro* se refiere al mito del descubridor de la escritura, el dios Toth, que estaba orgulloso de que la escritura volvería a los egipcios más memoriosos. Presentaba la escritura como el "remedio para la memoria y la sabiduría". Cuando Toth expuso su descubrimiento a Thamos, rey de Egipto que vivía en Tebas, éste le dijo que, por el contrario, "la escritura producirá el olvido en las almas de los que la aprendieren, por descuidar la memoria, ya que confiados en lo escrito, producido por caracteres externos que no son parte de ellos mismos, descuidarán el uso de la memoria que tienen adentro. No has inventado, pues, un remedio para la memoria, sino uno para la reminiscencia".[1] Para evitar esta falsa sabiduría se podía acudir, acaso, al arte de la memoria, la mnemotecnia, cuya invención se atribuía al poeta Simónides del siglo VI a.C. El cultivo de la memoria artificial también usaba recursos externos, pero su objetivo era fijar los recuerdos en la memoria interior en lugar de almacenarlos en textos escritos. De esta manera el orador podía dar largos discursos o recitales sin necesidad de acudir a notas escritas.

El mecanismo básico de esta memoria artificial (cuya práctica era considerada como parte de la retórica) consiste en establecer una serie ordenada de lugares (como las estancias de un edificio) y en asignar a cada una de ellas una marca o una imagen relacionada con aquello que se quiere recordar. De esta manera, al recorrer con el pensamiento las estancias, siguiendo un itinerario preciso, irán surgiendo las marcas o formas que recuerdan los temas asignados. Además del modelo visual arquitectónico, que representa una sucesión ordenada de lugares, se consideraban de gran importancia las marcas que se asignaban a cada espacio, que debían ser *imagines agentes*, según la expresión latina de un famoso tratado romano de retórica. Es decir, imágenes o marcas activas, capaces de fijarse en la memoria al dejar huellas emocionales gracias a su carácter extraordinario, grandioso, increíble, ridículo, inusual, deshonroso o bajo. Estas marcas debían mover las emociones por su singular fealdad, belleza excepcional o carácter sorprendente. La técnica consistía en imitar artificialmente a la naturaleza, pues se partía de que los sucesos cotidianos ordinarios suelen olvidarse, mientras que los acontecimientos extraños, nuevos o maravillosos se retienen en forma natural en la memoria.[2]

No deja de ser inquietante que un tratado romano de retórica del año 85 a.C., que recoge la antigua tradición griega, contenga *in nuce* la conocida hipótesis del "marcador somático"

---

[1] *Fedro* 274C-275B. Para un comentario sobre la exaltación platónica de la dialéctica del discurso filosófico y su superioridad con respecto al "discurso gráfico", véase Werner Jaeger, *Paideia: los ideales de la cultura griega*, pp. 996 y ss.

[2] *Ad Herennium*, III, xxii, citado por Frances A. Yates, *The art of memory*, pp. 25-26.

propuesta por algunos neurobiólogos actuales.[3] El marcador somático es una asociación interna entre situaciones emocionales y ciertos estímulos complejos. La conexión implica una marca somática (positiva o negativa) que se agrega al recuerdo de un determinado estímulo, lo cual facilita la toma rápida de decisiones cuando posteriormente se repite el estímulo. Se supone que estas marcas forman parte de un sistema interno de preferencias alojado en la corteza prefrontal. La hipótesis del marcador somático ha sido desarrollada principalmente para explicar, en las funciones neuronales, la importancia de las emociones en el razonamiento y en la toma de decisiones. Pero es una hipótesis que tiene implicaciones más amplias, pues además de describir cómo se "etiquetan" emocionalmente ciertas experiencias que se almacenan en la memoria, propone una interpretación de la manera en que las convenciones sociales y las normas éticas se "interiorizan" bajo la forma de marcas que asignan valores positivos o negativos a las experiencias. La antigua mnemotecnia, por su parte, se proponía efectuar por medios artificiales externos marcas en la memoria interior, asociadas a emociones, con el objeto de facilitar que los recuerdos se guardasen ordenadamente y fluyesen con facilidad en el momento en que eran requeridos para expresarlos en público en discursos o parlamentos. Las *imagines agentes* son marcadores que señalan la existencia de puntos de conexión entre el medio sociocultural y el cerebro. Nos indican que hay conductos por los que fluyen señales artificiales capaces de modificar los circuitos cerebrales.

Muchas personas que gozan de memoria prodigiosa —y que compiten en concursos internacionales— utilizan todavía la antigua mnemotecnia inventada por Simónides y exaltada por Cicerón.[4] La eficacia del método proviene, me parece, de que es capaz de "traducir" las secuencias internas de señales neuronales a símbolos, y viceversa: convertir series ordenadas de símbolos en marcas neuronales que funcionan como

[3] Daniel Tranel, Antoine Bechara y Antonio R. Damasio, "Decision making and the somatic marker hypothesis". El cap. 8 de *Descartes' error* de Antonio R. Damasio está dedicado a esta hipótesis.

[4] Véase el reportaje de Michael Spang y otros, "Your own hall of memories".

enlaces ligados a emociones y a experiencias. ¿Cómo intentan los neurobiólogos actuales explicar este fenómeno? Suelen acudir a la propuesta de Donald Hebb, quien partió de la idea de que las conexiones entre neuronas que disparan simultáneamente se fortalecen. Teniendo en mente la teoría de los reflejos condicionados, Hebb supuso que las neuronas que se activan al escuchar una campana se conectan con neuronas cercanas que se activan cuando en el mismo momento se le ofrece al perro (con el que experimentaba Pavlov) alimento. Así se forma un circuito neuronal que "sabe" que la campana y la comida están relacionadas. Algo similar podría ocurrir en el ejemplo que da el antiguo tratado romano de retórica que he citado (*Ad Herennium*). Para que el defensor en un juicio por asesinato recuerde un punto clave de la acusación, propone imaginar unos *testículos* de cordero: ello trae a la memoria, por similitud fonética, que hubo unos *testigos* que presenciaron el crimen. Esta imagen es parte de una secuencia ordenada, en la que aparecen otros símbolos: una copa (veneno) y unas tablillas (testamento, que indica el motivo del crimen). Podemos suponer que las neuronas que se activan cuando se contemplan unos testículos se ligan a otras que disparan cuando se sabe que en la escena del crimen hubo testigos. Entre las neuronas "testimoniales" y las "testiculares" se forma un enlace permanente o, al menos, de larga duración. Ello se explica porque la activación simultánea de las neuronas provoca que las sinapsis que las unen se potencien.

El problema consiste en que las enzimas y las proteínas que fortalecen o debilitan las sinapsis deben ser sintetizadas a partir de genes específicos. Pero ¿cuáles son las señales que activan a estos genes? La explicación de Douglas Fields, a partir de experimentos en su laboratorio, es que los fuertes estímulos provenientes de disparos simultáneos de varias sinapsis (o de una sola activándose repetidamente) despolarizan la membrana de una célula nerviosa. El potencial de acción de estos disparos hace que los canales de calcio, sensibles al voltaje, se abran. Entonces los iones de calcio interactúan con las enzimas y las proteínas, que activan un factor de transcripción (CREB), el cual a su vez activa a los genes que fabrican las proteínas que provocan el fortalecimiento de las conexiones sinápticas. Esto quiere decir que el núcleo de la neurona escucha directamente los disparos de la célula y al hacerlo determina cuándo hay que fortalecer permanentemente la sinapsis para que la memoria sea durable.[5]

El antiguo autor de *Ad Herennium* explicaba que con el método para fijar datos en la memoria "el arte complementará a la naturaleza". Es decir, que ciertos mecanismos culturales se convierten en suplementos o prótesis de las redes cerebrales. El proceso mnemotécnico comienza por asociar palabras, cosas o ideas a dos tipos de imágenes visuales, ya que se consideraba, como dijo Cicerón, que "el sentido de la vista es el sentido más agudo".[6] La primera imagen es un *locus* preciso ubicado en una construcción arquitectónica. La segunda imagen es una marca: la figura de una persona, una máscara, un dios, un héroe o un objeto que produzcan un impacto emocional. Si continuamos la secuencia en términos modernos, diríamos que los temas, los *loci* y las marcas activan tres conjuntos diferentes de neuronas que inician disparos sincronizados hasta lograr que las sinapsis que conectan a los tres grupos se fortalezcan de manera permanente. Aunque estamos todavía muy lejos de poder descifrar las señales eléctricas y químicas que generan redes neuronales interconectadas para fijar la memoria, podemos comprender que la mnemotecnia haya tenido un impacto tan profundo y duradero en la cultura occidental. El arte de la memoria era un sistema que comunicaba el mundo cultural con el microcosmos interior. Y no sólo abría un canal de comunicación: permitía que con los artificios de la cultura se manipulasen las esferas del alma. Por supuesto, esta intromisión forzada de los poderes de la imaginación en las elevadas partes racionales del alma fue un reto para la escolástica cristiana. Alberto Magno y Tomás de Aquino, con la ayuda de la filosofía aristotélica, lograron justificar la manipulación de imágenes propia de la memoria artificial. La imaginería mediadora con fuertes impactos emocionales (las *imagines agentes*) fue sustituida por "similitudes corporales", lo que fue legitimado por el hecho de que la cognición humana es más poderosa ante las cosas sensibles. Ello ayudaba a que temas muy sutiles y espi-

---

[5] Fields, R. Douglas, "Making memories stick".
[6] *De oratore*, II, lxxxvi, 351-354, citado por Yates, *The art of memory*, p. 19.

rituales fueran mejor recordados en el alma como formas corporales. Frances Yates ha dedicado un maravilloso libro a la historia de la memoria artificial, y ha descrito cómo este antiguo arte desembocó en el pensamiento renacentista. Me parece que la lectura del libro de Yates muestra que la exaltación del arte de la memoria fue, entre otras cosas, una búsqueda de aparatos traductores: de artificios para transformar ideas en señales capaces de sumergirse en el micromundo interior de la memoria y reorganizar los poderes del alma.

El análisis del pensamiento de Giordano Bruno es uno de los pasajes más fascinantes del trabajo de Yates. Es un ejemplo magnífico de la obsesión por entender y perfeccionar el arte de la memoria como aparato mediador y traductor. No debe extrañarnos que Bruno use, en esta tarea de desciframiento y manipulación de símbolos, metáforas y señales, algunos de los recursos que su cultura le ofrecía: la cabalística, la hermética, la magia y la astrología. Utilizó como marcadores las imágenes de las estrellas y los planetas, las pensó como "agentes superiores" y las colocó en el centro de un sistema de círculos concéntricos (cada uno con 150 imágenes) concebido como una extraña combinatoria mediadora que conecta las esferas celestes con las ruedas internas de la memoria. Las imágenes de las estrellas se enlazan, en el siguiente círculo, con símbolos de vegetales, animales, piedras, metales y otros objetos varios. El siguiente círculo consiste en una variada lista compuesta solamente de adjetivos, todos escritos en acusativo. Los siguientes círculos se componen de una lista de inventos (agricultura, cirugía, flauta, esfera, etc.) junto con sus correspondientes inventores (Osiris, Quirón, Marsias, Atlas, etc.). Frances Yates descubrió que las series de imágenes de Bruno forman parte de un sistema de círculos combinatorios como el que creó Ramon Llull. Giordano Bruno construyó un mecanismo mediador que, al manipular las imágenes de las estrellas (que en realidad son "sombras de ideas"), permitía imprimir en la memoria, por medio de las ruedas concéntricas, las imágenes adecuadas de los "agentes superiores".[7] Como señala Yates, las concepciones renacentistas de un cosmos animado, como la de Bruno, abrieron el camino a la idea

---

[7] Frances A. Yates, *The art of memory*, p. 213.

moderna de un universo mecánico basado en procesos matemáticos, como el que exploró Leibniz. Pero a Bruno le intere-
saba menos el mundo externo que la mecánica interior y el
funcionamiento de las ruedas de la memoria.

Si se quiere tener una idea concreta y viva de lo que significa esta maquinaria mnemónica, basta con leer el hermoso
libro del gran psicólogo A. R. Luria sobre el caso de un hombre que, gracias a una acentuada sinestesia, tenía una memoria absolutamente excepcional.[8] Esta persona asociaba imágenes visuales, sabores, colores, tonos, números y palabras de
manera espontánea, lo que le permitía construir mentalmente espacios, lugares e itinerarios que se relacionaban con las
secuencias de los textos y las series de palabras o números que
deseaba memorizar. Pero no se trata aquí de una memoria artificial: esta persona aprovechaba su condición sinestésica
"natural" —la anormalidad con que había nacido— para realizar en su conciencia las conexiones y las traducciones propias
de la mnemotecnia. La sinestesia le provocaba una especie de
porosidad entre circuitos cerebrales diferentes, de manera
que las imágenes, los sabores, las palabras y los sonidos se fil-
traban y generaban asociaciones estables y duraderas. Una dimensión trágica de este extraordinario memorista descrito
por Luria radicaba en que la membrana que lo separaba de la
realidad externa también tenía filtraciones, de manera que
con frecuencia le costaba trabajo distinguir entre los flujos
reales y los mnemónicos.

Esta pequeña digresión sobre la memoria artificial ha ser-
vido para recordar y señalar la importancia de la peculiar ligazón entre marcas internas y externas. El funcionamiento de
la memoria, sin intromisiones artificiosas, sin duda es un flujo
permanente de sensaciones que el sistema nervioso registra y
marca sin parar, aunque la mayor parte de las marcas tiene un
carácter efímero. Estas marcas pasajeras, asociadas a la memoria de corto plazo, no crean nuevas sinapsis sino que solamente fortalecen conexiones ya existentes. La memoria corta mantiene los recuerdos durante segundos o minutos, a lo

---

[8] Alexandr Románovich Luria, *La mente de un mnemónico. Un pequeño
libro sobre una gran memoria*, publicado originalmente por la Universidad de
Moscú en 1968. Véase también de Luria su *Neuropsicología de la memoria*.

sumo unas horas.[9] Podemos evocar lo que significa esta memoria con el trágico ejemplo de las personas accidentadas que han perdido la memoria de largo plazo (que retiene recuerdos durante días, semanas y años). Damasio relata el caso de uno de sus pacientes, que sufre una amnesia extrema, cuya memoria está limitada a un pequeño hueco temporal de menos de un minuto: pasado este lapso olvida totalmente lo que ha presenciado y oído.[10] Esta persona recuerda muy pocas cosas de su vida; aunque reconoce su nombre y los de su familia, no identifica sus voces ni su aspecto. Es capaz de conversar, respetar algunas reglas de cortesía y caminar por la calle. Su amnesia fue provocada por una severa encefalitis que dañó extensamente ambas regiones temporales (incluyendo el hipocampo y la amígdala). Aunque esta persona sólo vive en un presente que chisporrotea en su cerebro durante unos segundos antes de desaparecer, Damasio dice que tiene lo que llama una conciencia nuclear; es decir, se percata de la realidad externa. Pero carece de conciencia extendida, que implica una autoconciencia y, desde luego, una memoria de largo alcance. De ello deduce que las regiones cerebrales dañadas, que incluyen el hipocampo y partes de las zonas temporales, no son necesarias para la conciencia nuclear. La autoconciencia, por su parte, requiere que el masivo flujo de sensaciones sea filtrado para que una parte se "archive" en la memoria de largo plazo.

Y aquí es donde comienzan los problemas de interpretación más espinosos. Si las imágenes archivadas en la memoria han de ser utilizadas conscientemente, ¿cómo se sabe en qué parte del cerebro buscarlas? Si suponemos que están marcadas o etiquetadas, nos topamos con la maldición cartesiana: alguien o algo —un homúnculo— debe ser capaz de leer las marcas o etiquetas y extraer el contenido de cada archivo cerebral. Pero nos precipitamos al abismo de una regresión interminable, pues el homúnculo o el agente buscador debe a su vez contar con una memoria que archive los códigos necesarios para reconocer y descifrar marcas y etiquetas. Si

[9] Kelsey C. Martin, Dusan Bartsch, Craig H. Bailey y Eric R. Kandel, "Molecular mechanisms underlying learning-related long lasting synaptic plasticity".

[10] Antonio Damasio, *The feeling of what happens*, pp. 113 y ss.

un conjunto de neuronas unidas por sinapsis potenciadas durante el proceso de recepción alberga una imagen, es posible que haya alguna marca química que la etiquete (y la asocie con otras imágenes o emociones). Pero entonces debe existir un sistema neuronal que archive los datos y las claves de estas marcas. Y, a su vez, este sistema debe contener marcas que permitan su reconocimiento, marcas o etiquetas que a su vez deben guardarse en otro conjunto. Y así sucesivamente, hasta el infinito. Además, todavía no se sabe cómo están guardados los recuerdos que se archivan y que, desde luego, no son como las imágenes fotográficas y los registros fonográficos de una película realista. Nuestro homúnculo no sólo debe ser capaz de reconocer las etiquetas y las marcas, sino también descifrar los códigos en que se encuentran encriptados los recuerdos. La neurobiología todavía no ha encontrado las claves que expliquen la forma en que se preserva la memoria, ni ha logrado dar una respuesta al problema de la regresión infinita que implica la propuesta de los marcadores o las etiquetas en los circuitos cerebrales.[11]

Un brillante estudio de las metáforas que históricamente han sido usadas para definir la memoria, escrito por Douwe Draaisma, ha mostrado que ninguna de ellas —de la platónica tableta de cera a las computadoras— ha logrado escapar de la maldición del homúnculo cartesiano. Tanto la tableta de cera como su forma moderna, el disco fonográfico, mantienen sin resolver la paradoja: ambos requieren de un agente que recuerde qué es lo que está impreso allí y cómo encontrarlo. Una computadora dotada de mecanismos y programas neuroópticos de exploración puede reconocer patrones visuales al compararlos automáticamente con su propia memoria, sin necesidad de un agente adicional que recuerde dónde están guardadas las imágenes. Sin embargo, en la construcción

---

[11] La investigación de los códigos neuronales que corresponden a estímulos sensoriales es muy compleja, pues las tareas cognitivas abarcan diversas regiones de la corteza. Un estudio de los procesos de discriminación de diferentes estímulos como base de la toma de decisiones, realizado en monos, indica que la codificación neuronal del número de disparos es más importante que la regularidad de los intervalos de tiempo entre cada disparo. Este estudio presenta un buen balance de los adelantos y los obstáculos en el estudio de la codificación neuronal; véase Ranulfo Romo, Adrián Hernández y Emilio Salinas, "Neurobiología de la toma de decisiones".

de la memoria de la máquina ha habido agentes humanos externos que han asignado umbrales y límites que permitan al aparato, por ejemplo, intentar distinguir (casi siempre sin éxito) un poste telefónico de un árbol. La computadora no es capaz de reconocer significados. Cuando una computadora reconoce alguna representación, lo logra debido a que desde el exterior se han atribuido significados.[12]

Ahora quiero preguntarme: ¿la hipótesis del exocerebro nos ayuda a romper el círculo vicioso de la regresión infinita? Aparentemente todas las explicaciones y metáforas de la memoria requieren de un *otro* (homúnculo o agente) que descifre las marcas neuronales. El problema es que, hasta donde se sabe, dentro del cerebro no hay nadie ni nada que pueda realizar esta función. En cambio, fuera del cerebro hay una multitud de *otros*, homúnculos y agentes, capaces de ayudar en estas tareas de reconocimiento. Me refiero, por supuesto, a las redes exocerebrales que se extienden por la sociedad y que incluyen los inmensos recursos de las memorias artificiales. Esta interpretación implica, desde luego, que los procesos que permiten recordar información archivada en la memoria cerebral sólo pueden funcionar plenamente si se utilizan los circuitos culturales externos. En estos circuitos exteriores hay un sistema de marcas, señales, símbolos y referencias que guían la actividad neuronal en la localización de datos en la memoria interna. Este exocerebro mnemónico, que es mucho más que un depósito de datos, está formado por una densa red de conexiones sociales que, mediante toda clase de estímulos, renueva los recuerdos en un flujo permanente. El proceso de recordar la imagen de una persona amiga, por ejemplo, no es solamente un trabajo de introspección solitaria. Siempre hay marcas, señales o estímulos sociales y culturales que desencadenan y apoyan la recuperación de memorias. Y no me refiero solamente a la obvia relación entre el acceso al recuerdo y la fotografía o la mención del nombre de la persona, sino a una multitud de elementos del contorno cotidiano que propician la recuperación de memorias, sin que sea evidente su relación con ellas. Estas memorias, vinculadas

---

[12] Douwe Draaisma, *Metaphors of memory. A history of ideas about the mind*, p. 227.

a la imagen del amigo, son parte de un flujo masivo permanente y rápido de señales externas en el cual existe una importante dimensión contingente: hay siempre una azarosa combinatoria de estímulos y sensaciones que asegura que los recuerdos no sean siempre iguales y que a su vez modifica los archivos de la memoria. Un gran número de objetos, rostros, sonidos, palabras, diálogos, colores y signos en los espacios que nos rodean (el hogar, la calle, las oficinas, el paisaje) forman una indispensable red de símbolos sin los cuales difícilmente podríamos usar extensa y eficientemente los recursos de la memoria neuronal para recuperar las imágenes de nuestro amigo.

Esta fina red de marcas y referencias mnemónicas pasa relativamente inadvertida. No es tan evidente como las bibliotecas de barrio, los álbumes de fotografías o los arcones de recuerdos familiares. Esas sutiles texturas que nos envuelven no son tan espectaculares y coherentes como las imponentes memorias artificiales que guardan la historia de una civilización, pero sin ellas los circuitos cerebrales se secarían y los recuerdos tenderían a desunirse y a adoptar extrañas formas. Podemos imaginar lo que puede ser el paisaje mental de una memoria desprovista de las sutiles redes exocerebrales cotidianas si evocamos lo que ocurre en los sueños, cuando se apaga la conciencia y nos desconectamos de la realidad circundante. Los recuerdos, las imágenes y las emociones que emanan de la memoria interior se agrupan en flujos oníricos que no son guiados por las marcas del exocerebro. No son flujos caóticos y desordenados, pero siguen los cauces de una lógica extraña dominada por un exocerebro fantasmal que sustituye al tejido simbólico exterior que, cuando estamos despiertos, contribuye a dar forma a la conciencia.

Se suele distinguir dos clases de memoria: la explícita y la implícita. La primera es una memoria de largo plazo que podría equipararse a las memorias artificiales organizadas para operar coherente y permanentemente (archivos, bibliotecas). Las memorias neuronales implícitas son aquellas que de manera relativamente inconsciente acumulan hábitos, habilidades, representaciones, condicionamientos o mecanismos de repetición que han sido aprendidos y que pueden activarse en forma "automática" y "rígida". Puede resultar interesante plantear la hipótesis de que los mecanismos neuronales de la memoria explícita están más estrechamente ligados al exo-cerebro, mientras que las memorias implícitas (llamadas también no declarativas) pueden funcionar con mayor independencia usando las sensaciones aferentes como moduladoras de un proceso aprendido que funciona de manera inflexible y que no requiere de la conciencia (como cuando conducimos un automóvil). Diversas investigaciones indican que estas dos formas de memoria tienen como base procesos neuronales de recuperación distintos y ubicados en zonas diferentes del cerebro. La memoria explícita está abierta a acontecimientos nuevos y a esfuerzos intencionales o conscientes de recuperar memorias. Su base neuronal depende de estructuras ubicadas en la parte media del lóbulo temporal, incluyendo el hipocampo y núcleos diencefálicos.[13] Como quiera que funcionen los mecanismos neuronales de la memoria, parece que algunos procesos de recuperación de recuerdos están más ligados que otros a signos, marcas y sensaciones externas.

A muchos neurobiólogos les inquieta e incluso les molesta el dualismo que parece estar implicado en la interpretación de la memoria como un sistema cerebral que necesita recurrir a circuitos externos para funcionar normalmente. Sin embargo, las interpretaciones estrictamente monistas que sostienen que la conciencia (o la mente) está constituida únicamente por procesos cerebrales, no han logrado una explicación satisfactoria. De allí que el dualismo parezca ser una alternativa ineludible. Una de sus expresiones científicas ha sido la propuesta de que la conciencia está formada por programas *(software)* que operan en el cerebro, el cual sería el equivalente de la máquina *(hardware)*. En esta línea, la memoria, como parte esencial de la conciencia, sería *información*, en el sentido que le daba Norbert Wiener, depositada en las redes neuronales (que se basan en procesos explicables en términos de materia y energía). Ello no sería un abandono del materialismo, ya que según la famosa expresión de Wiener la primacía de la información sobre la materia y la energía es un principio sin el cual ningún materialismo puede sobrevivir hoy.[14] Quie-

---

[13] Larry R. Squire y Barbara J. Knowlton, "The medial temporal lobe, the hippocampus, and the memory systems in the brain".

[14] Norbert Wiener, *Cybernetics*, p. 132.

ro citar una curiosa y atrevida teoría que ha surgido a partir de este materialismo dualista. Rupert Sheldrake, un bioquímico británico, considera que los circuitos cerebrales pueden sintonizarse o asociarse con lo que llama "campos mórficos", que son una especie de memorias naturales colectivas; a semejanza de los campos electromagnéticos o gravitacionales, se trata de regiones no materiales de influencia localizadas en el interior y en los alrededores de los sistemas que organizan.[15] La hipótesis de Sheldrake es una escapatoria del círculo vicioso en la medida en que acude a conexiones extrasomáticas, pues supone que partes del cerebro se asocian a campos mórficos que modelan la actividad mnemónica de los humanos. Ello le permite explicar los misteriosos fenómenos de telepatía, percepciones extrasensoriales o recuerdos de otras vidas anteriores, que serían, según Sheldrake, maneras de sintonizar con campos mórficos inmateriales que permiten comunicarse mediante resonancias con personas alejadas o que ya han muerto.[16] He puesto el ejemplo de esta hipótesis, a pesar de que parece un tanto esotérica, porque me parece sintomática de la necesidad que muchos científicos sienten de saltar las barreras somáticas de la conciencia y la mente. Si sustituimos los campos mórficos por redes culturales simbólicas creo que encontraremos salidas, tal vez más modestas pero más realistas, al problema de la relación entre la conciencia y el cerebro, entre la memoria y las funciones neuronales. La hipótesis de Sheldrake parece responder a aquellos que creen que la fuerza causal de la conciencia (y de la cultura) sólo sería explicable si existiese un quinto campo de fuerzas en el universo, que se agregaría a los cuatro ya conocidos (gravitacional, electromagnético y los dos campos de partículas subatómicas que se asocian a las interacciones débil y

[15] Rupert Sheldrake, *The presence of the past. Morphic resonance and the habits of nature*, p. xvii.

[16] *Ibid.*, pp. 220 y ss. Las explicaciones de Sheldrake son más interesantes y estimulantes de lo que pudiera parecer; han provocado controversias ásperas y han sido acusadas de introducir elementos mágicos en la ciencia. A mí se me escapa la posibilidad de emitir un juicio científico sobre su propuesta, pero puedo ver que en el ámbito de la cultura humana mi hipótesis sobre el exocerebro explica mejor las cosas que la idea de unos campos mórficos de influencia y resonancia.

fuerte).[17] Yo prefiero, más que buscar explicaciones cósmicas, la investigación científica precisa de las relaciones entre el campo de los circuitos cerebrales y el espacio de las redes simbólicas que rodea a las personas.

No creo que la propuesta de que existen redes simbólicas externas sea una escapatoria hacia una explicación dualista. En realidad esta idea contribuye al abandono del viejo dualismo natura/cultura que tanto ha dificultado el estudio de la conciencia. Se trata, creo, de extraer nuevos paradigmas de los hechos que la investigación nos revela. Veamos un ejemplo. La presencia de circuitos externos que completan a las funciones cerebrales puede observarse en los procesos simbólicos que permiten la conexión entre los hemisferios cerebrales. El estudio de las conexiones interhemisféricas arroja indicios significativos relacionados con la memoria y los marcadores (somáticos y simbólicos). Estas conexiones están formadas por el cuerpo calloso y la comisura anterior, una masa de 200 millones de axones que unen las neuronas de los dos lados del cerebro. En vista de que está comprobada la existencia de procesos cognitivos muy diferentes en cada hemisferio, algunos científicos creen que la conciencia puede dividirse en dos. El ejemplo clásico de esta disección es el de las personas que han sido sometidas a una cirugía que destruye las conexiones entre los dos hemisferios. Esta operación se realiza en casos extremos de epilepsia, que no pueden ser controlados de otra forma, y consiste en cortar el cuerpo calloso para evitar que la actividad eléctrica anormal se propague de un hemisferio a otro, provocando convulsiones generalizadas.

Lo primero que se observa en estos enfermos, una vez que se recuperan de la cirugía, es que —sorprendentemente— se comportan igual que antes de la operación, hablan e interactúan con normalidad y gozan plenamente de sus sentidos. Sin embargo, las cuidadosas investigaciones de Roger Sperry, junto con sus colaboradores y discípulos, demostraron que esta normalidad parece esconder la presencia de dos mentes que actúan independientemente. En diversos experimentos

---

[17] Es lo que le exige Stevan Harnad (http://eprints.ecs.soton.ac.uk/11007/) a John Searle, si quiere resolver el problema de la relación mente/cerebro: que las sensaciones, base de la conciencia, sean una quinta fuerza causal independiente en el universo.

que separaron la información transmitida a cada hemisferio, confirmaron que en la mayor parte de los casos la habilidad verbal provenía del lado izquierdo y que el otro lado no tenía acceso a los mecanismos lingüísticos. Se concluyó que el hemisferio izquierdo, dominante, es el encargado de interpretar las acciones y la conducta por medio del habla. Las sensaciones recibidas por el ojo o la mano derechos (y que llegan al hemisferio izquierdo) podían ser nombradas por el paciente operado. En cambio, no podían nombrar (afirmaron no percibir nada) objetos mostrados sólo al hemisferio derecho. Sin embargo, podían señalar en forma no verbal lo que se les había mostrado en el lado izquierdo y que por lo tanto sólo había captado el hemisferio derecho: lograban apuntar correctamente con la mano izquierda al objeto que verbalmente negaban haber visto o tocado. Sperry, que recibió el premio Nobel por sus descubrimientos, describió así la situación: "cada hemisferio parece tener sus propias sensaciones privadas, sus propias percepciones, sus propios conceptos y sus propios impulsos para actuar en respuesta a experiencias volitivas, cognitivas y de aprendizaje. A consecuencia de la cirugía cada hemisferio también tiene después su propia cadena de memorias, que se ha vuelto inaccesible para los procesos recordativos del otro".[18]

Éste es sólo un lado de la moneda: la separación quirúrgica revela la existencia de procesos muy diferentes en cada hemisferio. Pero por otro lado estamos ante el hecho extraordinario de la normalidad con que estas personas pueden vivir y comportarse en la vida cotidiana, sin presentar señales de una conciencia o una identidad escindidas. ¿Cómo entender esta paradoja? La explicación que surge es reveladora: los hemisferios cerebrales tienen dos canales para comunicarse entre sí: uno interno y otro externo. En estos enfermos el primer canal, el cuerpo calloso, ha sido seccionado. Pero el segundo canal, que son las redes exocerebrales, sigue funcionando y evita que estas personas choquen con objetos ubicados en la mitad izquierda de su campo visual, dejen de percibir y entender las relaciones sociales, o se pierdan o se desorienten al recibir in-

---

[18] Roger W. Sperry, "Hemisphere deconnection and unity in conscious awareness", p. 724.

formación acústica o visual. El exocerebro establece una comunicación entre los hemisferios que permite la conducta normal y asegura la unidad de su conciencia.[19] Pero no todo es normal en estas personas. Además de que en ocasiones una mano hace lo contrario que la otra (una abrocha botones de la blusa, la otra los desabrocha), se han reportado significativas deficiencias en la memoria. Este declive en las funciones memorativas, se ha sugerido, podría tener relación con las dificultades de comunicación y enlace.[20] Es decir, los marcadores mnemónicos del espacio exocerebral no logran establecer puentes adecuados con los marcadores somáticos internos, los cuales requieren, en muchos casos, para fijarse, del concurso combinado de distintos circuitos (emocionales, verbales, de imágenes o auditivos) que se hallan en hemisferios opuestos.

La idea de que el exocerebro es un puente entre hemisferios cerebrales no implica una interpretación dualista. Este puente es parte de un proceso neurocultural continuo cuyas características y mecanismos es necesario estudiar. No se trata de redes exteriores informáticas enchufadas al *hardware* del cableado nervioso. La información circula a lo largo de todo el continuo neurocultural y tanto dentro como fuera del cerebro hay un *hardware* material que consume energía. El hecho de que se trate de un circuito continuo no quiere decir que sea homogéneo: obviamente hay importantes diferencias en los procesos que alberga, que es necesario distinguir pero sin reducirlos a una dualidad esquemática con un poder explicativo muy limitado.

---

[19] Hay quienes, a partir del caso de los cerebros divididos, saltan a la conclusión de que el yo unificado es una ilusión. Puesto que el hemisferio izquierdo elabora una explicación coherente pero falsa sin que se entere el hemisferio opuesto, suponen que no es probable que la conciencia resida en una parte del cerebro tan propensa a elaborar ficciones y narrativas (verbales) que no necesariamente son verídicas (Antonio Damasio, *The feeling of what happens*, p. 187). Pero la conciencia es precisamente la afirmación de una verdad, altamente simbólica y construida, que no es el reflejo "objetivo" de una realidad física.

[20] Kathleen Baynes y Michael S. Gazzaniga, "Consciousness, introspection, and the split-brain: the two minds/one body problem", p. 1358.

XIII. EL ALMA PERDIDA

MUCHÍSIMA gente, especialmente si tiene inclinaciones religiosas, se resiste a creer que sus afectos y sentimientos son una
mera propiedad del sistema nervioso. Tiene dificultad para
aceptar que la conciencia es una peculiaridad biológica del cerebro, de la misma manera que la digestión es una característica biológica del tracto digestivo, para usar la expresión
del filósofo John Searle.[1] Aun a personas no religiosas les
cuesta trabajo aceptar que la conciencia es el conjunto de
procesos orgánicos propios de una masa encefálica perecedera. Uno de los problemas principales radica, por supuesto, en
que la afirmación de que no hay conciencia fuera del cerebro
equivale a aceptar que no hay nada después de la muerte.

Hay que reconocer que la gente tiene razón cuando intuye
que los procesos biológicos, por sí solos, no explican la conciencia. Sin embargo, acudir a la creencia religiosa en un
alma inmortal como explicación de la conciencia no resuelve
el problema, sino que escapa de él. Acaso permita aplacar la
melancolía que nace de pensar que la identidad que se vive en
el presente carece de un futuro una vez que se pierde la vida.
Pero la intuición de que debe de haber procesos o dimensiones fuera del cerebro que ayudan a explicar el fenómeno de
la conciencia no debe descartarse como una visión metafísica
carente de rigor científico, como he explicado a lo largo de
este libro. He buscado resortes exocerebrales en el mundo cultural y social que ayudan a entender el problema de la conciencia. Ahora quiero referirme a una propuesta que, sin ser
religiosa, defiende la idea de que entre el mundo físico y el
sociocultural existe el mundo inmaterial de los estados mentales, conscientes e inconscientes, que Platón hubiese definido
como "afectos del alma". Ésta es la interpretación defendida
por el filósofo Karl Popper y el neurobiólogo John Eccles en
un libro que fue muy discutido hace algunos años y que toda-

---

[1] John R. Searle, *Mind: a brief introduction*, pp. 115-116.

vía sigue despertando inquietudes.[2] En este libro Popper defiende una idea triádica, más que dualista, ya que insiste en definir un mundo intermedio entre los estados físicos del cerebro (mundo 1) y la esfera del lenguaje y de los productos sociales o culturales del pensamiento (mundo 3). Este mundo intermedio es el de la conciencia del yo y de la muerte, que tiene como base la sensibilidad propia de la conciencia animal (mundo 2). A diferencia de su amigo Eccles, Popper no cree que el segundo mundo subjetivo sobreviva más allá de la muerte del individuo. Muy pocos científicos hoy están de acuerdo con las ideas de Eccles y Popper, pues ciertamente no parece necesario ni útil insistir en las viejas ideas cartesianas que separan el mundo subjetivo de sus bases orgánicas. Popper introduce de manera forzada el segundo mundo de la sensibilidad y la conciencia, como una especie de alma mortal, pero no logra demostrar que no sea en realidad más que una configuración del mundo cultural basada en el cerebro. Es interesante observar, sin embargo, que Popper reconoce que nuestras personalidades e identidades "están ancladas en los tres mundos, especialmente en el mundo 3". Y agrega: "yo sugiero que la conciencia del yo comienza a desarrollarse por medio de otras personas: tal como aprendemos a mirarnos en un espejo, así el niño se vuelve consciente de sí mismo al sentir su reflejo en el espejo de la conciencia que de él tienen los otros".[3] En este punto Popper confiesa en una nota a pie de página que un amigo le hizo ver que el gran economista inglés Adam Smith ya había dicho que la sociedad es un espejo que le permite al individuo percatarse de su carácter y de la conveniencia o el demérito de sus propios sentimientos.[4] El lector recordará que inicié este libro aludiendo a una definición similar pero anterior de John Locke.

Las hipótesis de Eccles y Popper, rechazadas hoy por la mayoría de los científicos, contribuyeron a paralizar el interés por las conexiones e interacciones del cerebro con su contorno, pues se temía que podía abrir la puerta al dualismo.

---

[2] Karl R. Popper y John C. Eccles, *The self and its brain*.

[3] *Ibid.*, pp. 108 y 110.

[4] Adam Smith, *The theory of moral sentiments* [1759], sección 2 de la parte 3 (o cap. 1 de la parte 3 en la sexta y subsiguientes ediciones). El capítulo se titula "On the principle of self-approbation and self-disapprobation".

Al oponerse (con razón) a la idea de un segundo mundo (el alma, la psique), los neurobiólogos también rehusaron investigar las funciones de lo que Popper llamó el mundo 3, y que contiene el exocerebro sobre el que he estado reflexionando. El propio Eccles se olvidó de esta dimensión para aferrarse a un dualismo que intentó tercamente demostrar la existencia de un mundo mental subjetivo definido por unos "psicones" que supuestamente modifican la actividad cerebral de manera análoga a los campos de probabilidad de la mecánica cuántica.[5]

He citado las ideas de Popper y Eccles porque de una manera muy evidente, casi gráfica, son un ejemplo de los obstáculos a los que se enfrenta la búsqueda de las conexiones exocerebrales de la conciencia. Si cada vez que investigamos el contorno cultural del cerebro se nos aparece el espectro de una dimensión intermedia de carácter más o menos metafísico, acaso nos tendríamos que prohibir cualquier búsqueda de ese tipo, a menos que aceptemos la inevitabilidad de dicha dimensión anímica, aunque reconozcamos que es imposible entenderla desde una perspectiva científica. En realidad, el postulado de que existe una peculiar dimensión mental subjetiva separada de las realidades biológicas y culturales es un muro que nos bloquea la investigación y que nos vuelve ciegos. Es como si, supongamos, ante los ojos de un lector que leyese *Madame Bovary* surgiese un espeso enjambre de espíritus, psiques, memes, transformadores fenoménicos, psicones, traductores, intérpretes, epifenómenos o ánimas que se erigiesen como la encarnación de un ego que —con ayuda del cerebro— estuviese percibiendo las melancolías eróticas de Emma, el gran personaje creado por Flaubert. Yo creo que, en realidad, no hay nada entre el cerebro del lector y las páginas de la novela. La conciencia se halla, simultáneamente, en el cerebro y en el libro, y no en una dimensión metafísica. Lo mismo sucede cuando el mismo lector de Flaubert decide escuchar a Prokofiev, contemplar un grabado de Klimt o conver-

---

[5] John C. Eccles, *How the self controls its brain*, pp. 81-88. Eccles supone la existencia de un conjunto de eventos mentales elementales que llama *"psychons"*, que se ligan a estructuras anatómicas fijas; quiere calcular la influencia de los psicones mediante el principio de incertidumbre de Heisenberg. Todo esto parece un intento poco interesante de probar científicamente la existencia del alma.

sar con un amigo: no hay una sustancia mediadora entre el individuo y lo que escucha o contempla. La existencia de redes neuroculturales no obliga a creer que hay un espacio anímico distinto de las texturas nerviosas y las estructuras sociales. El exocerebro no es algo que está ubicado entre las neuronas y la cultura, sino que es el segmento ambiental estructurado que continúa ciertas funciones cerebrales por otros medios.

Podría creerse que el exocerebro es otro nombre para lo que hace más de 20 años Michael Gazzaniga definió como el "cerebro social". No es así. En realidad el libro de Gazzaniga así titulado es una argumentación sobre los influjos de la organización cerebral en la vida social y cultural, y se erige como una crítica a quienes creen que la influencia ambiental es importante en el desarrollo del cerebro. También rechaza las interpretaciones "externalistas" en las que ve una exagerada propensión a buscar responsabilidades sociales colectivas ante los problemas humanos, mientras que para los "internalistas" es el individuo la entidad responsable. Presenta las cosas como una especie de confrontación política entre socialistas externalistas y liberales internalistas. Gazzaniga recomienda a los políticos que intenten adaptar el orden establecido a la naturaleza del cerebro y quiere acabar con las tendencias externalistas que, piensa él, nos persiguen. La conclusión es que las peculiaridades cerebrales supuestamente exigen una sociedad regulada lo menos posible.[6] El "cerebro social" es una metáfora para describir al sistema nervioso central como una confederación de cientos o miles de módulos que realizan actividades independientes en forma paralela. Uno de estos módulos, ubicado en el lóbulo izquierdo del cerebro, es el "intérprete" que, por decirlo así, construye la teoría de que los comportamientos de los módulos son producidos por un "yo": de esta forma se genera la ilusión de que los humanos actúan libremente. Para esta concepción el cerebro es social sólo en la medida en que se ha proyectado en su arquitectura una peculiar imagen o metáfora de la sociedad.

---

[6] Michael S. Gazzaniga, *The social brain. Discovering the networks of the mind*, cap. 12.

Los grandes avances de la investigación durante la llamada década del cerebro han barrido casi totalmente con explicaciones como las de Popper y Gazzaniga: los científicos no encuentran huellas o señales del alma ni en un mundo espiritual ni en un supermódulo interpretador interno unificador de las funciones mentales.[7] Sin embargo, la ciencia neurológica, con una fuerte carga positivista, encerró el tema de la conciencia en la cárcel del cráneo y se empeñó en descifrar las operaciones de un ego solitario —esencial y universal— incapaz de traspasar las fronteras del discurso fáctico, a la manera del Wittgenstein del *Tractatus*, que prohíbe toda escapada hacia los espacios vacíos del silencio que supuestamente rodean los dominios del lenguaje. He querido citar a Wittgenstein para mostrar con su ejemplo el callejón sin salida de un empirismo que imponía tercamente límites a la exploración. El propio Wittgenstein se percató del problema y, en sus investigaciones posteriores, dio un giro espectacular al abrir las ventanas del ego trascendental al ventarrón fenomenológico de las experiencias culturales. Yo comparto la aguda disección crítica que ha hecho Ernest Gellner del viraje de Wittgenstein, pero no es el momento de adentrarnos en este espinoso asunto.[8] Sólo quiero destacar que posiblemente debido a que Wittgenstein se dio cuenta de sus errores en el *Tractatus*, tuvo una intuición que me parece pertinente citar aquí: "una de las ideas filosóficas más peligrosas es, curiosamente, la de que pensamos con la cabeza o en la cabeza. La idea del pensar como un proceso en la cabeza, en un espacio absolutamente cerrado, le da el carácter de algo oculto".[9] Wittgenstein se resiste a abandonar la idea de la insuperabilidad del abismo entre la conciencia y los procesos cerebrales,[10] y de hecho explora la posibilidad de que pueda no haber un paralelismo psicofísico, que exista una causalidad sin mediaciones fisiológicas y que ello no signifique creer en una enti-

---

[7] En su libro de 1998, *The mind's past*, Gazzaniga ya no habla de módulos, pero insiste en su teoría del yo ficticio y del "intérprete" radicado en el hemisferio izquierdo.

[8] Ernest Gellner, *Language and solitude. Wittgenstein, Malinowski and the Habsburg dilemma*.

[9] Ludwig Wittgenstein, *Zettel*, §§ 605-606.

[10] Ludwig Wittgenstein, *Investigaciones filosóficas*, § 412.

dad nebulosa.[11] La renuncia a buscar correspondencias neu-rofisiológicas del psiquismo es absurda y, no obstante, a partir de estas inquietudes se le ocurre suponer que el proce-so mental específicamente orgánico se puede "sustituir" por un proceso inorgánico que le proporcione al pensamiento una prótesis. Wittgenstein se pregunta: "¿cómo deberíamos imaginar una prótesis del pensamiento?"[12] Aunque leí la pro-puesta de Wittgenstein cuando ya había terminado de escri-bir este libro, me parece que de alguna manera he contestado a su pregunta, aunque de una forma que sin duda no le hu-biese gustado.

El hecho de que la conciencia no sea un fenómeno oculto encerrado en el cráneo y que podamos examinar sus floridas prótesis arborescentes en los espacios abiertos de la vida cul-tural no quiere decir que se esfume ese halo misterioso que impregna la sensación subjetiva que los humanos tenemos de ser un yo único insustituible e irrepetible. Estoy convencido de que la ciencia logrará resolver el misterio. No tienen razón quienes afirman que, si la conciencia es un misterio y no un acertijo (un puzzle), jamás podremos entenderla. La cualidad misteriosa —yo diría poética— de la conciencia no la ubica fuera del alcance de nuestra comprensión. De hecho fue un poeta el que en su lenguaje afirmó un hecho revelador. En ple-na búsqueda angustiosa de su identidad poética Rimbaud dejó caer una frase inquietante: "Je est un autre".[13] Se refería a la profunda inmersión del poeta visionario en el mundo que lo rodea. Paradójicamente, es una afirmación de la identidad poética que, al mismo tiempo, disuelve el yo en el otro.

---

[11] Ludwig Wittgenstein, *Zettel*, § 611.

[12] *Ibid.*, § 607. Antes se ha preguntado: "¿es el pensar, por así decirlo, un proceso específicamente *orgánico* —un mascar y digerir en la mente?" Véase el estimulante ensayo de Roland Fischer, "Why the mind is not in the head but in society's connectionist network". Sostiene la idea de que la mente se encuentra en la interacción entre sociedad e individuo. La propuesta no es desarrollada, pero apunta hacia la definición de una conciencia individual como una unidad de reproducción en la evolución cultural, en el mismo sentido en que los genes son unidades de reproducción de organismos feno-típicos.

[13] Repite la expresión en dos cartas: la del 13 de mayo de 1871 a Georges Izambard, y la escrita dos días después, el 15 de mayo, dirigida a Paul De-meny. Arthur Rimbaud, *Œuvres complètes*, pp. 249-250.

Yo es otro. Extraña expresión que nos incita a reflexionar. De alguna misteriosa forma expresa la idea que he expuesto: la conciencia de nuestra identidad individual se extiende y abarca a los otros. El poeta nos recuerda que la conciencia nace del sufrimiento y de la asimilación de ese sufrir mediante el concurso de otros, gracias a que nos confundimos con ellos para afirmar nuestra perecedera identidad. Así perdemos el alma pero ganamos la conciencia.

SEGUNDA PARTE

CEREBRO Y LIBERTAD

Introducción
LAS MANOS DE ORLAC

Cuando se estrenó en la primavera de 1924 una de las joyas del cine expresionista, *Las manos de Orlac*, el público austriaco quedó tan impresionado por la película que al final se escucharon gritos de enojo. El principal actor, Conrad Veidt, tuvo que subir al escenario para explicar cómo se había hecho la filmación. El gran actor, con el poder de su presencia y su voz, logró calmar a la gente que se había exaltado al ver la película muda. *Las manos de Orlac* cuenta la historia de un gran pianista que en un accidente de tren ha perdido sus manos. Un médico le implanta las manos de un asesino que acaba de ser decapitado. El pianista, Orlac, siente que las manos que le han sido implantadas lo dominan y lo impulsan a cometer crímenes. Su médico le explica que, gracias al poder de su voluntad, podrá controlar los impulsos criminales que emanan de sus nuevas manos. La película presenta con gran dramatismo la lucha entre el poder determinante que emana de una parte del cuerpo, las manos, y la fuerza de voluntad que debe regir la conciencia del pianista. Orlac siente que las manos han tomado el control de su conciencia. Cuando su padre, al que odia, es asesinado, el pianista está convencido de que él le ha clavado la puñalada letal, aunque no lo recuerda. Pareciera que el poder brutal de la carne implantada es capaz de dirigir la mente del pianista.

El director de la película, Robert Wiene, ya había creado en 1920 *El gabinete del doctor Caligari*, donde encontramos también a una persona controlada por un asesino. Gracias a la hipnosis, un psiquiatra, Caligari, dirige las actividades criminales de un personaje que carece de control sobre su cuerpo. Pero aquí es evidente que es la mente del doctor Caligari la que es capaz de determinar el comportamiento de un individuo que funciona como un títere. En el caso de Orlac, al final se descubre que es su propia mente la que provoca inconscientemente el extraño comportamiento de sus manos, ya que está convencido de que son las de un asesino. Cuando se entera de que la persona decapitada, y cuyas manos ahora le pertenecen, en realidad era inocente, sus miembros vuelven a obedecerle y la ilusión se esfuma.

Los espectadores de aquella época fueron enfrentados al problema de la oposición entre determinismo y libertad. ¿Hasta qué punto el cuerpo —y especialmente el cerebro— permite que la conciencia decida libremente? ¿Qué límites impone la materia cerebral al libre albedrío de los individuos? El problema tenía —y tiene todavía hoy— implicaciones políticas y morales, pues se insinuaba que el control del cerebro mediante ciertas técnicas o mecanismos podía conducir a un comportamiento irracional inconsciente, como había sucedido durante la primera Guerra Mundial, cuando el Estado alemán enviaba a los ciudadanos a una lucha criminal, y como ocurriría después, cuando una gran parte de la población alemana fue impulsada a las más nefastas actitudes y conductas asesinas.

Las manos de Orlac parecen estar determinadas por el espíritu extranjero del asesino a quien habían pertenecido. Si pasamos del territorio de la ficción a la realidad podemos acercarnos al problema del libre albedrío desde otro ángulo. El ejemplo más conocido del trastorno obsesivo-compulsivo es la irresistible manía que impulsa a las personas a lavarse constantemente las manos, poseídas por la idea fija de que cualquier contacto las contamina peligrosamente. A los individuos aquejados por este trastorno les parece que todo cuanto los rodea está sucio. No pueden dejar de lavarse las manos después de tocar el pomo de la puerta, coger un billete, tomar un cubierto, abrir un grifo, estrechar otra mano o rozar una tela. Creen que el mundo a su alrededor está contaminado y viven en una ansiedad permanente por el miedo a quedar infectados. Las causas del trastorno obsesivo-compulsivo parecen ubicarse en anormalidades de los ganglios basales y en el lóbulo frontal del cerebro. En todo caso, los afectados parecen dominados por una fuerza irresistible que, aun contra su voluntad, los impulsa a un comportamiento absurdo, pues estos enfermos suelen estar perfectamente conscientes de que sufren un trastorno que los lleva a actuar irracionalmente.[1] Otras expre-

---

[1] Véase el libro de Judith Rapoport, *The boy who couldn't stop washing. The experience and treatment of obsessive-compulsive disorder.*

siones de este trastorno son aquellas que mueven a las personas a coleccionar obsesivamente objetos insignificantes, a verificar todo excesivamente por miedo a que algún mecanismo o proceso falle, a repetir incansablemente ciertos actos, a ordenar compulsiva y repetidamente el entorno, a buscar maniáticamente un significado en los números con que se topan y a evocar mentalmente las mismas imágenes, sin descanso.

Los casos patológicos y anormales destacan con fuerza la presencia de una cadena determinista. Aquí la persona no ha elegido libremente que su voluntad quede encadenada a causas biológicas. Pero los humanos suponemos que bajo condiciones "normales" somos seres racionales capaces de elegir libremente nuestros actos. Suponemos, por lo tanto, que no todo lo que hacemos tiene una causa suficiente que determina nuestros actos. Creemos en el libre albedrío. Pero siempre flota en el aire la sospecha o el temor de que los casos anormales en realidad descubran el mecanismo determinista oculto que nos rige a todos bajo cualquier circunstancia. Este problema, que incansablemente han querido resolver los filósofos durante muchas generaciones, hoy es abordado con nuevas herramientas por la neurobiología. Vale la pena reflexionar sobre las consecuencias de esta nueva perspectiva.

La neurobiología también ha invadido otro territorio custodiado tradicionalmente por los filósofos: la ética. Podemos comprender que buena parte de la moral moderna se funda en la aceptación de que existe el libre albedrío. La noción de pecado y de culpa se sustenta en el supuesto de que las personas son capaces de elegir libremente sus actos, lo cual las hace responsables de las consecuencias que acarrean. Por supuesto, los psiquiatras hace mucho que han delimitado un área de comportamiento que no debe estar sujeta a consideraciones penales (ni morales) porque está determinada por una etiología patológica que define estados de disturbio mental. Pero si asumiésemos que en realidad no existe el libre albedrío, tendríamos que ceder el terreno a los psiquiatras y a los neurobiólogos para que buscasen en las redes deterministas los mecanismos que definirían el comportamiento moral. ¿Cuál es la causa que mueve las manos asesinas o sucias? ¿Hay un culpable o solamente una cadena causal? Las manos sucias de Orlac o del enfermo obsesivo son una metáfora que permite ubicar el problema que quiero abordar. Cuando las personas se ensucian las manos —en la política, en las finanzas, en el hogar— nos enfrentamos a un problema ético. Jean-Paul Sartre, en *Les mains sales*, una obra de teatro de 1948 inspirada en el asesinato de Trotsky, nos presenta a un político comunista que se ha ensuciado las manos a juicio de sus camaradas, quienes lo consideran un traidor que se ha vendido al enemigo de clase: es socialdemócrata, pragmático, hábil y negociador. Su asesino es un joven intelectual de familia acomodada, puro, duro y dogmático, que rechaza toda alianza con los partidos burgueses. Sin embargo, después de ser asesinado, la línea política del líder reformista acaba prevaleciendo en el partido, lo que vuelve incongruente el homicidio. El asesino en realidad actuó por celos, pues por azar descubrió al líder besando a su esposa. No obstante, al final asume su crimen como un acto político y se deja eliminar por sus camaradas, que quieren borrar las huellas del horror. El joven fanático muere por una mentira.

Aquí nos enfrentamos a una infinita maraña de causas y efectos, una apretada red que abarca tanto procesos psicológicos como sociales y políticos. Sartre quiso colocar el tema de la libertad en el contexto de una sucesión de contingencias y absurdos. La pregunta que nos asalta es: ¿sólo podemos escapar del determinismo gracias al azar de una vida sin sentido? Si la vida de una persona está sujeta a sus circunstancias, sus memorias, sus aptitudes y sus tendencias, es difícil encontrar un espacio para la libertad, pues parece sometida a una estructura determinista. Pero si la persona, para tomar decisiones libres, pudiera ser insensible a su entorno y a su pasado, entonces viviría una vida sometida al azar. ¿Sería una vida basada en la libertad o más bien una existencia sumergida en el absurdo? Podemos sospechar que si los deterministas tienen razón no solamente no existiría la libertad: todo sería destino y por lo tanto no habría futuro.

En esta segunda parte del libro me propongo reflexionar sobre el libre albedrío y la ética desde la perspectiva de mi hipótesis sobre el exocerebro. Ello significa colocar los problemas de la libertad y de la moral en el terreno de la conciencia, entendida como un proceso que vincula la actividad neuronal con las redes simbólicas exocerebrales. Me propongo ofrecer una interpretación de las paradojas y los enigmas planteados por la ética y la libertad a partir de mis hipótesis sobre la conciencia, definida como parte de un sistema simbólico de sustitución de funciones que el cerebro no puede realizar por mecanismos exclusivamente neuronales.

Para ello exploraré algunas de las teorías que los neurocientíficos han desarrollado para resolver el problema del libre albedrío. Estas teorías con frecuencia se basan en alguna variante del determinismo y, por ello, acaban negando el libre albedrío al que califican como una ilusión. Este tema está íntimamente conectado con las discusiones filosóficas y políticas sobre los fundamentos de la moral. Obviamente, si el libre albedrío es algo ilusorio, aparece la amenaza de menospreciar todo el edificio de las instituciones sociales, que encuentra su base en la creencia de que hay una responsabilidad personal que hace a los individuos merecedores de un castigo si violan las leyes y de un premio si muestran suficientes méritos. Varios neurocientíficos se han internado con audacia en los territorios de la ética y la moral. Me propongo acercar al lector a algunas de estas aventuras intelectuales, para llevarlo a meditar en las consecuencias de una visión determinista del vínculo entre el cerebro y la conciencia. Esta exploración es importante pues, como se verá, la interpretación determinista es hegemónica en las neurociencias. Y la importancia del tema se revela como algo acuciante en la medida en que estamos presenciando una explosiva expansión de los estudios neurológicos en territorios que anteriormente habían sido cotos de caza privados de los filósofos, los sociólogos, los historiadores, los antropólogos o los economistas. Esta expansión de las neurociencias debe ser bienvenida porque contribuye creativamente a borrar la tradicional frontera entre las humanidades y las ciencias naturales.

Uno de los efectos inesperados de esta ampliación de los espacios neurocientíficos radica en que algunos neurólogos comienzan a percatarse de que la solución de muchos de los misterios a los que se enfrentan podría no encontrarse en sus propios territorios (o sólo parcialmente). Cuando los neurocientíficos decidieron enfrentarse a los misterios de la conciencia —que tradicionalmente habían dejado en manos de los filósofos y de los científicos sociales— comenzaron a descubrir que no podían moverse por los nuevos terrenos sin cambiar sus estrategias de investigación. No todos aceptaron el reto y algunos simplemente invadieron los nuevos espacios con imprudencia y sin modificar su armamento tradicional. El tema del determinismo ha sido uno de los puntos más álgidos del encuentro y también uno de los aspectos más ásperos de las relaciones entre los humanistas y los científicos.

En esta segunda parte, además de discutir las interpretaciones que hacen los neurocientíficos, intento buscar respuestas en espacios poco explorados. Uno de ellos, que me parece fundamental, es el mundo de los juegos. Estoy persuadido de que en el juego podemos hallar algunas claves para entender el libre albedrío, pues se trata de una actividad en la que, paradójicamente, se mezclan reglas estrictas con la expresión entusiasta de la libertad de acción. Los espacios lúdicos revelan dimensiones sintomáticas del funcionamiento de la conciencia.

Quiero explorar también otra dimensión que, como el juego, se halla íntimamente cercana a nosotros. Me refiero a las expresiones simbólicas del medio cultural que nos rodea. En la primera parte de este libro examiné algunas de estas manifestaciones: el habla, las artes, la música y las memorias artificiales. Ahora me propongo tomar en cuenta otras expresiones de los sistemas simbólicos de sustitución (o prótesis culturales) que nos envuelven y que cristalizan en el hogar: los sistemas de parentesco, la cocina y el vestido. Este íntimo mundo circundante es el receptáculo más cercano donde se expresan el libre albedrío, la voluntad y la toma de decisiones. Acaso en este mundo de las cosas pequeñas y cercanas podamos encontrar pistas para enfrentar los grandes retos a los que nos confrontamos cuando tratamos de entender el sentido de la libertad humana.

I. ¿EXISTE EL LIBRE ALBEDRÍO?

En el verano de 1930 Albert Einstein tuvo una reveladora discusión con Rabindranath Tagore. El gran místico hindú se empeñaba en encontrar en el universo un espacio para la libertad, y creía que el azar a nivel infinitesimal, descubierto por los físicos, muestra que la existencia no está predeterminada. Seguramente se refería al principio de incertidumbre de Heisenberg, que también fue llamado principio de indeterminación. Einstein sostenía que ningún hecho permitía a los científicos hacer a un lado la causalidad; y que en el plano más elevado se puede entender cómo funciona el orden, mientras que en los espacios diminutos este orden no es perceptible. Tagore interpretó esta situación como una dualidad contradictoria radicada en lo más profundo de la existencia: la que opone la libertad al orden del cosmos. El físico negaba la existencia de esta contradicción: aun los elementos más pequeños guardan un orden. Tagore insistía en que la existencia humana se renueva eternamente debido a que hay una armonía que se construye sobre la oposición entre el azar y la determinación. Einstein decía, en contraste, que todo lo que hacemos y vivimos está sometido a la causalidad, pero reconoció que es bueno que no podamos verla. Tagore, para probar su punto, puso el ejemplo del sistema musical en la India, donde el compositor crea una pieza pero permite una elasticidad que expresa la personalidad del intérprete, quien goza de cierta libertad en la interpretación. La discusión derivó hacia temas musicales, pues Einstein se interesó mucho en comparar la música occidental y sus rígidos patrones con la música hindú.[1]

En una carta al mismo interlocutor, Einstein hizo unas afirmaciones que han sido citadas con frecuencia por los deterministas. Dijo que si la Luna fuese dotada de autoconciencia estaría perfectamente convencida de que su camino alre-

---

[1] "Three conversations: Tagore talks with Einstein, with Rolland, and Wells", *Asia*, vol. XXXI, núm. 3 (marzo de 1931), pp. 138-143.

dedor de la Tierra es fruto de una decisión libre. Y añadió que un ser superior dotado de una inteligencia perfecta se reiría de la ilusión de los hombres que creen que actúan de acuerdo a su libre albedrío. Aunque los humanos se resisten a ser vistos como un objeto impotente sumergido en las leyes universales de la causalidad, en realidad su cerebro funciona de la misma forma en que lo hace la naturaleza inorgánica.[2]

Las diferencias entre Tagore y Einstein simbolizan dos grandes formas de abordar el problema de la libertad. El primero, como muchos religiosos, trató de aprovechar lo que parecía un resquicio abierto por los físicos para colar la idea de la indeterminación. A muchos les pareció que el principio de incertidumbre de alguna manera podía significar que los electrones gozaban de "libertad" y que se escapaban de la cadena causal. Esta visión ha influido incluso en científicos tan importantes como John C. Eccles, que propuso explicar la subjetividad mediante la presencia de unos "psicones" que supuestamente funcionarían en la mente de forma similar a los campos de probabilidad de la mecánica cuántica.[3]

La actitud de Einstein ha influido en quienes suponen que el libre albedrío, como una propiedad de la conciencia humana, es una mera ilusión. El cerebro estaría cruzado por cadenas causales empíricamente comprobables en las que habría una conexión entre pensamientos y acciones. La idea de que la conciencia, actuando libremente, es la causa de las acciones en realidad sería una ilusión. El libre albedrío es visto, desde esta perspectiva, meramente como una sensación construida por el organismo y no como una indicación directa de que el pensamiento consciente ha causado la acción, como lo ha formulado Daniel Wegner.[4] Según este psicólogo, la gente cree equivocadamente que la experiencia de tener una voluntad en realidad es un mecanismo causal. Quienes creen que existe el libre albedrío se equivocan de la misma manera en que erraban los que pensaban que el Sol daba vueltas alrededor de la Tierra. La gente creía en el sistema ptolemaico, dice

    [2] Citado por Ilya Prigogine, "The rediscovery of value and the opening of economics", p. 63.
    [3] *How the self controls its brain*, pp. 81-88. Véase un comentario al respecto en el último capítulo de la primera parte, p. 161.
    [4] Daniel M. Wegner, *The illusion of conscious will*.

Wegner, en parte por la influencia de las concepciones religiosas que colocaban a la Tierra en el centro del universo creado por Dios. La creencia en una voluntad consciente como un agente causal es un error similar. Reconoce que filósofos y psicólogos han pasado vidas enteras tratando de reconciliar la voluntad consciente con la causalidad mecánica. Este problema se expresa como la contraposición entre mente y cuerpo, entre libre albedrío y determinismo, entre causalidad mental y física o entre razón y causa. Para Wegner la dificultad radica en que se quiere ver al mundo de ambas maneras, lo que ha producido dos formas incompatibles de pensamiento. La solución de Wegner es la siguiente:

> Cuando aplicamos explicaciones mentales a nuestros mecanismos de comportamiento causal, caemos presas de la impresión de que nuestra voluntad consciente es la causa de nuestras acciones. El hecho es que encontramos que es enormemente seductor pensarnos a nosotros mismos como poseyendo mentes, y así nos dejamos arrastrar hacia una apreciación intuitiva de nuestra propia voluntad consciente.[5]

La mente produce sólo una apariencia, una ilusión continua, pero en realidad ella no sabe lo que causa nuestras acciones. Inevitablemente, Wegner acude a la famosa afirmación de Spinoza: "los hombres se equivocan, en cuanto piensan que son libres; y esta opinión sólo consiste en que son conscientes de sus acciones e ignorantes de las causas por las que son determinados. Su idea de la libertad es, pues, ésta: que no conocen causa alguna de sus acciones".[6]

Vale la pena detenernos a estudiar la expresión de Spinoza, ya que expuesta fuera de contexto parece la manifestación de un determinismo implacable. La frase proviene de la *Ética*, una maravillosa obra que Spinoza no llegó a ver publicada y

---

[5] *Ibid.*, p. 26. En una nota al pie (p. 2) Wegner acepta que calificar a la voluntad consciente como "ilusión" es un poco fuerte, y que tal vez sería apropiado calificarla de "construcción" o "fabricación". Pero usa "ilusión" para denotar que ponemos un gran énfasis erróneo en cómo la voluntad se nos aparece y cómo asumimos que esta apariencia es una comprensión profunda.

[6] *Ética demostrada según el orden geométrico*, segunda parte, proposición 35, escolio.

que es, entre otras cosas, un poderoso llamado a alcanzar la
libertad humana. ¿Cómo concilia Spinoza su reconocimiento
de que existe una cadena natural de causas y efectos con la
lucha por alcanzar una verdadera libertad? Es necesario comprender el contexto y la lógica en los que la frase citada está
inscrita. Dice a continuación:

> Su idea de la libertad es, pues, ésta: que no conocen causa algu-
> na de sus acciones. Porque eso que dicen, de que las acciones
> humanas dependen de la voluntad, son palabras de las que no
> tienen idea alguna. Pues qué sea la voluntad y cómo mueva al
> cuerpo, todos lo ignoran; quienes presumen de otra cosa e ima-
> ginan sedes y habitáculos del alma, suelen provocar la risa o la
> náusea.[7]

La última es una dura referencia a Descartes, y la línea
de razonamiento se basa en el hecho de que siendo ignorantes los hombres no pueden ser libres. Ya antes ha explicado
que los seres humanos ignorantes creen que todas sus acciones tienen una finalidad decidida por ellos y que lo mismo
creen sobre los hechos naturales, por lo que llegan a pensar
que los dioses dirigen todo para que sea útil a los humanos.[8]
Para Spinoza la naturaleza "no tiene ningún fin que le esté
prefijado" y está convencido de que todas las causas finales
no son más que ficciones humanas.[9] Quienes siguen la cadena causal para encontrar una finalidad en las cosas no cesa-
rán de preguntar por las causas de las causas, hasta que se
hayan "refugiado en la voluntad de Dios, es decir, en el asilo
de la ignorancia".[10]

Lo que afirma Spinoza es fundamental: ante los hechos
naturales no hay una libre voluntad absoluta, porque ella depende del entendimiento de los objetos singulares que causan las ideas. Hay que recordar que para Spinoza la voluntad
es la facultad de afirmar o negar lo que es verdadero y lo
que es falso; no es el deseo con que la mente apetece o aborre-

---

[7] *Idem.*
[8] *Ibid.*, primera parte, apéndice, c.
[9] *Ibid.*, primera parte, apéndice, e.
[10] *Ibid.*, primera parte, apéndice, f.

ce las cosas.[11] Así, "la voluntad y el entendimiento son una y la misma cosa".[12] Por ello ha afirmado que en el alma o la mente no hay "ninguna voluntad absoluta o libre", pues está "determinada a querer esto o aquello por una causa, que también es por otra, y ésta a su vez por otras, y así al infinito".[13] Es importante subrayar que aquí Spinoza usa el término "libre" en el sentido de "absoluto": como lo ha dicho desde el principio de la *Ética:* "Se llamará libre aquella cosa que existe por la sola necesidad de su naturaleza y se determina a sí sola a obrar".[14] No es el caso de la mente, que depende de las cosas que la rodean. Critica la idea cartesiana de un alma con poder absoluto unida al cerebro gracias a la glándula pineal, capaz de dictar libremente su voluntad al cuerpo.

Veamos ahora el proceso que lleva a Spinoza de negar la libertad de la mente a exaltar la capacidad de los ciudadanos para actuar libremente. En la mente no se da una voluntad absoluta sino solamente un conjunto de voliciones singulares que afirman o niegan una idea, como por ejemplo la aseveración de que tres ángulos de un triángulo son iguales a dos rectos. Pero la voluntad no es infinita; no se extiende más allá de lo que percibimos y de lo que concebimos. Spinoza termina la parte de su *Ética* dedicada a la naturaleza y origen del alma señalando cómo contribuye su teoría a la práctica de la vida. Después de aconsejarnos a soportar con ánimo tanto la fortuna como los infortunios y a no odiar a nadie, concluye que su doctrina contribuye a que los individuos aprendan a ser gobernados y a que "hagan libremente lo que es mejor".[15]

¿De dónde proviene la fuerza que puede permitir a los humanos ser libres? Spinoza ubica esa potencia en lo que llama conato *(conatus)*, que es el esfuerzo que realiza la mente para perseverar en su ser. El conato es una tendencia, propensión o impulso que abarca tanto a la mente como al cuerpo: "como el alma es necesariamente consciente de sí misma por las ideas de las afecciones del cuerpo, se sigue que el alma

[11] *Ibid.*, segunda parte, proposición 48, escolio.
[12] *Ibid.*, segunda parte, proposición 49, corolario.
[13] *Ibid.*, segunda parte, proposición 48.
[14] *Ibid.*, primera parte, definición 7.
[15] *Ibid.*, segunda parte, escolio final, 1, 4°.

es consciente de su conato".[16] Ya antes había señalado que "alma y cuerpo es una y la misma cosa".[17] Antonio Damasio con toda razón ha señalado que es fundamental retomar hoy el concepto de conato, una de las claves más importantes del pensamiento de Spinoza.[18] Yo creo que la noción de *conatus* puede interpretarse como conciencia, en el sentido de un impulso o esfuerzo, basado tanto en el cuerpo como en el entorno social y natural, que nos hace darnos cuenta de nuestro yo. Es en este esfuerzo donde reside la posibilidad del libre albedrío. En la cuarta parte de su *Ética*, dedicada a la esclavitud humana, Spinoza explica que el hombre libre es aquel que vive según el solo dictamen de la razón.[19] Para impulsar el entendimiento y la razón sobre los afectos, los hombres se apoyan en el *conatus* que conserva su identidad: "como este conato del alma con que el alma, en cuanto que razona, se esfuerza en conservar su ser, no es otra cosa que entender, ese esfuerzo por entender es el primero y único fundamento de su virtud".[20] Ciertamente, Spinoza cree que raramente los hombres viven bajo el dictado de la razón. Su impotencia y falta de libertad están determinadas por la ausencia de entendimiento y la debilidad de su conciencia. Pero no es imposible que puedan ser conducidos a vivir "bajo la guía de la razón, esto es, a que sean libres y gocen la vida de los bienaventurados".[21] Spinoza describe diversas virtudes y peculiaridades de los hombres libres, como su fortaleza de ánimo, el agradecimiento mutuo que se muestran, la amistad y la buena fe. Agrega que "el hombre que se guía por la razón es más libre en el Estado, donde vive según el común decreto, que en la soledad, donde sólo se obedece a sí mismo".[22] Reconoce que la potencia humana es muy limitada y es superada por las fuerzas exteriores; hay que aceptar que somos parte de la naturaleza y que, si lo entendemos claramente, la mejor parte de lo humano

---

[16] *Ibid.*, tercera parte, proposición 9. El traductor al español de la *Ética* siempre usa el término *alma* cuando Spinoza habla de *mens*, que también se puede traducir como "mente".

[17] *Ibid.*, tercera parte, proposición 2, escolio.

[18] *Looking for Spinoza. Joy, Sorrow, and the feeling brain*, pp. 170 y 171.

[19] *Ética*, cuarta parte, proposición 67.

[20] *Ibid.*, cuarta parte, proposición 26.

[21] *Ibid.*, cuarta parte, proposición 54, escolio.

[22] *Ibid.*, cuarta parte, proposición 73.

—definida por la inteligencia— descansará en el orden natural: "en la medida en que entendemos correctamente estas cosas, el conato de la mejor parte de nuestro ser concuerda con el orden de toda la naturaleza".[23]

La quinta y última parte de la *Ética* de Spinoza está dedicada a la libertad humana y a la potencia del entendimiento. Se inicia con su famosa crítica a las concepciones de Descartes sobre la relación entre el alma y el cerebro. Allí redondea sus ideas acerca del poder de la mente sobre los afectos y sus afirmaciones en la consiguiente libertad de los humanos. Exalta el triunfo de la sabiduría sobre la ignorancia, que es el triunfo de la libertad sobre la servidumbre. El camino hacia la libertad —reconoce— es tan difícil como raro, pero es posible encontrarlo.

Ante las sutilezas de Spinoza, me parece que usarlo para calificar a la voluntad consciente como una ilusión es una simplificación que no ayuda a entender el problema de la libertad. Si el libre albedrío es sólo una ilusión —como pretende Wegner— todo el edificio del pensamiento racional de Spinoza se viene abajo y sólo tiene sentido el estudio psicológico de las sensaciones que experimentan los humanos cuando creen erróneamente que su mente es capaz de provocar los actos que caracterizan su conducta.

La fuerza del argumento determinista proviene de una idea simple: vivimos en un universo donde todos los acontecimientos tienen una causa suficiente que los antecede. Así, si todo evento está determinado por causas que lo preceden, ¿por qué los actos conscientes serían una excepción? Tradicionalmente la idea de "excepción" era explicada con argumentos no científicos, religiosos o metafísicos. Se suponía un dualismo fundamental, lo que implica la existencia de instancias no físicas, espirituales, capaces de actuar sobre el mundo físico. Así, se suponía la presencia de un misterioso agente —el alma— con poderes causales sobre la materia orgánica. Los científicos, con toda razón, rechazan este argumento. Sin embargo, se mantiene un problema: la intuición de gran parte de los hombres sostiene la creencia de que los individuos son capaces de decidir libremente; y la civilización moderna se ha

---

[23] *Ibid.*, cuarta parte, apéndice, cap. 32.

construido sobre la base de una aceptación universal de la responsabilidad que tienen las personas de sus actos, tanto para ser premiadas como para ser castigadas. Un complejo, ramificado y sofisticado conjunto de instituciones sociales, políticas y culturales se ha erigido como un inmenso edificio cuyos cimientos, supuestamente, serían una mera ilusión, sin duda útil pero a fin de cuentas una construcción elaborada por nuestro cerebro.

Una curiosa manera de enfrentar el problema consiste en separar dos formas de voluntad. En primer lugar habría una "voluntad empírica", que sería la relación causal, establecida por el análisis científico, entre los pensamientos conscientes de las personas y la conducta resultante. En segundo lugar habría una "voluntad fenoménica" que estaría formada por las sensaciones personales de libre albedrío. Según Wegner la primera forma de voluntad no se puede ligar directamente a la segunda. La gente confunde equivocadamente la sensación de voluntad (fenoménica) con un mecanismo causal.[24] Sin embargo, admite que con frecuencia las experiencias o sensaciones de que ejercemos nuestra voluntad corresponden correctamente con la conexión causal real entre el pensamiento y la acción.[25] Desde luego, no aclara si esta "correspondencia" ha sido comprobada científicamente o es una mera intuición especulativa. Sin embargo, si la relación causal entre pensamiento y acción está inscrita en una concepción determinista, como la que admite Wegner, entonces es completamente incongruente hablar de una "voluntad empírica" para referirse a una cadena causal en la que la libertad es una noción completamente extraña. Pero es su manera de enfrentarse a la realidad en que viven los humanos, que no están sumergidos en un incongruente carnaval de elecciones contingentes, sino en sociedades donde muchas decisiones parecen causar actos que corresponden a las intenciones de la gente. Wegner no quiere llegar tan lejos como Skinner, que desechó totalmente las nociones de responsabilidad y de libre albedrío, por lo que mete en su interpretación una extraña "voluntad empírica" que tendría alguna correlación con las sensaciones de

---

[24] Daniel M. Wegner, *The illusion of conscious will*, pp. 14 y ss.
[25] *Ibid.*, p. 327.

libre voluntad o responsabilidad y que sería necesario estudiar como expresión de una especie de fenomenología de las elecciones y las decisiones.

Esta línea de pensamiento lleva directamente a la conclusión de que aunque la libertad es una mera sensación, sin embargo es una ilusión útil. Es ventajoso creer que las personas deben recibir premios y castigos orientados por una ilusoria determinación de merecimientos. Es útil la sensación de autoría que se percibe al actuar intencionalmente. La ilusión sirve también, piensa Wegner, para ordenar el rompecabezas causal que nos rodea. Además, se puede comprobar empíricamente que quienes creen en el libre albedrío son más eficientes. Al leer su ardua defensa de que el libre albedrío es una ilusión muy útil y reconfortante, uno acaba preguntándose si, a partir de estas premisas, lo mejor sería más bien optar por el silencio: ¿para qué revelar que estamos atados a una cadena causal determinista si la ilusión es tan benéfica? La única ventaja que obtenemos al disipar la ilusión —según Wegner— es la paz mental que supuestamente nos invade cuando aceptamos resignadamente nuestro sometimiento al determinismo, en lugar de luchar denodadamente por el control. Esta alternativa, propia por ejemplo del budismo zen, se propone renunciar a nuestra pretensión de controlar intencionalmente la cadena causal. Pero en seguida Wegner se percata de que acaso no sea posible renunciar intencionalmente a la ilusión de intencionalidad. Ha caído en una curiosa contradicción.[26]

Aquí ocurre algo similar a lo que sucede en la física cuántica: Heisenberg explicó que el proceso mismo de observar la velocidad y la posición de un electrón lo perturba de tal

---

[26] En un libro confuso sobre la libertad el filósofo Daniel Dennett es muy contradictorio también. Por un lado aprueba con entusiasmo las ideas básicas de Wegner sobre el libre albedrío; pero por otro lado está en desacuerdo sobre la táctica en la exposición del problema. Dennett cree que hay que decir que la libertad no es una ilusión y al mismo tiempo aprueba todos los supuestos que apoya Wegner. El acuerdo básico estaría en el hecho de que ambos creen que las acciones morales y responsables son reales. Es decir, cree en los efectos reales de la creencia en una ilusión. La libertad sería como la religión: es falsa pero produce resultados reales benéficos (*Freedom evolves*, pp. 224 y ss. y 305). Otro libro más reciente, en la línea de Wegner, expone la idea de que el yo es una ilusión y cae en las mismas trampas (Bruce Hood, *The illusion: how the social brain creates identity*).

forma que se producen inevitablemente errores de medición. De la misma manera, el acto voluntario de explicar que el libre albedrío es una ilusión perturba inevitablemente los resultados de la investigación: si el acto es efectivamente libre y consciente, se contradice la conclusión según la cual el libre albedrío es una ilusión. Si el acto de investigar está sujeto a una cadena causal determinista, nada garantiza que la conclusión corresponde a la realidad, pues sería igualmente funcional un resultado que mostrase que el libre albedrío es una realidad y que el determinismo es una ilusión.

Los lectores pueden intuir que hay algo sospechosamente viciado en estas afirmaciones. Y sin embargo la idea de que la conciencia puede voluntariamente tomar decisiones que producen actos es rechazada por muchos psicólogos y neurocientíficos. Si la conciencia es definida como un proceso que ocurre exclusivamente en el interior del cerebro, se llega casi irremediablemente a un enfoque mecánico determinista. Toda idea contraria a este enfoque suele ser calificada de metafísica y cartesiana. Yo creo, a pesar de todo, que hay explicaciones claramente materialistas y no metafísicas que permiten comprender que la autoconciencia es un proceso que no ocurre totalmente dentro del cerebro y que se entiende mejor si la ubicamos en un contexto más amplio, que incluye el contorno social y cultural. Y, sobre todo, avanzamos más si prestamos atención a lo que decía Spinoza: la libertad está basada en el *conatus*, el esfuerzo o la tendencia que impulsa a los humanos a razonar y a entender que son autoconscientes.

II. UN EXPERIMENTO CON LA LIBERTAD

Es UNA curiosa paradoja que el neurofisiólogo cuyos experimentos son los más citados para sustentar las tesis deterministas haya creído en la existencia del libre albedrío. Benjamin Libet (1916-2007) fue un científico que en los Estados Unidos se había dado a conocer en los años setenta del siglo xx por unos experimentos que mostraban que, aun cuando una sensación táctil tarda medio segundo en ser reportada conscientemente por la persona, subjetivamente la percibe como si hubiese llegado exactamente en el mismo instante. Más tarde Libet instaló en su laboratorio instrumentos de registro muy precisos con el objeto de medir el tiempo transcurrido entre el momento en que una persona decide actuar (por ejemplo, mover un dedo) y el instante en que realmente lo hace. Registró con un electroencefalógrafo la actividad de la corteza cerebral, y con un osciloscopio cronometró cada acontecimiento. Hay que señalar que unos diez años antes dos investigadores alemanes de la Universidad de Friburgo —H. H. Kornhuber y L. Deeke— habían descubierto lo que llamaron el *Bereitschaftspotential*, que es el potencial de preparación que aparece en la electroencefalografía momentos antes de que ocurra un movimiento voluntario. El experimento de Libet demostró que este potencial eléctrico de preparación ocurría *antes* de que los sujetos manifestaran su intención de ejecutar una acción, pero que ésta sucedía *después* de haberla decidido conscientemente. Mostró también que una decisión voluntaria podía abortar el movimiento, aun cuando ya se hubiese desencadenado el potencial de preparación. Más concretamente, los experimentos de Libet indicaron que los cambios eléctricos que preparan en el cerebro una acción se inician unos 550 milisegundos *antes* de que ocurra. Los sujetos se percatan de la intención de actuar unos 350 a 400 milisegundos *después* de que se inicia el potencial de preparación, pero 200 milisegundos *antes* de que ocurra la acción motora. Libet llegó a la conclusión de que la acción intencional se inicia inconscientemente. Pero también observó que la conciencia puede controlar el resultado del proceso mediante una especie de poder de veto: podía inhibir los mecanismos que llevan a la acción, aun cuando ya se hubiesen iniciado inconscientemente.[1]

Los experimentos de Libet levantaron una gran polvareda de comentarios. Sus propias conclusiones han sido criticadas duramente por los deterministas, pues afirmó que el libre albedrío era una opción científica tan buena o mejor que su negación. Apoyaba su idea en una cita de Isaac Bashevis Singer: "el mayor don que ha recibido la humanidad es el libre albedrío. Es verdad que nuestro uso del libre albedrío es limitado. Pero el poco libre albedrío que tenemos es un don tan enorme y su valor potencial tan grande que por ello mismo vale la pena vivir".[2] Los deterministas exaltaron el resultado de los experimentos que mostraron que el acto voluntario se inicia inconscientemente, pero rechazaron la posibilidad de que la conciencia pudiese interrumpir el proceso. Libet creyó que podía existir un "campo mental consciente" capaz de actuar sin conexiones neuronales que funcionasen como mediadoras.[3] Seguramente se inspiró en las ideas de Karl Popper, que poco antes de su muerte definió la mente como un "campo de fuerzas", en unas reflexiones expuestas en 1992.[4] El problema radica, desde luego, en suponer una actividad humana que no tenga ningún soporte neuronal. Si se acepta esta idea se abre la puerta al dualismo y a misteriosas instancias no materiales capaces de mover al cuerpo. En este caso no estaríamos muy lejos de imaginar al alma inmortal moviendo al cuerpo por medio de la glándula pineal, como propuso Descartes.

El determinismo, por su parte, también abre la puerta a algunos demonios. Por ejemplo: si no existe una voluntad que actúa libremente entonces podríamos tener una excusa para cualquier comportamiento inmoral, pues siempre es po-

[1] Véanse las reflexiones de Libet muchos años después de sus experimentos: "Do we have free will?"
[2] *Ibid.*, p. 57. La cita de Singer procede de una entrevista que le hizo H. Flender en 1968, publicada en *Writers at work*, ed. de G. Plimton, Penguin Books, Nueva York, 1981.
[3] *Ibid.*, p. 56.
[4] K. R. Popper, B. I. B. Lindahl y P. Århem, "A discussion of the mind-brain problem".

sible decir que la falta no la comete un individuo conscientemente, sino que viene de algún proceso mecánico incontrola-
ble, de alguna causa genética o desequilibrio bioquímico. Una
escapatoria fácil ante este problema consiste simplemente en
postular que el sentido moral no es más que un dispositivo
cerebral, un conjunto de circuitos neuronales engarzados a
partir de piezas más antiguas del cerebro de los primates y
configurados por la selección natural para realizar su trabajo,
según lo ha expresado Steven Pinker.[5] Desde este punto de vista, si el dispositivo funciona mal, la causa no se encuentra en
el ejercicio del libre albedrío (en la "voluntad"), sino en el módulo cerebral de una persona, a la cual no obstante se puede
achacar la responsabilidad de sus actos. En este caso la culpa
no recae en el alma o la conciencia sino en un mecanismo in-
serto en una red determinista de causas y efectos. La persona
culpable que lleva empotrado el módulo igual merece un castigo o un tratamiento especial (psiquiátrico). Sobre estos problemas volveré más adelante.

Hay un ejemplo que parece indicar que el libre albedrío es
un hecho comprobable científicamente. El trastorno obsesivo-
compulsivo, que ya he mencionado más arriba, implica una
intromisión involuntaria en la conciencia. Una de las formas
más exitosas de combatir esta enfermedad es la llamada terapia cognitiva-conductual, cuyo uso ha logrado que la gente
afectada por este desorden mental aprenda conductas alternativas que suplan la compulsión de, digamos, lavarse las manos
continuamente. Esta terapia implica cuatro pasos: redesig-
nación, reatribución, redirección y revaloración. Ello significa
que el paciente aprende a reconocer el impulso intruso como
efecto de la enfermedad, a entender que ello se debe a un desequilibrio químico, a distraer su atención con una conducta
alternativa y a valorar el síntoma de nueva manera. El psiquiatra Jeffrey Schwartz, a partir de esto, arguye que el tratamiento produce cambios sistemáticos en el metabolismo cerebral de la glucosa como resultado de una serie de decisiones
voluntarias realizadas por el individuo durante el tratamiento.

El psiquiatra le explica al paciente que la urgencia por lavarse las manos proviene de un error en los circuitos neuro-

---

[5] *The blank slate*, cap. 15.

nales que envían una señal falsa, producida probablemente por una excesiva actividad neuronal en las redes que conectan el núcleo caudado con las cortezas orbital y cingulada anterior. Schwartz ha mostrado que la terapia cognitiva-conductual genera nuevos circuitos cerebrales gracias al ejercicio de la voluntad.[6] Para explicar esta situación acude a la noción de "fuerza mental", similar a la definición de la mente como un "campo de fuerzas" *(force field)* sugerido por Popper. Este psiquiatra concluye con una hipótesis, al señalar que la fuerza mental "es una fuerza física genuina generada por un esfuerzo mental real".[7] También se ha comprobado que los placebos producen efectos físicos, lo que es un argumento que se agrega a la propuesta de que la mente de una persona puede ejercer una influencia en su cuerpo, aunque en este caso ha sido engañada al recibir un sustituto inocuo de un fármaco.

Esta argumentación no ha convencido a los deterministas, quienes siguen viendo en este ejemplo la propuesta camuflada de una interpretación dualista que acepta que algo "mental" (no físico) puede ejercer influencia en la maquinaria física del cerebro.[8] Para ellos la volición es una mera acción

---

[6] Jeffrey M. Schwartz, "A role for volition and attention in the generation of new brain circuitry: towards a neurobiology of mental force".

[7] *Ibid.*, p. 131. Otro ejemplo que parece comprobar el poder de la voluntad consciente es el sistema de neurorretroalimentación de imágenes obtenidas por medio de resonancia magnética funcional *(real-time fMRI neurofeedback)*. El sistema consiste en localizar un área del cerebro, obtener imágenes de ella, modificarlas por computadora para transmitirlas a una pantalla que la misma persona que está siendo examinada puede ver. Se trata de exponer en vivo a una persona a sus propios patrones de actividad cerebral con el objeto de que pueda modificar voluntariamente procesos cognitivos indeseables o dañinos. Se ha aplicado con éxito en casos de dolor crónico (véase Heather Chapin, Epifanio Bagarinao y Sean Mackey, "Real-time fMRI applied to pain management"). El sistema es similar al que se ha usado en primates y en personas tetrapléjicas con electrodos implantados en el cerebro, y que pueden aprender a controlar mentalmente una conexión cerebro-máquina para mover a distancia un brazo robot.

[8] Véase por ejemplo Thomas W. Clark, "Fear of mechanism: a compatibilist critique of the 'volitional brain'". Véase otra interesante interpretación compatibilista en José Luis Díaz, "El cerebro moral, la voluntad y la neuroética", donde se explica que, en el proceso de tomar decisiones, hay un momento, difícil de precisar, en el que ocurre un estado de volición y de autoconciencia que debe tener un correlato nervioso que aún no se conoce. Para él, determinismo y libre albedrío son compatibles: hay un proceso neuro-

cerebral explicable mediante los mecanismos deterministas que postulan las ciencias físicas y que se expresan en las funciones neuronales. Pero los deterministas no han logrado, a partir de este postulado, agregar nada a la comprensión de la conciencia, el libre albedrío o las decisiones éticas. Es cierto que aceptar la existencia de una "mente no física" es una violación de las leyes físicas. Pero afirmar que la mente tiene un carácter físico no ayuda en nada a explicar el funcionamiento de los procesos subyacentes a la toma de decisiones. Sería como pretender que la naturaleza física de una institución social o política contribuye a entender sus funciones. El filósofo John Searle se ha esforzado por explicar cómo puede haber una clase de hechos objetivos que sólo existen debido a que creemos en ellos, como el dinero, la familia, los impuestos, la propiedad o las universidades. La base de estos hechos sociales es la conciencia, el lenguaje y la racionalidad, dice Searle, y a continuación afirma que todo ello es la expresión de una más fundamental biología subyacente.[9] También ha sostenido que las diferentes culturas "son formas diferentes en que se manifiesta una subestructura biológica subyacente".[10] Tiene toda la razón en afirmar que no hay una oposición entre biología y cultura, como tampoco la hay entre cuerpo y mente. Pero se equivoca cuando concluye que la cultura es la forma que adopta la biología. Me parece que se trata de una manifestación del viejo reduccionismo que aplasta a la sociedad en las neuronas, para después colapsar la biología en la química y a esta última en la física.[11]

Admitir la existencia de una "fuerza mental" tampoco nos ayuda mucho. ¿Qué clase de fuerza es? ¿Qué características tiene? Aparentemente se trata de una interacción que no tiene que ver con la mecánica newtoniana o la cuántica, ni parece entenderse como relacionada con la mecánica molecular

fisiológico que alcanza la capacidad de autorregulación y dirección gracias a su complejidad.

[9] John R. Searle, *Freedom and neurobiology*, p. 12. Véase una aguda crítica al reduccionismo de Searle en Douglas Hofstadter, *I am a strange loop*, pp. 28-31.

[10] John R. Searle, *The construction of social reality*, p. 227.

[11] Véase una crítica a este reduccionismo en Steven Rose, *Lifelines. Biology beyond determinism*.

que estudian los químicos. Además, podemos comprender que el comportamiento de las neuronas difícilmente puede calificarse como "libre" o "determinado", de la misma forma que carece de sentido afirmar que las partículas individuales son sólidas, líquidas o gaseosas. Dichos estados son propiedades del conjunto de partículas. El estado libre o determinado sólo tiene sentido en el sistema o conjunto formado por el cerebro y su contorno. Lo que debemos estudiar es si, en el conjunto, pueden coexistir la determinación y la libertad sin que por ello caigamos en el dualismo cartesiano y nos veamos obligados a ligar el libre albedrío con la presencia de misteriosas fuerzas metafísicas (o físicas, de una naturaleza indefinida).

La libertad no se puede entender si la conciencia es encerrada en el cerebro. Cuando muchos neurocientíficos se empecinan en rechazar esta idea, condenan sus investigaciones y sus reflexiones a quedar cautivas de un círculo vicioso, en el cual el libre albedrío no es más que una ilusión creada por el cerebro, un mero epifenómeno acaso necesario o útil pero carente de poder causal. Esta idea nos deja sin una explicación del libre albedrío, que entonces puede ser sólo visto como una expresión política dotada de una enorme aura filosófica y literaria, pero que no sería más que un eslabón en una cadena determinista alojada en el cerebro de los humanos. Si, en contraste, ampliamos nuestra perspectiva y entendemos a la conciencia como un conjunto de redes cerebrales y exocerebrales podemos descubrir facetas y procesos que una visión estrecha es incapaz de entender.

Quiero esbozar algunas facetas que pueden descubrirse si ampliamos nuestra perspectiva. En primer lugar, como ya lo había intuido Spinoza, hay que reconocer que el libre albedrío es un bien escaso. Con esto quiero decir que no todos los actos humanos son fruto de la libertad: solamente una pequeña parte de la actividad humana se escapa de los mecanismos deterministas. Lo importante aquí es subrayar que sí son posibles los actos libres y que una fracción de lo que hacemos forma parte de un espacio social donde la voluntad consciente es un elemento causal importante. Esta voluntad consciente no se puede reducir a una escala neuronal (o molecular) ni al nivel de los pequeños actos (como mover un dedo) que han estudiado algunos neurocientíficos. La podremos entender solamente como parte de un sistema, al nivel de las interacciones sociales y culturales, en las cuales por supuesto intervienen las redes neuronales de los individuos implicados. La voluntad consciente sería una propiedad o una condición del sistema de redes cerebrales y exocerebrales. Por último, para redondear este esbozo, quiero afirmar que el proceso de elegir libre y conscientemente no es instantáneo: puede durar horas y días. Si lo descomponemos en una serie de microdecisiones instantáneas perderemos la imagen de conjunto. En el caso de experimentos como los de Libet, podemos comprender que la decisión de moverse se inició en realidad en el momento en que las personas estudiadas aceptaron participar voluntariamente en las pruebas.[12] El filósofo Shaun Gallagher ha dicho con razón: "la acción libremente decidida es algo que se realiza en el mundo, entre las cosas que busco y la gente que afecto, en situaciones que motivan una reflexión integrada".[13]

Es necesario, por tanto, colocar el problema del libre albedrío a un nivel más alto de complejidad, sin por ello olvidar que subyacen estructuras neuronales, químicas y físicas. Ciertamente, elevar el nivel de complejidad al introducir las estructuras sociales y culturales no resuelve el problema: lo coloca en un contexto en que es posible realizar investigaciones más fructíferas. Pero hay que reconocer que las cosas se complican, aparentemente, pues al aceptar que la conciencia también es un fenómeno exocerebral se introducen nuevas variables, la más importante de las cuales es la red de procesos simbólicos sin los que una voluntad consciente no puede existir. El problema se complica para quienes quieren abordar el tema de la conciencia solamente desde la neurología, y suponen erróneamente que la introducción de variables exocerebrales es como abrir la puerta a la metafísica. La red de procesos simbólicos exocerebrales no es un fenómeno metafísico,

[12] Véanse al respecto Lüder Deeke y Hans Helmut Kornhuber, "Human freedom, reasoned will, and the brain: the bereitschafts potential"; Alfred R. Mele, "Decision, intentions, urges, and free will: why Libet has not shown what he says he has".

[13] Shaun Gallagher, "Where's the action? Epiphenomenalism and the problem of free will", p. 123. Este autor sostiene que los resultados del experimento de Libet no muestran si tenemos o no libre albedrío, pues este concepto no se aplica a los movimientos estudiados en el laboratorio.

sino una sólida realidad fincada en la materialidad del mundo, pero que no puede ser reducida a explicaciones bioquímicas y físicas. El estudio de la interacción entre las redes neuronales y las simbólicas nos enfrenta a una situación más compleja, pero puede facilitar —no complicar— el entendimiento de los mecanismos mentales del libre albedrío.

Quiero poner un ejemplo de lo que puede significar la reducción de la voluntad a los mecanismos cerebrales. El neurólogo Mark Hallett sostiene que el libre albedrío no es una fuerza que determina el movimiento.[14] El proceso que desencadena los movimientos —según Hallett— ocurre de manera subconsciente y la sensación de voluntad surge después de iniciado el movimiento. Hallett concluye que el movimiento es iniciado probablemente en el área motora media bajo la influencia de las áreas prefrontal y límbica. La orden de moverse va a la corteza motora primaria y culmina con descargas en el área parietal. Esta última área mantiene vínculos bilaterales relativamente constantes con el área frontal, y es probable que intervenga también la ínsula. Es en el seno de esta red neuronal que se genera la percepción de que el movimiento es fruto de la voluntad. Así, son los mecanismos motores del cerebro los que generan la sensación de que hay decisiones libres que provocan el movimiento. Para terminar se pregunta si las personas son responsables de su conducta, al no ser el libre albedrío la fuerza motriz del movimiento. Dice que parece un problema difícil, pero que en realidad no lo es. La solución es sencilla: "el cerebro de una persona es completa y claramente responsable, y siempre responsable, de la conducta de esa persona". La conducta, cree Hallett, es un producto de la experiencia y de la genética de una persona. En los circuitos neuronales funcionan los mecanismos que ocasionan el movimiento, albergan experiencias, perciben sensaciones, ge-

---

[14] Marc Hallett, "Volitional control of movement: the psychology of free will". Ideas similares las ha popularizado David Eagleman, un neurocientífico que escribe para el amplio público. Cree que los estudios sobre el cerebro nos han destronado del lugar que creíamos ocupar en el centro de nosotros mismos; la conciencia ha sido destronada, pero lejos de parecerle deprimente ello le parece mágico. No hay una mente consciente que dirija la nave ni hay ninguna prueba que demuestre que existe el libre albedrío, según Eagleman (*Incognito. The secret lives of the brain*, pp. 169, 193 y 224).

neran emociones y producen impulsos homeostáticos. Allí no hay libre albedrío.

Así pues, sí hay un inocente y un culpable de nuestras acciones: el cerebro. Este neurólogo llega a una conclusión sintomática: la conducta de una persona es influenciada por intervenciones externas, como el premio y el castigo. Reconoce que hay decisiones sociales que pueden corregir la conducta que emana de los cerebros de las personas (cuya fuerza de voluntad no es más que una percepción). Si seguimos la lógica de su argumentación, estaríamos ante una regresión casi infinita: los premios y los castigos serían sólo las aparentes decisiones libres de una multitud de cerebros asociados que responden a las determinaciones de las redes neuronales de cada uno.

No estamos obligados a seguir la lógica conductista. Podemos explorar otros caminos, como los que he señalado y que nos llevan a examinar la relación entre las redes neuronales y su entorno sociocultural. El ejemplo que acabo de examinar brevemente —sobre los castigos y las recompensas— nos lleva directamente al problema de la moral, que es el tema del capítulo siguiente.

III. EL CEREBRO MORAL

LAS PERSONAS se enfrentan continuamente a la necesidad de tomar decisiones morales y a actuar de acuerdo a ellas. Algunos psicólogos sostienen la idea de que en los humanos existe un módulo cerebral innato responsable del proceso inconsciente y automático que genera juicios sobre lo justo y lo incorrecto. Es una transferencia al terreno de la ética de los postulados de Noam Chomsky sobre la existencia de una gramática generativa alojada en los circuitos neuronales.[1] De la misma manera, habría una gramática moral, una especie de instinto alojado en el cerebro que, a partir de principios inconscientes e inaccesibles, generaría juicios sobre lo permisible, lo prohibido, lo inequitativo y lo correcto. Desde luego el instinto (o la facultad) moral generaría en cada contexto cultural diferentes reglas y costumbres, de la misma manera en que se supone que el módulo cerebral del lenguaje genera diferentes lenguas en los individuos de acuerdo al lugar donde nacen y crecen. Pero el módulo impondría una misma estructura gramatical en todos los casos.

Un libro de Marc Hauser, profesor de psicología en la Universidad de Harvard, ha popularizado esta interpretación.[2] El instinto moral, sostiene, se ha desarrollado a lo largo de la evolución y se manifiesta en las intuiciones más que en los razonamientos que hacen los hombres. Estos instintos le dan color a nuestras percepciones y restringen los juicios morales. Sin embargo, Hauser no señala con precisión cuáles son los principios morales universales que están alojados en el órga-

[1] Con toda razón el filósofo Hilary Putnam ironizó sobre las ideas de Chomsky: "Decir que 'la gramática universal en el cerebro' genera el 'componente semántico' cuando los valores de ciertos parámetros han sido 'adecuadamente fijados por el ambiente' es como decir que ¡no sabemos qué es lo que no sabemos cuándo no sabemos qué ha pasado!" (*The threefold cord: mind, body, and world*, p. 124).

[2] Marc D. Hauser, *Moral minds. How nature designed our universal sense of right and wrong*.

no moral de nuestro cerebro, acaso debido a que cree que estos principios, "escondidos en la biblioteca de conocimientos
inconscientes de la mente, son inaccesibles".[3] Sin embargo, en
alguna ocasión ejemplifica lo que sería un principio universal.
En los Estados Unidos, dice, el infanticidio es considerado un
acto de barbarie. En contraste, entre los esquimales —y en
otras culturas— el infanticidio es moralmente permisible
y justificable en razón de la gran escasez de recursos. Parece-
ría que hay aquí principios morales encontrados. Pero Hauser
explica que en realidad tanto esquimales como estadouniden-
ses parten del mismo principio universal: la obligación de cuidar a los niños. Lo que varía en las diversas culturas son las
excepciones a la regla. Su conclusión es simple: "nuestra facultad moral está equipada de un conjunto de reglas universales, y cada cultura establece excepciones particulares a estas
reglas".[4] Tengo mis dudas de que el cuidado de las crías sea un
principio moral. De serlo, habría que considerar también la
búsqueda de alimentos o el huir de los predadores peligrosos
como principios morales, que además de ser universales entre
los humanos, los compartimos con una infinidad de animales.
En otros pasajes del libro menciona algunas prohibiciones,
como la inequidad, la infidelidad, el incesto, el asesinato
y causar dolor, pero no queda claro si considera que son principios universales que podrían dar lugar a excepciones en las
distintas culturas. El argumento general de Hauser consiste
en establecer que la moralidad está basada o enraizada en la
biología. Por ello sostiene que estamos dotados de una gramática moral universal, lo que quiere decir que han evolucionado
en nosotros "principios generales pero abstractos para decidir
qué acciones son prohibidas, permisibles u obligatorias. Estos principios carecen de contenido específico".[5] Los principios abstractos innatos no nos dictan qué actos son permisibles a menos que la cultura y la educación les proporcionen
contenido y decidan las excepciones. Aparentemente el módulo moral no influiría directamente en los individuos, sino
solamente por mediación de la cultura. Pero el libro está lleno de ejemplos sobre las "intuiciones" individuales que apa-

[3] *Ibid.*, p. 2.
[4] *Ibid.*, p. 44.
[5] *Ibid.*, p. 420.

rentemente serían ocasionadas por el funcionamiento de la facultad moral innata.

La obligación de cuidar a los niños (suponiendo que sea una regla moral) es un imperativo al que ciertamente se le pueden adosar excepciones. Lo mismo sucede con los principios que prohíben matar o robar. Veamos un ejemplo usado por Hauser. Se trata, como casi todos sus ejemplos, de una situación imaginaria (y un tanto absurda). En una nación occidental moderna cualquier persona se sentiría ofendida si un comprador le ofreciese mil dólares por cada uno de sus hijos. ¿Qué pensaría si le ofreciese un millón de dólares? ¿Cómo reaccionaría si le quisieran pagar mil millones de dólares o cualquier suma exorbitante? Aquellos que cayesen en la tentación tendrían un fuerte sentimiento de culpa. Hauser se pregunta: ¿qué nos ofende de una situación semejante? Si le preguntásemos a la gente no lo sabrían explicar; simplemente hay tabúes que prohíben que ciertas cosas entren en el mercado. No creo que sea así: las personas seguramente darían muchas explicaciones sobre los motivos por los cuales la compraventa de seres humanos y la esclavitud están prohibidas. Cada cultura —afirma Hauser— "tiene la libertad de decidir qué artículos entran en el comercio legítimo y cuáles están fuera de los límites". Y agrega: "continuando con la analogía lingüística, yo diría que cada cultura tiene un principio de equidad en referencia a los intercambios, con un parámetro que establece la cultura local sobre los bienes intercambiables".[6] El problema es que, supuestamente, las personas no tienen acceso a los principios subyacentes que generan sus juicios y responden a las prohibiciones como si fueran tabúes... Pero el astuto psicólogo sí sabe que hay principios subyacentes, lo cual le permite razonar conscientemente sobre algo que —de cualquier manera— ya se encuentra inscrito en el módulo moral de su propio cerebro. Lo que no queda claro es cómo sabe el psicólogo que la equidad está grabada en sus redes

[6] *Ibid.*, p. 158. Cuando escribí esta crítica a las ideas de Mark D. Hauser no sabía que este profesor había sido investigado en la Universidad de Harvard por "mala conducta académica". Después de tres años de escrutinio se comprobó que había inventado datos publicados en sus artículos científicos. En consecuencia, debido a su conducta inmoral, en 2010 tuvo que abandonar la universidad.

neuronales y que no procede en realidad de haber leído las obras de John Rawls.

Se supone que la facultad moral inscrita en el cerebro es un producto de la evolución. Esta afirmación se conecta con la famosa tesis determinista de David Hume según la cual la razón es la esclava de las pasiones y no puede hacer otra cosa más que servirlas y obedecerlas. Ello significa que el sentido moral es análogo a los sentidos físicos, que son frutos de la evolución biológica. Pero Hauser se aleja de la tesis de Hume para defender los principios morales de la tradición ilustrada que desciende de Kant, los cuales encarnan en Rawls. Su modelo es una curiosa mezcla de Rawls y Chomsky, en el que se injerta la facultad moral innata en el proceso racional de analizar las causas y las consecuencias. La amalgama del análisis racional con el módulo innato de principios morales proviene de la comparación que hizo el propio Rawls entre la formación de un sentido de la justicia y el sentido de gramaticalidad estudiado por Chomsky (que nos permite reconocer en nuestra lengua las frases bien formadas).[7] Sin embargo, la fusión de Rawls con las interpretaciones modulares deterministas es algo completamente forzado y que se explica solamente por la intención de introducir la ética liberal en un esquema que obviamente le es hostil.

Algo similar hizo Steven Pinker, que es el inspirador de las tesis de Hauser.[8] El sentido moral sería un producto del altruismo recíproco inscrito en un proceso evolutivo natural, cuya expansión sería estimulada por las interacciones personales y el intercambio cultural entre la gente. Estos factores habrían provocado la ampliación de las redes de reciprocidad que acabó en el respeto a los otros humanos vistos como seres más valiosos vivos que muertos, lo cual supuestamente estaría inscrito en el módulo moral. La conclusión de Pinker es la si-

---

[7] John Rawls, *A theory of justice*, p. 47. Véase una buena crítica a las ideas de Hauser en Patricia Churchland, *Braintrust*, pp. 104 y ss. Hay una motivación política en la insistencia de Chomsky en afirmar la existencia de estructuras mentales innatas; si no las hubiese, dijo en una entrevista de 1969, habría quienes quisiesen controlar esa plasticidad o ese azar para moldear la conducta por medio de la autoridad estatal, la tecnología behaviorista o cualquier otro medio ("Linguistics and politics").

[8] Steven Pinker, *The blank slate*.

guiente: "El sentido moral es un dispositivo, como la visión en estéreo o las intuiciones sobre los números. Es un ensamblaje de circuitos neuronales engarzados a partir de piezas más antiguas del cerebro de los primates y configurados por la selección natural para realizar un trabajo".[9] Desde luego, no hay ninguna prueba científica de que estos módulos morales existan. El genetista H. Allen Orr ha observado que la propuesta de Pinker es ridícula:

> La noción de que nuestro círculo moral se expandió por la reciprocidad es en muchos casos un sinsentido ahistórico. Los hombres han tenido abundante interacción personal con las mujeres al mismo tiempo que las condenaron a una ciudadanía de segunda clase. Y los sureños esclavistas tuvieron más "intercambio cultural" y más actividades de "persona a persona" con los afroamericanos que los norteños abolicionistas. ¿En qué momento de la historia nuestras "redes de reciprocidad" con mujeres y esclavos se volvieron suficientemente densas como para que el cálculo de reciprocidad exigiese que les diésemos el voto y la libertad? La pregunta es absurda.[10]

Pinker aceptó en una réplica que, además de los mecanismos de reciprocidad, se debían de tomar en cuenta la "sensibilidad universalista" y las "restricciones de la argumentación racional".[11]

He citado los argumentos de Hauser y Pinker para mostrar una faceta diferente del problema del libre albedrío. Para

---

[9] *Ibid.*, cap. 15. Este libro, tras la defensa de la idea de que no hay una tabla rasa originaria, cosa evidente, impulsa la idea chomskiana sobre la presencia de módulos en el cerebro. La existencia de capacidades heredadas se puede comprobar, por ejemplo, en lo que Stanislas Deheane llamó el "sentido numérico", una capacidad compartida con algunos animales de tener una percepción rápida del número aproximado de objetos (véase su libro *The number sense*). La idea de las tendencias morales innatas inscritas en el cerebro ha sido llevada al extremo de, por ejemplo, suponer seis módulos básicos, cada uno responsable de una dualidad de valores: cuidado/daño, libertad/opresión, justicia/engaño, lealtad/traición, autoridad/subversión y santidad/degradación (Jonathan Haidt, *The righteous mind: why good people are divided by politics and religion*).

[10] H. Allen Orr, "Darwinian storytelling", p. 20.

[11] "The blank slate: an exchange", p. 48.

ellos las decisiones se encuentran inscritas en el funcionamiento de un módulo moral innato, que es una especie de
programa neurológico que realiza tareas específicas. Podemos
reconocer en esta explicación la gran influencia de la informática y de la cibernética. Los mecanismos del módulo restringen los grados de libertad de los individuos enfrentados a la
tarea de tomar decisiones ante disyuntivas morales. Quiero
poner otro ejemplo de este tipo de explicaciones, aunque en
este caso el modelo se refiere a la manera en que el cerebro
conoce e interioriza las virtudes morales. Paul Churchland di-
señó una teoría sobre la manera en que funciona el conocimiento moral. Según él, la red neuronal incorpora habilidades
a partir del ingreso de información moral. La capacidad de
discernimiento reside en una intrincada matriz de conexiones
sinápticas que aloja categorías y subcategorías referidas a situaciones específicas como "mentira", "traición", "robo", "tor-
tura", "asesinato", etc. En esta matriz hay un conjunto adquirido de prototipos morales que forman una estructura,
una especie de mapa que nos permite navegar con eficacia por
un mundo social que exige constantemente decisiones éticas.[12] Todo ocurre en el *hardware* biológico del cerebro, y que
Churchland define como un masivo procesador vectorial para-
lelo. Esta imagen proviene en gran medida de los estudios co-
nexionistas realizados en modelos de inteligencia artificial.
Sólo la investigación neurobiológica podrá probar o refutar
esta explicación.[13] Lo que me interesa destacar es que aquí no
se asume la existencia de reglas innatas inscritas en módulos.
Por el contrario, la experiencia moral va construyendo una
gran diversidad de prototipos; estos prototipos codifican los
conocimientos adquiridos en puntos del espacio neuronal,
cada uno dotado de tantas dimensiones como características
posibles tenga. En estos vectores neuronales no pueden fijarse

---

[12] Paul Churchland, "Toward a cognitive neurobiology of moral virtues".

[13] Hay una interesante aplicación del modelo informático a los procesos
de la conciencia hecha recientemente por Daniel Bor. Este neurocientífico
afirma que es posible que en el futuro se desarrolle la conciencia artificial.
Para Bor el cerebro es una especie de computadora que funciona de manera
muy parecida a sus primas cercanas, las máquinas electrónicas que procesan
información, por lo que es lógico que éstas desarrollen formas de conciencia
similares a las humanas *(The ravenous brain)*.

reglas o principios morales: lo que hay es una multitud de prototipos.

Este modelo adolece —lo mismo que la teoría de los módulos innatos— de un defecto: no toma en cuenta la estructura y las peculiaridades del flujo de información moral externa. El lenguaje aquí es el sistema traductor de las experiencias sociales a otra lengua interior, que es una especie de neuroñol o neuralés con que presuntamente opera el gigantesco procesador vectorial que codifica prototipos éticos. El defecto consiste, como lo señaló Andy Clark, en que el lenguaje es también un complemento que aumenta el poder computacional del cerebro mediante signos, palabras y etiquetas. El lenguaje público, dijo Clark, es un reservorio de recodificaciones útiles que se han acumulado en un lento y doloroso proceso cultural de ensayos y errores, y que reduce patrones demasiado complejos y cognitivamente invisibles a pautas regulares y reconocibles que permiten que el cerebro realice una exploración moral más profunda del espacio moral. Inspirado en las ideas del lingüista Lev Vygotsky, Clark se refirió a todo esto como el "andamiaje externo" de la cognición humana.[14] Paul Churchland recibió muy bien esta crítica y aceptó que una parte de la maquinaria cognitiva se encuentra fuera del cerebro, en el andamiaje discursivo que estructura al mundo social, y que consiste en diagramas dibujados, cálculos aritméticos escritos, argumentos hablados e impresos, instrumentos de manipulación o medida y prótesis cognitivas.[15] Pero los andamios son estructuras de apoyo provisionales que, una vez logrado el objetivo, se desmantelan y retiran. Es mucho más útil la metáfora de la prótesis o, mejor, de un exocerebro permanente sin el cual las redes neuronales de los humanos no pueden funcionar correctamente.

Tanto si el cerebro es visto como un procesador vectorial que interioriza flujos de información moral con ayuda de andamios sociales, como si se considera que alberga módulos innatos responsables de un flujo generativo que desemboca en la sociedad, en ambos casos las operaciones morales se en-

---

[14] Andy Clark, "Word and action: reconciling rules and know-how in moral cognition".

[15] Paul Churchland, "Rules, know-how, and the future of moral cognition".

cuentran localizadas en las redes neuronales. La diferencia radica en que en el primer caso la maquinaria computacional innata asimila reglas externas bajo la forma de prototipos y en el segundo caso los módulos contienen principios innatos generativos. A ambas interpretaciones se les escapa el hecho de que el proceso de tomar decisiones no sucede solamente dentro de la cabeza, sino que ocurre en la relación permanente entre el cerebro y su contorno sociocultural. El contorno no es únicamente la fuente que nutre el proceso de aprendizaje ni es tampoco el contexto receptor que adapta los flujos generativos de los módulos neuronales. Una parte sustancial de este contorno está indisolublemente unida a la red neuronal, de la misma manera en que el biólogo Jakob von Uexküll definía el *Umwelt*, el universo subjetivo de un organismo donde cada componente tiene para él un significado funcional. El organismo opera con un conjunto de signos receptores y efectores que lo ligan a su propio *Umwelt*.[16] También el antropólogo Gregory Bateson comprendió, en sus reflexiones sobre lo que llamó una "ecología de la mente", que la conciencia es parte de un sistema amplio que incluye el entorno social y el medio natural que rodean al individuo. Sus reflexiones son muy estimulantes, pero están excesivamente condicionadas por una concepción cibernética de los procesos que vinculan al yo con el mundo exterior. Bateson enmarca la conciencia en un sistema homeostático y cibernético. Reconoce que la conciencia puede ser un elemento causal que retroalimenta las redes del sistema autorregulado del que forma parte. Sugiere que la verdadera naturaleza cibernética del yo y del mundo tiende a no ser percibida por la conciencia. Estamos ciegos y no vemos la circularidad cibernética del yo y del mundo. Sin embargo, las interpretaciones cibernéticas de los procesos mentales y cerebrales, muy populares hace unas décadas, no desembocaron en resultados muy iluminadores.[17]

---

[16] Jakob von Uexküll, "A stroll through the worlds of animals and men". Véase también cómo Ernst Cassirer se basa en Uexküll para presentar su idea del hombre como animal simbólico (*Antropología filosófica*, cap. II).

[17] Gregory Bateson, *Steps to an ecology of mind*, especialmente el ensayo "Effects of conscious purpose on human adaptations" [1968]. Una propuesta teórica más general sobre los vínculos que ligan el cerebro con los espacios culturales ha sido planteada por el antropólogo Stephen P. Reyna en su libro

Debemos abrir una nueva puerta para entender el problema del libre albedrío. Hay decisiones que se toman en los circuitos híbridos de la conciencia, que incluyen en una misma red al cerebro y al exocerebro; aquí hay un espacio para el libre albedrío, y no porque se abra la puerta al azar o al caos, ya que el exocerebro se encuentra enclavado en un mundo social y cultural muy bien estructurado. Lo que es necesario explorar es si la confluencia de factores diferentes, los que se originan en el sistema nervioso y los que vienen del mundo que nos rodea, permite un proceso de libre elección. La manera fácil de escapar del determinismo que entiende a la libertad como una ilusión consiste simplemente en negar la influencia de factores biológicos en las decisiones, para postular que son las instancias sociales, culturales y políticas las que, en todo caso, deciden si hay o no libertad. Aquí también oscilaríamos entre tesis deterministas y libertarias, pero los parámetros de la discusión quedarían circunscritos (y reducidos) a los procesos sociales. La "naturaleza humana" y la biología no tendrían derecho a tomar la palabra.

Pero no llegaríamos muy lejos en esta huida típica de quienes temen enfrentarse al hecho ineludible de nuestra realidad biológica. No tenemos más remedio que tratar de entender el misterio del libre albedrío a partir de la estrecha conexión entre nuestra constitución biológica y la vida social, entre el cerebro y la cultura.

Connections: brain, mind, and culture in a social anthropology. Reyna supone la existencia de un "sistema neurohermenéutico" interno —un "conector"— que recibiría información del exterior mediante los receptores sensoriales, la procesaría, produciría señales neuronales y enviaría una respuesta a los espacios culturales. A semejanza de las propuestas sobre la existencia de aparatos traductores o de módulos dentro del cerebro, la idea de un sistema neurohermenéutico interno carece de un sustento comprobable.

IV. RAZONES DESENCADENADAS

Hay una afirmación contundente de David Hume, el gran filósofo escocés, que es citada con frecuencia por los deterministas: "la razón es y sólo debe ser la esclava de las pasiones".[1] Hume, en su *Tratado* de 1740, rechaza una teoría de la libertad que no acepte los principios básicos de la causalidad y de la necesidad, pues cree que si los removemos entonces la libertad queda liquidada por el azar. En este contexto establece que la razón por sí sola no es el motivo de ninguna acción, pues para que ello ocurra debe ir acompañada de las pasiones. Ocho años después, en su *Investigación sobre el entendimiento humano*, de 1748, volvió a insistir en el tema determinista: "es universalmente aceptado que nada existe sin una causa para su existencia, y que el azar, cuando es examinado exhaustivamente, es una mera palabra negativa y no significa ningún poder real que posea en ninguna parte un ser en la naturaleza". Y un poco más adelante aclara que la libertad, cuando es opuesta a la necesidad, es idéntica al azar, el cual no existe, pues el azar es entendido por Hume como una situación que no es producida por ninguna causa.[2] Sin embargo, en este contexto científico y empirista, Hume nos dejó una definición de la libertad: "por libertad, pues, sólo podemos entender el poder de actuar o no actuar, de acuerdo a las determinaciones de la voluntad, es decir, si escogemos permanecer quietos, lo podemos hacer; si escogemos movernos, también podemos". Esta libertad —que no significa azar— es univer-

---

[1] *A treatise of human nature*, libro II, parte III, sección III. "Reason is, and ought only to be the slave of the passions, and can never pretend to any other office than to serve and obey them."

[2] *An enquiry concerning human understanding*, sección VIII, parte I, § 74. "It is universally allowed that nothing exists without a cause of its existence, and that chance, when strictly examined, is a mere negative word, and means not any real power which has anywhere a being in nature [...] liberty, when opposed to necessity, not to constraint, is the same thing with chance; which is universally allowed to have no existence."

salmente aceptada como propia de todos aquellos que no son prisioneros, que no están encadenados.[3]

En su *Tratado* ya Hume había usado el tétrico ejemplo de un prisionero para mostrar la interrelación de actos voluntarios con causas naturales. Se refiere a un prisionero condenado a muerte que carece de dinero o de apoyos, y que descubre que es imposible escapar: está atrapado en una cadena causal que incluye tanto la voluntad de sus carceleros como el hierro de las rejas y la piedra de los muros que lo mantienen cautivo. Cuando el prisionero llega al cadalso puede prever con certeza su muerte y su mente recorre la cadena causal: "el rechazo de los soldados a permitir que escape, la acción del verdugo, la separación de la cabeza y el cuerpo, el sangrado, los movimientos convulsivos". Esta macabra descripción le sirve a Hume para concluir que "hay una cadena que conecta causas naturales y acciones voluntarias, pero la mente no siente ninguna diferencia entre ellas al pasar de un eslabón a otro".[4] El hierro de las rejas es tan inflexible como la voluntad de los guardianes. Las causas físicas en la cadena causal tienen el mismo efecto que los actos volitivos. No obstante, Hume reconoció que la libertad de actuar puede cambiar el curso de un proceso, pero no debido a que ella se encuentre fuera del encadenamiento de causas y efectos. Por el contrario, si se entiende a la libertad como una muestra de las "determinaciones de la voluntad", ella es precisamente la base por la que es posible definir la responsabilidad de los actos punibles o premiables de los hombres. Un acto fruto del mero azar, sea maligno o benigno, no permite atribuirle méritos o penas a quien lo ejecuta. Hume acepta que la libertad y la necesidad son compatibles, aunque su explicación es más utilitarista que científica. La libertad es la capacidad de decidir

[3] *Ibid.*, sección VIII, parte I, § 73. "By liberty, then, we can only mean a power of acting or not acting, according to the determinations of the will; this is, if we choose to remain at rest, we may; if we choose to move, we also may. Now this hypothetical liberty is universally allowed to belong to everyone who is not a prisoner and in chains."

[4] *A treatise of human nature*, libro II, parte III, sección I. "The refusal of the soldiers to consent to his escape, the action of the executioner; the separation of the head and body; bleeding, convulsive motions, and death. Here is a connected chain of natural causes and voluntary actions; but the mind feels no difference betwixt them in passing from one link to another."

dentro de una red de causas y efectos. Fuera de esta red la libertad es azar y no existe.

A diferencia de Spinoza, para quien el hombre libre es aquel que vive sólo de acuerdo al dictamen de la razón, Hume está convencido de que la razón sola no puede ser nunca la causa de una acción. La moral no puede basarse únicamente en la razón, que es inerte; se requieren las pasiones para impulsar las acciones morales. Hay que advertir que Hume usa una definición precisa y estrecha de razón: es el descubrimiento de lo verdadero y lo falso; pero la razón es incapaz de determinar lo bueno y lo malo. No quiero discutir aquí las sutilezas de la teoría de Hume sobre las pasiones. Quiero solamente volver al ejemplo de la serie de causas y efectos que encadena al prisionero condenado a muerte. Supongamos que alguno de sus celadores, poseído por una pasión piadosa o generosa, decide dejarlo escapar durante la noche. Aquí interviene una acción voluntaria, motivada por una pasión y acaso acompañada de alguna razón, que modifica la cadena causal imaginada por Hume y que desembocaría necesariamente en el cadalso. El filósofo escocés entrevió esta posibilidad cuando aceptó la existencia de una forma de libertad, pero no exploró sus consecuencias.

Si observamos la lista de pasiones que presenta Hume podemos advertir que muchas de ellas son similares a lo que Antonio Damasio ha llamado "emociones sociales".[5] Si seguimos la argumentación de Hume sobre el orgullo y la humildad, dos pasiones a las que dedica muchas páginas, no tardaremos en comprobar que se encuentran inscritas en una peculiar relación entre el ego *(self)* y la sociedad que lo rodea. Llega a afirmar que lo que más estimula al orgullo es la propiedad, junto con la riqueza que la acompaña. Para Hume la propiedad es una especie particular de causación y no duda en sostener que le da *libertad* al propietario: una libertad de actuar como le plazca sobre el objeto poseído o de gozar de las ventajas que extrae de él.[6] Pero lo que me interesa destacar es el

[5] *The feeling of what happens*, pp. 50-51.

[6] *A treatise of human nature*, libro II, parte I, sección X, "Of property and riches": "If justice, therefore, be a virtue, which has a natural and original influence on the human mind, property may be look'd upon as a particular species of causation; whether we consider the liberty it gives the proprietor

hecho de que muchas de las pasiones que Hume llama indirectas (como la vanidad, el odio, la generosidad, la ambición y la piedad, además del orgullo y la humildad) son claramente emociones sociales, aunque sin duda se encuentran vinculadas a las que llama pasiones "directas" y que son producidas por el dolor o el placer, por el mal o el bien. Damasio agrega los celos, el azoro y la culpa, a las que podríamos sumar el remordimiento, la vergüenza, la indignación o el desprecio. Estas emociones sociales ocurren en los circuitos híbridos de la conciencia, en las redes que unen el cerebro con el exocerebro.

Con este breve paseo por las ideas de Hume he querido mostrar que, aún partiendo de una reflexión sobre la gran importancia de las emociones en la vida moral, no es necesario postular la idea determinista según la cual existiría un sentido moral similar a los sentidos físicos. Contrariamente a lo que algunos han supuesto, Hume no creyó en ese postulado. Para él, el sentido de la justicia no es natural, sino artificial y tiene su origen en la educación y en una serie de convenciones establecidas para regular, por ejemplo, los derechos sobre la propiedad.[7]

Ahora bien, podemos comprender que la educación y las instituciones sociales establecidas no son meras construcciones hechas a partir de impulsos emocionales y de los deseos que éstos provocan. En las convenciones establecidas cristalizan correlaciones de fuerza, negociaciones, pactos y una cierta acumulación de razonamientos y deliberaciones. En el espacio social de las convenciones establecidas no siempre reinan las pasiones y las razones no son invariablemente sus esclavas. El espacio social no se puede reducir a una serie de emociones y razones. En la sociedad hay tradiciones, estructuras, símbolos, mitos, costumbres, riquezas, enfermedades, creencias y sistemas, para sólo citar unos cuantos elementos cuyas naturalezas e interacciones no se pueden reducir al sustrato emocional o racional de los individuos. Sin embargo, la posibilidad de un libre ejercicio de la voluntad cristaliza en decisiones y actos individuales, aunque se encuentran media-

to operate as he please upon the object or the advantages, which he reaps from it".

[7] *Ibid.*, libro III, parte II, sección I, "Justice, whether a natural or artificial virtue?"

dos por la sociedad. Aquí habría que tener cuidado en no caer en una trampa: para escapar del determinismo físico podríamos quedar encerrados en un determinismo social.

La sociedad está compuesta de individuos dotados de conciencia, y esta conciencia tiene poderes causales. Estos poderes, apoyados desde luego en emociones, impulsan a los individuos a tomar decisiones basadas en la reflexión y en la deliberación. Esta deliberación puede ser, como quería Spinoza, racional. Pero también puede ser irracional, es decir, basada en una serie deliberada de reflexiones que justifican actos que tienen consecuencias que no podemos considerar racionales porque producen daños a la sociedad, a otros individuos y, a veces, a la misma persona que toma las decisiones. Lo que interesa señalar aquí es la existencia de actos voluntarios que no están completamente *determinados* por causas anteriores suficientes, aunque sí se encuentran *influidos* por ellas. Aquí la conciencia en el proceso mismo es causa originaria o, si se quiere, para expresarlo a la manera antigua, es *natura naturans* y no *natura naturata*. Esta situación implica la coexistencia de indeterminismo y deliberación, algo muy similar al *conatus* de Spinoza. Hay que señalar que esta indeterminación no indica un comportamiento sujeto al mero azar. Ello es posible debido a que la conciencia es una articulación entre el cerebro y la sociedad. En esta confluencia ocurre lo que me gusta llamar una singularidad, es decir, una situación en la que los humanos pueden realizar actos no determinados pero que no son azarosos. Se trata de un tipo de comportamiento no sujeto al azar en el que no es posible definir una determinación causal. Quiero aclarar que no estoy proponiendo el traslado de las nociones matemáticas y físicas sobre la singularidad al territorio de las funciones conscientes y voluntarias. El libre albedrío no es ni se parece a un agujero negro, esa singularidad gravitacional que estudian los físicos. Lo que quiero indicar, con el uso de la idea de singularidad, es el hecho de que en la articulación entre el cerebro y la sociedad humana se produce una situación artificial que no se puede reducir a las explicaciones causales propias de la biología y la física. La libertad es algo raro en la naturaleza y se encuentra únicamente entre los seres humanos (y acaso en forma muy embrionaria en algunos mamíferos superiores).

Resulta muy atractivo a veces refugiarse en la física para intentar explicar el singular fenómeno del libre albedrío. El filósofo John Searle comprende que la experiencia de la libertad contiene al mismo tiempo indeterminismo y deliberación (o racionalidad). Y cuando busca en la naturaleza alguna forma de indeterminismo, la encuentra —como lo había hecho Tagore mucho antes— en la mecánica cuántica. Su hipótesis es que la conciencia es una manifestación del indeterminismo cuántico. Pero reconoce que ello no es una solución del misterio del libre albedrío: simplemente ha trasladado el misterio al nivel de la física cuántica.[8] Pero no parece que esta reducción sea capaz de despejar el misterio.

Hay otras formas de reduccionismo que tampoco se interesan en explorar las extensiones del cerebro en la sociedad y la cultura. Una de estas interpretaciones reduce la conciencia, no al nivel de las redes neuronales o incluso de la física cuántica, sino al ámbito de la información. La ventaja que tendría esta reducción consistiría en que, gracias a las modernas teorías informáticas, la conciencia podría representarse en forma cuantitativa. Así se escapan del espacio social y cultural en el que dominan los símbolos, los conceptos, las metáforas, las ironías, las convenciones, los valores, las creencias y las instituciones. Todo ello puede reducirse a información.

Según estas teorías, que son una curiosa variedad del panpsiquismo, hay conciencia no sólo en los cerebros sino también en todo artefacto o sistema que funcione mediante información integrada, sea una computadora, un teléfono in-

---

[8] *Freedom and neurobiology*, pp. 74 y ss. Henrik Walter ha ofrecido una sofisticada salida "compatibilista" para explicar la coexistencia del libre albedrío y el determinismo. En el fondo Walter no cree en el libre albedrío y postula la noción alternativa de "autonomía natural". Rechaza la existencia de una causalidad especial que caracterizaría la acción de agentes causantes libres. Considera que los últimos eslabones de la cadena causal en la que intervienen humanos que se creen libres son "loops" recursivos de voliciones en los que hay una "identificación emocional" (Henrik Walter, *Neurophilosophy of free will*). Kristin Andrews, en una reseña crítica a este libro, afirma que Walter, en lugar de una teoría del libre albedrío, nos ofrece una teoría del error, la que explica por qué sentimos que somos libres. Walter en realidad explica que los humanos pueden hacer algo diferente en situaciones similares a aquellas en las que han actuado, pero que no pueden hacer algo distinto en condiciones idénticas. Por ello caen en el error de creer que son libres (Kristin Andrews, "Review of *Neurophilosophy of free will*").

teligente, un termostato o un fotodiodo. No se trata de extensiones de la conciencia humana fuera del cerebro. Según esta interpretación, como lo expresa Giorgio Tononi, "en el nivel fundamental, la conciencia es información integrada".[9] Su idea es traducir la cantidad y la cualidad de la información generada por un sistema integrado al lenguaje de las matemáticas y de la geometría. Según esta teoría "la conciencia depende exclusivamente de la habilidad de un sistema de generar información integrada".[10] Como tal, la conciencia aparece como un fenómeno gradual, es decir que hay un *continuum* que puede ir desde un fotodiodo binario (que tiene exactamente un bit de conciencia) hasta la corteza cerebral de los mamíferos, que están dotados de una cantidad de conciencia inmensamente grande. De acuerdo con esta teoría, que está en las antípodas de mi hipótesis sobre el exocerebro, la conciencia es una propiedad intrínseca; es decir que "un complejo que genera información integrada es en cierta manera consciente, independientemente de cualquier perspectiva extrínseca".[11] De allí concluye que si la conciencia es intrínseca también es solipsista, y que "podría existir en y por sí misma sin requerir nada extrínseco, ni siquiera una función o un propósito... Un sistema como éste no necesitaría siquiera algún contacto con el mundo externo, y podría ser completamente pasivo, contemplando cómo sus propios estados cambian sin tener que actuar".[12]

Esta propuesta ha sido retomada por Christof Koch, quien anteriormente había argumentado con Francis Crick que la

[9] Giorgio Tononi, "Consciousness as integrated information: a provisional manifesto", p. 217.

[10] *Ibid.*, p. 232.

[11] *Ibid.*, p. 233.

[12] *Ibid.*, p. 239. Cree que algún día podrá ser posible "construir una entidad solipsista altamente consciente" (pp. 239-240). En contraste, el antropólogo Clifford Geertz comprendió que el pensamiento es una construcción y una manipulación de sistemas simbólicos que son empleados como modelos de otros sistemas, un enfoque propio de la llamada "teoría extrínseca". El pensamiento "no consiste en sucesos fantasmales en la cabeza sino en que los estados y procesos de los modelos simbólicos empaten con los estados y procesos del resto del mundo" (Clifford Geertz, *The interpertation of cultures*, p. 214). La "teoría extrínseca" fue desarrollada en 1956 por el psicólogo Eugene Galanter y el matemático Murray Gerstenhaber ("On thought: the extrinsic theory").

conciencia se podía explicar por los disparos sincronizados de las neuronas. Ahora cree que la subjetividad "es tan radicalmente diferente de cualquier cosa física que no puede ser un fenómeno emergente".[13] Como lo mental y lo físico son dos propiedades que no pueden ser reducidas una a la otra, hay que postular que ambas se hallan unidas por la ley de las matemáticas de la información integrada desarrollada por Giorgio Tononi. No hay aquí una reducción a lo físico: lo que hay es una reducción (pitagórica) de lo mental a la información. Ciertamente, las ideas, las emociones o las memorias pueden traducirse a números, de hecho a señales binarias (bits). Pero en esta reducción se pierde lo esencial, como cuando se afirma que la conciencia consiste en la sincronización de disparos neuronales. Eso sí, esta reducción permite extender, arbitrariamente, la conciencia a sistemas no biológicos. Koch también está convencido de que la autoconciencia no tiene que ver con el mundo exterior, pues está dirigida a estados interiores.[14] Con ello, pienso yo, se bloquea toda posibilidad de entender la conciencia de los humanos, que no existe sin sus redes simbólicas externas. Este carácter híbrido de la conciencia humana no se puede explicar con la teoría de la información. Por supuesto, Koch rechaza la posibilidad del libre albedrío, aunque acepta que el viejo determinismo ya no es válido, pues la mecánica cuántica ha abierto las puertas al azar.

Desde mi perspectiva, las matemáticas de la información trabajan con un flujo de señales, no de símbolos. Uso la distinción que hace Susanne Langer de ambos conceptos, que ya he empleado más arriba. La conciencia, entre otras cosas, es una traducción de señales a símbolos. Las matemáticas de la información vuelven a traducir los símbolos a señales; pero, más que una traducción, practican una reducción, pues hacen a un lado el contenido y enfatizan la forma en que los contenidos son codificados y transmitidos. Hay aquí una codificación que reduce los símbolos a señales (bits).

. Yo creo, en cambio, que es mucho más fructífero ir en sentido contrario, no hacia la física o la informática, sino hacia las estructuras sociales y culturales. La conciencia y el li-

---

[13] *Consciousness: confessions of a romantic reductionist*, p. 118.
[14] *Ibid.*, p. 38.

bre albedrío no tienen una explicación física o matemática. Solamente podremos comprenderlos si estudiamos las redes que unen los circuitos cerebrales con los tejidos socioculturales. Allí encontraremos lo que he llamado el exocerebro. El estudio de este conjunto de prótesis que conforman el exocerebro nos conduce directamente a artificios estrechamente vinculados al tema de la libertad. Las expresiones artísticas, literarias y musicales —que tienen como base estructuras simbólicas de comunicación— pueden ser consideradas como formas mediante las cuales la conciencia es capaz de expresarse libremente y de tomar decisiones que desencadenan procesos causales de gran creatividad, innovadores e irreductibles a explicaciones deterministas. El exocerebro es un sistema simbólico de sustitución de circuitos cerebrales que son incapaces por sí mismos de completar las funciones propias del comportamiento mental de los humanos. El cerebro no es capaz de procesar símbolos sin la ayuda de un sistema externo constituido esencialmente por el habla, las formas no discursivas de comunicación (como la música, la danza, la pintura) y las memorias artificiales exteriores (desde la escritura hasta internet). En la primera parte de este libro exploré las peculiaridades de estos elementos básicos del exocerebro. Subyacente a esta exploración se encontraba, desde luego, la idea de que la conciencia es un agente causal que puede ejercer el libre albedrío. Ahora quiero ampliar la exploración a otras expresiones exocerebrales, lo que me permitirá discutir desde nuevas perspectivas el problema de la libertad, del libre albedrío como expresión de una conciencia no encadenada a una despótica cadena determinista.

V. LA LIBERTAD EN EL JUEGO

EL JUEGO es una de las actividades humanas que más ha sido asociada con la libertad. Cuando los humanos juegan se ubican en un espacio peculiar donde se practican actividades que no parecen necesarias ni útiles y donde reina el libre albedrío. Los mejores estudios sobre el juego no han dejado de señalar que se trata de un comportamiento libre y aparentemente superfluo. Johan Huizinga, en su *Homo ludens*, un libro extraordinario, afirma que una de las principales características del juego es que es libre.[1] Jean Piaget, el gran psicólogo, dice que el juego "es la actividad libre por excelencia"; piensa que el juego infantil es acompañado por un sentimiento de libertad y que anuncia al arte, que es la expansión y el florecimiento de esta actividad espontánea.[2] Por su parte, Roger Caillois, en su brillante reflexión sobre el juego, establece a la libertad como su primera característica.[3]

El juego es una actividad libre y voluntaria que al mismo tiempo implica un orden regulado. Esta combinación coloca al juego en el mismo plano que otras expresiones exocerebrales como la música, la danza y las artes plásticas. Todas las formas de juego transcurren de acuerdo a reglas y al mismo tiempo son el resultado de decisiones voluntarias libres en las cuales es difícil advertir una función o una utilidad inmediata. Los juegos de competencia establecen reglas para asegurar la igualdad de oportunidades y ordenar el desarrollo de la confrontación, sea ésta de tipo deportivo (futbol, carreras, atletismo) o de carácter intelectual (ajedrez, go, damas). Incluso los juegos de simulación, donde los participantes actúan como si fueran un personaje, un objeto o un animal, ocurren bajo condiciones y regulaciones más flexibles pero indispensables para el ejercicio lúdico. En los casos de simulacro de lucha encontramos reglas incluso cuando los jugadores

[1] *Homo ludens*, p. 20.
[2] *La formation du symbole chez l'enfant*, pp. 143 y 159.
[3] *Les jeux et les hommes*, p. 42.

son animales, por ejemplo cachorros o gatos, que se enfrentan pero no se hacen daño, pues controlan la fuerza de los mordiscos y los zarpazos. Los niños que juegan a ser piratas, cowboys, indios, policías, ladrones, soldados, astronautas o bomberos siguen ciertas reglas no escritas y ponen límites a la representación. Los juegos de azar se desarrollan de acuerdo a normas y principios previamente acordados. También los juegos meramente motrices como saltar, dar vueltas vertiginosamente, revolcarse o dar volteretas implican el seguimiento de pautas y ritmos que guían la repetición con variaciones de los movimientos.[4]

Roger Caillois ha afirmado con razón que las reglas son inseparables del juego desde el momento en que adquiere una existencia institucional. Sin embargo, dice, "en la fuente del juego reside una libertad primera, una necesidad de relajamiento y al mismo tiempo de distracción y fantasía. Esta libertad es su motor indispensable y se mantiene como el origen de sus formas más complejas y estrictamente organizadas".[5] El espacio del juego es un excelente laboratorio para observar las peculiaridades del exocerebro. A mi juicio el juego es una de las expresiones primordiales y acaso más puras de lo que he llamado la incompletitud del cerebro. El juego es una prótesis inútil en su expresión inmediata, pero contribuye a estimular los procesos simbólicos de sustitución. El hecho de que es una actividad que los humanos comparten con los mamíferos superiores y con algunas aves amplía las posibilidades de análisis del fenómeno lúdico. A nivel biológico, el juego es una actividad que consume gran cantidad de energía y expone a los animales a los peligros de lastimarse o de ser sorprendidos por un predador. Sin embargo, como observa el zoólogo Patrick Bateson, el juego ayuda a construir un conocimiento práctico del entorno, a adquirir y perfeccionar habilidades físicas, a cimentar las relaciones sociales y a afinar tanto la musculatura como el sistema nervioso. El juego carece de funciones inmediatas, pero a largo plazo permite a los

---

[4] Erik H. Erikson, que se interesó mucho en los juegos, dijo que la idea de "espacio de juego" *(Spielraum)* connota un movimiento libre dentro de límites prescritos: cuando se terminan la libertad o los límites, se acaba el juego. Véase "Play and actuality", p. 133.

[5] *Les jeux et les hommes*, p. 75.

animales jóvenes simular, en un contexto relativamente seguro, situaciones potencialmente peligrosas a las que se podrían enfrentar en el futuro.[6]

Se han hecho experimentos para probar la utilidad del juego. Ratas muy jóvenes fueron criadas en completo aislamiento; una parte de estas ratas tuvo la oportunidad, durante una hora diaria, de luchar juguetonamente; otro grupo fue privado totalmente de la posibilidad de jugar. Cuando después de un mes estas ratas fueron lanzadas a la jaula de otra rata, ésta casi siempre las atacó como intrusas. Las ratas que no habían jugado se comportaron de manera anormal y tendían a mantenerse inmóviles, a diferencia de las ratas que habían tenido oportunidad de jugar. Aparentemente la falta de juego afectó la capacidad de las ratas para enfrentarse a un mundo competitivo.[7] Bateson llega a la conclusión de que el juego, desde el punto de vista de su función, es un "andamio para el desarrollo"; una vez realizado el trabajo, desaparece. No obstante sabemos que el juego, al menos en los humanos, lejos de desaparecer, se mantiene como un elemento importante en la vida adulta. Así que, más que un andamio, el juego sería una prótesis imprescindible y no desechable.

Quiero recordar que Piaget, en sus estudios sobre el juego en los niños, llegó a la conclusión de que los objetos simbólicos usados (por ejemplo un palo como si fuera un caballo) no solamente son *representantes*, sino que también son *sustitutos* del significado.[8] Para Piaget el juego es esencialmente una asimilación de esquemas del entorno; en el juego hay un desequilibrio: predomina la asimilación sobre la acomodación, siendo esta última la modificación de los esquemas adquiridos para adaptarse a cambios en el medio ambiente o a ambientes nuevos. El juego es una especie de ritualización de esquemas asimilados que pasa en el niño de su simple expresión motora a los símbolos lúdicos del actuar simulado, cuando

---

[6] "Theories of play", pp. 43-44.

[7] Dorothy Einon y Michael Potegal, "Enhanced defense in adult-rats deprived of playfighting experience as juveniles". Véase un estudio más reciente sobre el juego y el desarrollo de la capacidad de socializar de las ratas: Sergio M. Pellis y Vivien C. Pellis, "Rough-and-tumble play and the development of the social brain".

[8] *La formation du symbole chez l'enfant*, p. 174.

siente que algo puede ser otra cosa.[9] En el acto inteligente, según Piaget, hay un equilibrio entre asimilación y acomodación; por el contrario, en el símbolo lúdico el objeto presente y actual es asimilado a un esquema anterior que no tiene una relación objetiva con él. Aquí interviene la imitación como un gesto significante que evoca objetos y esquemas ausentes.[10] Con ello puede darse la asimilación de cualquier cosa a cualquier otra, pues cualquier cosa puede servir como sustituto ficticio de toda otra.[11] Así, el objeto-símbolo es un sustituto del significado. De esta manera, se convierte en una prótesis.

Otro gran psicólogo, Lev Vygotsky, también afirmó que el juego es un proceso de sustitución; es "la imaginaria e ilusoria realización de deseos irrealizables". El juego como imaginación, cree Vigotsky, está totalmente ausente en los animales y es una forma específicamente humana de actividad consciente.[12] Aunque Vigotsky apoya las tesis de Piaget sobre el juego como una actividad regulada, llega a una conclusión diferente. Para Vigotsky el juego no es nunca una acción simbólica. Afirma que "el niño no simboliza en el juego, pero desea y realiza sus deseos". Cuando el niño dice que un palo es un caballo, ello no es un simbolismo: "un símbolo es un signo, pero el palo no es un signo de un caballo". Y termina diciendo que la libertad que parece tener el niño de determinar voluntariamente sus acciones es ilusoria, pues éstas están subordinadas a un significado definido, y actúa de acuerdo a los significados de las cosas. A diferencia de Piaget, Vigotsky enfatiza la dimensión semántica y no presta atención a los elementos simbólicos. Sin embargo, Vigotsky afirma por otro lado en el mismo texto que el juego es una regla que se ha convertido en un afecto; y sostiene que el ideal de Spinoza (el concepto que se vuelve pasión) "encuentra su prototipo en el juego, que es el reino de la espontaneidad y la libertad".[13]

[9] *Ibid*., p. 98.
[10] *Ibid*., p. 110.
[11] *Ibid*., p. 175.
[12] "Play and its role in the mental development of the child".
[13] Un artículo dedicado a comparar el pensamiento de Piaget con el de Vigotsky ignora completamente el hecho de que este último negó el carácter simbólico del juego infantil. Artin Gönzü y Suzanne Gaskins, "Comparing and extending Piaget's and Vigotsky's understandings of play; symbolic as individual, socio cultural, and educational interpretation".

La distinción entre signos (o señales) y símbolos es fundamental. Piaget, siguiendo la escuela saussuriana, dice que un signo es un significante "arbitrario" completamente convencional y determinado por la sociedad. El símbolo, en cambio, es un significante "motivado" que contiene alguna similitud con el significado. "El juego simbólico —dice Piaget— plantea [...] la cuestión del pensamiento 'simbólico' en general por oposición al pensamiento racional, cuyo instrumento es el signo."[14] Susanne Langer, en cambio, sostiene que el símbolo lleva a pensar y a concebir al objeto. El signo revela la presencia de algo, mientras que el símbolo es una herramienta del pensamiento. Yo encuentro más útil la definición de Langer.[15]

En el juego tenemos una actividad que combina las peculiaridades simbólicas de una prótesis exocerebral que se desarrolla desde la más tierna infancia con los problemas de la libertad y la voluntad. El juego se inicia como un comportamiento prelingüístico que, a mi parecer, revela cómo las redes neuronales sociodependientes están activas desde muy temprana edad y estimulan cadenas exocerebrales de carácter lúdico a pesar de que no tengan ninguna utilidad inmediata. Aparentemente hay una disposición neuronal al juego que expresa la incompletitud de los circuitos nerviosos, que buscan conexiones externas para cerrarse. De hecho, los niños viven en un universo esencialmente mimético que impulsa, por ejemplo, los juegos en los que pretenden actuar como si fueran un jinete, un avión, un animal o un automóvil, y que con el tiempo se desarrollan en actividades más complejas que implican la representación de personajes. El psicólogo Merlin Donald ha desarrollado una teoría según la cual los primeros homínidos, como el *homo erectus*, se habrían comportado como niños de uno o dos años, prácticamente sin lenguaje pero con habilidades miméticas y gestuales que estimularían la destreza en la manufactura de herramientas, la cohesión social y la emisión de sonidos vocales intencionales.[16] Donald

---

[14] *La formation du symbole chez l'enfant*, p. 179.

[15] Susanne K. Langer, *Philosophy in a new key. A study in the symbolism of reason, rite, and art*. Véase mis comentarios al respecto en el cap. IX de la primera parte.

[16] Véanse sus libros *A mind so rare*, pp. 260 y ss., y *Origins of the modern mind*, pp. 162 y ss.

cree que es posible que seres humanos que carecen de lenguaje sean capaces comunicarse mediante habilidades miméticas; sus ejemplos son los niños prelingüísticos, los sordomudos analfabetas y los casos de afasia paroxísmica. Ello demostraría que unos homínidos primitivos (del periodo acheulense) se expresasen en forma mimética pero sin lenguaje. No hay ninguna prueba de que hayan existido homínidos carentes de lenguaje pero dotados de capacidades miméticas representacionales. Sin embargo, me parece importante la idea de Donald que establece la representación mimética como un factor central de la sociedad humana, y que incluye al juego como una de sus manifestaciones.[17]

El cerebro infantil busca completar circuitos mediante el juego. Al hacerlo genera símbolos y convierte la imitación en representación. El juego es estimulado por un vacío, por una incompletitud, y se convierte en una prótesis aparentemente inútil, pero que contribuye a estimular procesos simbólicos de sustitución. En los mamíferos no humanos hay un rudimento de este mismo mecanismo de sustitución, cuando en sus juegos simulan, en condiciones seguras, los esfuerzos y los peligros de un combate o de una persecución. La observación del juego en los animales permite comprender que, para que ocurra, debe producirse una desactivación parcial de los impulsos instintivos que estimulan, especialmente en los predadores, la cacería y persecución de las presas de que se alimentan. Si no hubiese una desactivación de los instintos, los juegos acabarían en combates mortales que pondrían en peligro la vida de los animales y la sobrevivencia de la especie.[18] El etólogo Eibl-Eibesfeld ha afirmado, me parece que con razón, que el estudio del juego en los animales permitió comprender la distinción entre el no juego y el juego, y que es en este último donde mostramos la habilidad para liberarnos emocionalmente de la acción instintiva. Separar los patrones lúdicos de conducta de los impulsos permite experimentar el juego como libertad.[19] Al mismo tiempo, en los animales el

[17] *Origins of the modern mind*, pp. 169 y ss.
[18] El libro clásico al respecto es el de Karl Groos, *Die Spiele der Thiere*, publicado en 1896. En 1899 publicó otro libro dedicado al juego en los humanos, *Die Spiele der Menschen*.
[19] Irenäus Eibl-Eibesfeld, *Human ethology*, p. 586.

juego está relacionado con el aprendizaje, pues ayuda a desarrollar habilidades para capturar presas; acaso por ello los animales que más juegan son los mamíferos predadores. Pero para que el juego sea un entrenamiento útil deben minimizarse los daños que se ocasionarían si durante el simulacro de combate se desencadenasen los instintos y las emociones.

Según Eibl-Eibesfeld las actividades lúdicas se separan de los mecanismos neuronales que desencadenan la alarma, la lucha y la persecución en circunstancias normales, y crean un espacio de relajación emocional libre de tensiones. En los humanos los juegos se enlazan con circuitos neuronales que necesitan completarse. Es interesante anotar que la risa, que suele acompañar a muchos juegos, parece ser provocada por la interrupción de un impulso de alarma o de dolor. Según V. S. Ramachandran la risa ocurre cuando una sensación de amenaza o de peligro es bloqueada o abortada a medio camino. Lo que ocasiona el bloqueo es la comprensión de que no hay peligro. Si alguien se sienta en una silla y ésta se rompe o es retirada bruscamente, ocasionando que la persona caiga de nalgas al suelo, ello provoca la risa. Pero si al caer se rompe la cabeza y comienza a sangrar, entonces se desencadena la alarma y no la risa. Igualmente, en muchos juegos se produce un simulacro de peligro, pero la amenaza es reconocida como falsa en medio de risas. Si alguien de súbito se nos lanza encima amenazadoramente, pero comienza a hacernos cosquillas, soltamos a reír. Pero si de las cosquillas pasa a los puñetazos, se desencadenan la alarma y el dolor. La teoría de la risa como falsa alarma y como origen de las bromas y el juego se basa en el estudio de una enferma que, cuando le provocaban daño, se reía. Ramachandran comprobó que tenía estropeados los canales del dolor, que se inician en la ínsula y de allí van al córtex cingulado anterior, en los lóbulos frontales. Es en este trayecto donde se provoca la sensación de dolor. Pero este paso estaba cortado en la paciente, de manera que la ínsula generaba la sensación de dolor, pero no seguía una sensación desagradable. Esta interrupción le causaba la risa.[20]

---

[20] V. S. Ramachandran, *The tell-tale brain. A neuroscientist's quest for what makes us human*, pp. 39-40.

Las peculiaridades del juego en los animales (incluyendo a los humanos) pueden resumirse, según establece Gordon Burghardt, en cinco criterios:

1. El juego es un comportamiento no totalmente funcional orientado hacia estímulos que no contribuyen inmediatamente a la supervivencia.
2. El juego es voluntario, espontáneo, placentero, intencional, gratificante, fortalecedor o autotélico.
3. A diferencia de otras actividades, el juego es un comportamiento incompleto, exagerado, precoz, extraño o con pautas conocidas pero modificadas en su forma, secuencia u objetivos.
4. El juego es un comportamiento realizado en forma repetida pero no estereotipada durante un cierto periodo de la ontogenia del animal.
5. El juego es iniciado cuando el animal se encuentra satisfecho, alimentado y protegido, es decir, cuando no está sometido a miedo, presiones o amenazas, ni ocupado en comer, mantener relaciones sexuales o compitiendo.[21]

Desde luego, en el caso de mamíferos no humanos y de aves la actividad lúdica se encuentra restringida a movimientos rotatorios o locomotores solitarios, manipulación de objetos y juegos sociales compartidos. No veremos en ellos los

---

[21] "Defining and recognizing play." Hay un precedente muy interesante en la interpretación del juego en los animales (y su relación con la libertad) que vale la pena citar. Friedrich Schiller, en sus *Cartas sobre la educación estética de la humanidad* [1794], escribió: "La naturaleza sin duda ha permitido a los seres irracionales algo más de lo que necesitan para subsistir, esparciendo así un destello de libertad en la oscura vida animal. Cuando el hambre no apremia al león, y ninguna fiera lo desafía a la lucha, la fuerza desocupada se da a sí misma un objeto; con su potente rugido llena de ecos el desierto, y su fuerza exuberante goza en sí misma de un derroche sin finalidad. El insecto revolotea alegremente bajo los rayos del sol. Tampoco es, ciertamente, el grito acuciante del apetito más elemental el que escuchamos en el canto de los pájaros. En estos movimientos hay, innegablemente, libertad, pero no libertad de las necesidades en general, sino únicamente de una necesidad externa definida. El animal *trabaja*, cuando la carencia es la que impulsa su actividad, y juega cuando lo mueve a actuar una sobreabundancia de energía, cuando la vida exuberante lo impulsa a la acción" (carta 27).

juegos típicamente humanos que implican un pensamiento simbólico. Pero las características del juego que compartimos con otros animales son una muestra de que se trata de una actividad muy peculiar y diferenciada que implica la expresión de alguna forma de voluntad libre de determinantes funcionales, pero al mismo tiempo regulada. Lo que me interesa más es subrayar el hecho de que el juego, como dije más arriba, posiblemente es la expresión primigenia más clara de la presencia de redes exocerebrales en la cultura humana. En el juego se combinan elementos que, podría decirse, tienen un carácter cuasi neuronal: tensión e incertidumbre, repetición y ritmo, reflejo y respuesta, inhibición y descarga, excitación y espera, oscilación y sincronización. Es revelador el hecho de que en los niños autistas está ausente la capacidad de participar en juegos de fantasía o de imitación; en ellos el exocerebro funciona deficientemente.

Una explicación del vínculo de los juegos con los circuitos neuronales establece que en la base del comportamiento lúdico hay pulsiones instintivas. Roger Caillois propuso que cada tipo de juego corresponde a diferentes y poderosos instintos. Habría, según él, cuatro impulsos primarios que estarían en la base de las distintas clases de juego: los de competencia, los de azar, los de simulacro y los de vértigo. Supuestamente habría cuatro instintos cuya satisfacción limitada, formal e ideal se realizaría en los juegos. Pero si el instinto se despliega sin límites, el resultado es que el juego se corrompe, pues el comportamiento lúdico irrumpe en la vida cotidiana corriente.[22] El resultado es que aparecen jugadores y actores profesionales que en realidad han abandonado el espacio propio del juego. Quien se dedica a los juegos de azar creyendo que hay un destino que determina los resultados y trata por todos los medios de predecirlo (supersticiones, talismanes, presagios, métodos adivinatorios), también se escapa del territorio específicamente lúdico. Las actividades que implican el vértigo, como en los aparatos mecánicos de las ferias, los derviches giradores turcos o los voladores mexicanos, también pueden llevar a un abandono del campo lúdico para buscar efectos similares en las drogas o el alcohol. En todos estos casos, según Caillois, los

---

[22] *Les jeux et les hommes*, pp. 103 y ss., 113 y 119.

instintos provocarían que los límites del juego fuesen desbordados. Pero normalmente los juegos disciplinan a los instintos aunque respondan a ellos y les imponen una existencia institucional. Caillois dice que a partir del momento en que los juegos permiten una satisfacción formal y limitada de los instintos, "fertilizan y vacunan al alma contra su virulencia".[23]

Jean Piaget, con razón, rechazó la idea de que en el juego y en la imitación podamos encontrar un instinto, un comportamiento innato, como ocurre en la sexualidad o la alimentación. Cuando en la imitación no se observan reflejos heredados, se piensa equivocadamente que se trata de instintos; pero si fuese así, arguye Piaget, entonces la inteligencia sería el más esencial de los instintos, lo que le parece una idea peligrosa. Ello implicaría que se considerase como instintivo el mismo mecanismo de la asimilación.[24] La conclusión esencial de Piaget es que la imitación en el niño se inscribe dentro del cuadro general de las adaptaciones sensomotrices que caracterizan a la inteligencia misma.[25] Por otro lado, la propuesta de Caillois según la cual cuando el juego invade la vida cotidiana normal deja de ser una actividad lúdica, se opone a la estimulante idea de Huizinga, quien vio con toda razón a la cultura como juego y advirtió que la dimensión lúdica —especialmente sus aspectos competitivos— está presente en la vida política, en la justicia, en la guerra, en la poesía, en la filosofía y en el arte.

Es difícil suponer que el juego es determinado por pulsiones instintivas. Sin embargo, podemos reconocer que la actividad lúdica se encuentra estrechamente ligada a los circuitos neuronales. Lo que encontramos es una tendencia a llenar un vacío, a completar por medio de la imitación y el juego lo que no es posible lograr mediante impulsos instintivos innatos presentes en las redes cerebrales. Caillois supuso alguna relación con los instintos; no parece haber tal, pero sí en cambio parece haber una conexión con el sistema nervioso. Incluso podría hacerse una comparación entre los cuatro tipos de juego y ciertas peculiaridades de las redes neuronales. Caillois habla de cuatro clases de juegos: *agôn* (competencia), *alea* (azar),

[23] *Ibid.*, p. 121.
[24] *La formation du symbole chez l'enfant*, pp. 81 y ss.
[25] *Ibid.*, p. 89.

mimicry (simulación) e *ilinx* (vértigo). Se trata de fenómenos que no son desconocidos por los neurólogos. Por ejemplo, Gerald Edelman se refiere a la competencia topobiológica de neuronas durante el proceso de selección que va tejiendo las redes neuronales de los individuos conforme crecen.[26] Debido a esta competencia la topología de la corteza cerebral difiere de unas personas a otras, incluso en el caso de gemelos uniovulares. Además, como ha señalado Jean-Pierre Changeux, la formación de miles de millones de sinapsis en el cerebro adulto no está controlada enteramente por los genes: hay un proceso de variación aleatorio durante el desarrollo embrionario que continúa después del nacimiento, y que parece un juego de ensayos y errores.[27] Por otro lado, es posible reconocer en ciertos mecanismos cerebrales los típicos procesos de simulación. El ejemplo más evidente se refiere a las neuronas espejo, que podrían ser un correlato neuronal del proceso de simulación que una persona necesita para entender las mentes de otras.[28] Por último, sólo mencionaré la relación entre el gusto por el vértigo o el mareo y el abuso de alcohol (y otras drogas), que produce situaciones de tolerancia y dependencia.

Mi propósito es sugerir analogías entre las peculiaridades del juego y las redes neuronales. Hay en el juego aspectos que no pueden explicarse por su función cultural o social y por ello se han buscado sus conexiones con procesos biológicos (instintos) o, más precisamente, con mecanismos cerebrales. Ahora bien, su función neuronal no es evidente ni inmediata. Incluso, a primera vista pudiera parecer un desperdicio de energía y tiempo, además de ser una actividad potencialmente riesgosa que puede provocar heridas, como ha observado el etólogo Robert Fagen.

> Por medio del juego —dice Fagen— la corteza cerebral recibe estímulos para crecer, desarrollarse y, por lo tanto, para tomar un papel más amplio en el control de la conducta, haciéndola más flexible [...] Esta plasticidad evolucionó debido a compensaciones económicas en el desarrollo del cerebro: el equilibrio

[26] *Bright air, brilliant fire. On the matter of the mind*, p. 83.
[27] *L'homme de vérité*, pp. 285 y ss.
[28] Véase un buen resumen de este tema en Marco Iacoboni, *Mirroring people*.

óptimo entre el control cortical y subcortical del comportamiento depende de la información sobre el medio ambiente, y la experiencia del juego sirve de manera precisa para indicar que el animal está en el ambiente adecuado.[29]

Esta observación se refiere al juego en los animales; en los humanos habría que agregar, desde luego, la dimensión simbólica, que es fundamental. Pero el equilibrio que menciona Fagen nos hace pensar que hay aspectos del juego que tienen un carácter cuasi neuronal y que no se explican completamente por el mero contexto del juego. Estos aspectos, a los cuales ya me he referido, implican una interacción entre fuerza y vacilación, reiteración y cadencia, reflexión y contestación, evasión y alivio, provocación y acecho, fluctuación y concertación. Su presencia en el juego se comprende mejor si los vemos como parte de un circuito que conecta las redes cerebrales con las expresiones simbólicas de naturaleza cultural.

Una pelota, unos dados, una máscara o un columpio son objetos que funcionan como poderosos símbolos en el juego y, junto con las reglas que dirigen la acción, constituyen una peculiar prótesis cultural que se conecta con los circuitos neuronales que son empleados en el campo de futbol, en el tablero de *backgammon*, en el enfrentamiento imaginario de policías y ladrones o en la feria. Acaso la conexión entre el cerebro y los circuitos simbólicos externos es más evidente en los videojuegos modernos. Aquí quien juega engancha literalmente su cerebro a una prótesis (controles, una consola y una pantalla) fabricada por empresas como Nintendo, Sega o PlayStation. Caillois, Huizinga o Piaget no se imaginaron una explosión tan grande de alternativas lúdicas como la que vemos en los juegos electrónicos y digitales. Hay juegos muy complejos dotados de controles muy sofisticados y enormes pantallas; los hay también tan pequeños que un niño los puede llevar en el bolsillo y que lo acompañan a todas partes. Los videojuegos con frecuencia están incorporados a aparatos (como el iPhone) que funcionan como eficientes medios de comunicación, como memorias, relojes y mapas interactivos conectados a sistemas de posicionamiento global (GPS). Un paso más allá

---

[29] *Animal play behaviour*, pp. 19-20.

nos lleva a las conexiones cerebro-máquina, gracias a un electrodo implantado, que permiten a una persona tetrapléjica controlar mentalmente un brazo robot. Se trata de prótesis muy complejas que son una expresión terapéutica de lo que llamo el exocerebro.

Un filósofo que ha apoyado las teorías modulares sobre el funcionamiento del cerebro, Jerry Fodor, en 2009 criticó las ideas de otros filósofos, Andy Clark y David Chalmers, quienes habían afirmado que aparatos electrónicos como el iPhone forman parte de la mente. Fodor dijo que hay un hueco entre la mente y el mundo y concluyó burlonamente citando un letrero que con frecuencia los pasajeros encuentran en el metro londinense: "Mind the gap", y advirtió que si no tienen cuidado lo lamentarán. La advertencia en el metro se refiere al espacio que hay en algunas estaciones entre el piso del vagón y la plataforma.[30] Según Fodor sólo es mental aquello que literalmente no tiene un contenido derivado. Puesto que el contenido de un teléfono celular es derivado de la mente del usuario, entonces no forma parte de la mente de nadie. Para él sólo es mental aquello que ocurre dentro del cráneo. Lo que ocurre afuera del cerebro, en los videojuegos electrónicos o en los teléfonos celulares complejos (smartphones), es meramente derivado, y por lo tanto no tiene carácter mental. Aparentemente para Fodor una prótesis tendría un carácter mental solamente si estuviese implantada directamente en los circuitos neuronales. Por ello, Andy Clark, en su contestación a la crítica, se refiere a una langosta espinosa a la que, en un laboratorio de California, se le destruyó una neurona encargada de la masticación rítmica; fue remplazada por un circuito de silico-

---

[30] Jerry Fodor, "Where is my mind?" Se trata de una reseña del libro de Andy Clark, *Supersizing the mind*, que contiene un prólogo de David Chalmers. Mucho antes, Gregory Bateson ya había planteado el problema, cuando se preguntó —en alusión a un ciego que va caminando por la calle con ayuda de un bastón— si el yo de esta persona termina en su piel, en la punta, en el puño o en la mitad del bastón. Este problema ya había sido planteado por Maurice Merleau-Ponty en su *Phénomenologie de la perception* de 1945 (p. 179). La respuesta de Bateson fue que todo ello es parte de un sistema indivisible (*Steps to an ecology of mind*, pp. 251 y 318). Se trata de lo que se llama "cognición distribuida"; sobre este tema véase de Luis Moreno-Armella y Stephen J. Hegedus, "Co-action with digital technologies", donde hay una creativa aplicación del llamado efecto Baldwin a las matemáticas.

na y la langosta recuperó la función atrofiada. Clark imagina a una persona que, habiendo perdido por una lesión cerebral la capacidad de realizar una operación matemática simple como la resta, fuese conectada a un circuito externo de silicón que le permitiría recuperar la función perdida. ¿Sería mental este circuito externo conectado directamente a sus neuronas? Pero si en otro caso la conexión entre el circuito externo y el cerebro fuese mediante un aparato portátil de transmisión inalámbrica, ¿este aparato sería parte de la mente?[31] ¿Qué sucede si la comunicación no es un implante, sino que es auditiva, visual y táctil, como ocurre en los videojuegos y en los teléfonos celulares? El libro de Clark es una poderosa, creativa y convincente defensa de la idea de que los procesos cognitivos mentales se extienden afuera del cerebro. Para Clark la mente humana es el interfaz productivo que conecta cerebro, cuerpo y mundo social o material.[32]

Lo que a Andy Clark le importa destacar es el hecho de que los humanos somos *cyborgs* naturales, seres biotecnológicos desde el comienzo y desde el nacimiento. Por ello está interesado en estudiar los *andamios* que conectan el cuerpo con la mente.[33] Ya he señalado que la noción de andamio no me parece del todo adecuada, pues es una estructura provisional que se instala durante un proceso de construcción y que se retira al concluir. Lo que encontramos es más bien un complejo sistema cultural y tecnológico de *prótesis* que sustituyen funciones que no podemos hacer o que hacemos lenta e inadecuadamente. Este sistema, junto con el cerebro, constituye la base de la conciencia.[34] Clark y Chalmers, en contraste, consideran que la extensión de la mente fuera del cráneo tiene solamente funciones cognitivas y están convencidos de que la conciencia es algo que ocurre internamente. Clark, en un libro anterior, exploró el uso de estructuras simbólicas externas, que funcionan mejor que la computación interna. Subrayó la eficiencia en el ahorro de recursos (tiempo y trabajo) que implica el uso de sistemas externos (como el lenguaje), pero dijo

---

[31] Sección de cartas de la *London Review of Books*, 26 de marzo de 2009.
[32] *Supersizing the mind*, p. 219.
[33] *Natural-born cyborgs*.
[34] Andy Clark y David Chalmers, "The extended mind", apéndice al libro *Supersizing the mind*, de Clark, pp. 223 y ss.

contundentemente: "con seguridad no pretendo que la conciencia individual se extiende fuera de la cabeza".[35] Yo creo que se equivoca, como lo he explicado ampliamente en la primera parte de este libro.

Si vemos el juego como una prótesis exocerebral podemos entender que la extensión o prolongación de funciones mentales en mecanismos externos no siempre forma parte de un proceso cognitivo. El juego puede tener algunas funciones ligadas al aprendizaje, pero posee peculiaridades que no permiten entenderlo solamente como un mero proceso cognitivo. Es también la cristalización de la autoconciencia y de una actividad libre no determinada por procesos naturales. Entre los aparatos de videojuego y los circuitos neuronales no hay un espacio vacío como el que separa, en el ejemplo de Fodor, el vagón del tren y la plataforma de la estación. Lo que hay es un flujo continuo de señales y símbolos entre la máquina y el jugador. De hecho, en muchos casos, la máquina conduce y conecta el flujo entre varios jugadores. Los aparatos de juegos digitales están diseñados y programados para que haya un flujo ininterrumpido de comunicación entre circuitos neuronales y sistemas videoelectrónicos. En realidad, son una versión muy sofisticada y compleja de la antigua relación de los jugadores con la pelota, los dados, las máscaras o los columpios.

El flujo continuo que conecta cerebro y sociedad sin duda nos enfrenta a problemas muy complejos y espinosos. La manera fácil de enfrentar las dificultades consiste simplemente en separar los dos ámbitos, como hace Fodor. Quiero poner otro ejemplo más ligado al tema del libre albedrío y de la consiguiente responsabilidad de nuestros actos. Michael Gazzaniga ha dicho: "los cerebros son automáticos, pero la gente es libre".[36] Por eso, concluye, la neurociencia no ofrece soluciones al problema de la responsabilidad moral, pues ésta sólo existe en el mundo social. En el caso del juego, desde la perspectiva de Gazzaniga se diría que el cerebro del jugador funciona automáticamente, en forma determinista, pero en el intercambio lúdico habría libertad y cada participante sería responsable de las decisiones que toma al patear una pelota o

---

[35] *Being there. Putting brain, body, and world together again*, p. 215.
[36] Michael S. Gazzaniga, *The ethical brain*, p. 99.

escoger una máscara para actuar como un ladrón que escapa de la policía. El problema de esta interpretación es que simplemente ha separado dos dimensiones, el cerebro y la sociedad, pero no se explican las relaciones entre ellas. Las reglas y los valores, dice, se encuentran "*solamente* en las relaciones que existen cuando nuestros cerebros automáticos interactúan con otros cerebros automáticos. Ellos se encuentran en el éter".[37] Lo que se encuentra en el éter, me parece, es la explicación de cómo el vínculo entre órganos automáticos produce decisiones libres, no automáticas. Es curioso que use la vieja noción de éter, un fluido invisible en el que circularían aparatos cerebrales automáticos, sujetos a reglas deterministas. Es como en el tráfico de automóviles, donde dispositivos físicamente determinados interactúan en forma responsable; la responsabilidad moral es un concepto público, dice Gazzaniga, que únicamente existe en el grupo, no en el individuo. En esta interpretación simplemente se postula un vacío (éter) entre el cerebro individual y la sociedad.

En contraste, Douglas Hofstadter cree que la conciencia —el *yo*— es un "bucle extraño" en el que hay una interacción entre diversos niveles. Critica a John Searle por querer localizar los conceptos, las sensaciones o la memoria en el nivel neuronal. Hofstadter se apoya en Roger Sperry para explicar que en los niveles más altos de la actividad cerebral hay ideas que tienen poderes causales que se combinan con otras fuerzas de más bajo nivel.[38] Ya en su famoso y muy imaginativo libro *Gödel, Escher, Bach* había explicado que la conciencia y el libre albedrío están basados en un bucle extraño, entendido como una interacción entre los niveles moleculares, las señales (fenómenos de nivel intermedio) y los símbolos o subsistemas del *yo*.[39] Un bucle extraño ocurre cuando al hacer un movimiento hacia arriba o abajo en los niveles de un sistema jerárquico nos encontramos inesperadamente en el punto de partida. La clave se encuentra en que en un proceso de retroalimentación hay un cruce paradójico de niveles.[40] El ejemplo

---

[37] *Ibid.*, p. 90.
[38] Douglas Hofstadter, *I am a strange loop*, pp. 28-32.
[39] Douglas Hofstadter, *Gödel, Escher, Bach: an eternal golden braid*, pp. 709 y ss.
[40] *I am a strange loop*, pp. 101 y ss.

más evidente son los dibujos de Escher, algunos cánones de Bach y el teorema de la incompletitud de Gödel. Supongo que Hofstadter vería la interacción entre el cerebro y el exocerebro como un bucle extraño, como un sistema de retroalimentación que cruza diversos niveles (moleculares, neuronales, simbólicos, sociales). Es lo que ocurre en los ejemplos de videojuegos electrónicos: hay un flujo que pasa por el interfaz que enlaza las neuronas del jugador con los circuitos del aparato con el que juega.

Ya lo había dicho McLuhan en 1969: "ahora el hombre está comenzando a llevar su cerebro fuera de su cráneo y sus nervios fuera de su piel; la nueva tecnología cría a un hombre nuevo". Se refería al creciente uso de las computadoras electrónicas, cuya naturaleza, decía McLuhan, no es diferente a la utilización de barcos o ruedas, salvo por un hecho muy importante: que las tecnologías previas, como extensiones del hombre, eran fragmentarias y parciales, mientras que lo eléctrico es total e incluyente.[41] La observación es interesante, pero se equivocó al creer que es en el siglo XX cuando los humanos comienzan a usar un exocerebro. Este fenómeno existe desde los orígenes, pero la electrónica ha permitido revelar con claridad el hecho.

---

[41] Marshall McLuhan, "A candid conversation with the high priest of pop-cult and metaphysician of media", entrevista en *Playboy*, marzo de 1969.

VI. SÍMBOLOS EXTERNOS

JOHAN HUIZINGA estaba convencido de que la cultura humana brota del juego. En su libro *Homo ludens* señala muy enfáticamente que no aborda el tema del juego en la cultura, sino que considera a la cultura *como* juego.[1] Ésta es la idea central que lo lleva a estudiar las competencias lúdicas en el derecho, en la guerra, en los saberes mágicos y sagrados, en la poesía, en la filosofía y en el arte. Le interesan sobre todo las formas primitivas y antiguas en que la cultura surge como juego, aunque también reflexiona sobre las dimensiones lúdicas de la cultura moderna.[2] Se le puede reprochar a Huizinga la ausencia de un capítulo sobre la comedia, la farsa y los payasos. En su obra hay muy pocas referencias al teatro. Tampoco habla mucho sobre la risa, que con frecuencia acompaña a los juegos, aunque no siempre. Podríamos decir que ese capítulo faltante lo escribió antes Henri Bergson, pero desde un punto de vista muy diferente. Su libro sobre la risa, basado principalmente en reflexiones sobre la comedia, es también un estudio sobre las manifestaciones del juego en el teatro. Para Bergson lo cómico es un aspecto de la persona que la hace asemejarse a una cosa que se mueve rígidamente de acuerdo a un determinismo que provoca que todo marche como movido por hilos y resortes, como en un juego de títeres que actúan con aparente libertad. Sin embargo, en contraste con Huizinga, Bergson cree que todo lo que es serio en la vida arranca de la libertad, mientras que el juego en la comedia está sumergido en una mecanización de la vida, al tratar a la vida como un mecanismo de repetición, con efectos reductibles y piezas intercambiables. Para Huizinga el juego, en sí, no es cómico,

---

[1] En la introducción a *Homo ludens* se refiere molesto a las ocasiones en que su expresión, en el título de una conferencia, en Zúrich y en Viena, quiso ser cambiado como *Des Spielelement in der Kultur*, cuando él no había usado la partícula *in*. Lo mismo ocurrió cuando en inglés su título original *The play element of culture* quiso ser cambiado a *The play element in culture*.

[2] Henri Bergson, *Le rire*, II, 1.

aunque acepta que en un sentido amplio se puede considerar a la mímica cómica como un juego. Es interesante señalar que el economista Jean Fourastié, en un curioso libro sobre la risa, haya dicho que ésta es una ruptura del determinismo que constriñe y limita las acciones de los hombres. El humor puede romper los determinismos y abrir nuevas perspectivas al espíritu humano.[3]

Si examinamos a la cultura como juego y al juego como una extensión de funciones neuronales, como he propuesto, podemos entender mejor cómo, desde sus orígenes, la cultura es una extraña prótesis que completa y suple actividades que el cerebro no puede desempeñar más que con la ayuda de estas redes simbólicas externas de remplazo. Podemos decir que en sus orígenes los humanos se jugaron la vida y ganaron la posibilidad de sobrevivir gracias a las ramificaciones externas de su cerebro. El juego estaba inscrito en el lenguaje y en las manifestaciones musicales o artísticas. Al mismo tiempo, en la acción lúdica se encontraba incorporada la posibilidad de ejercer un libre albedrío que el resto de los animales no ha conocido más que, si acaso, en formas muy limitadas.

Así como los instrumentos de piedra, de hueso o de madera han sido tradicionalmente decorados con colores y dibujos simbólicos, igualmente la construcción de casas, la elaboración de vestidos, la definición de sistemas de parentesco y la preparación de comida son actividades indisolublemente ligadas a toda clase de codificaciones simbólicas cuya existencia no se explica únicamente por su utilidad. Son un juego y una manifestación de las redes exocerebrales. Son partes de la conciencia humana. La decoración y la incorporación de códigos simbólicos a los instrumentos y a las actividades cotidianas es algo que continúa haciéndose hasta hoy. Podemos preguntarnos si esta estrecha vinculación entre el cerebro y sus prótesis culturales se manifiesta en un carácter universal de las codificaciones que los seres humanos hacen de los colores, los sonidos, los gestos o los espacios que los rodean. O bien, por el contrario, nos encontramos con manifestaciones culturales definidas por su contexto social y no por la influencia de estructuras cerebrales innatas. El problema, por

---

[3] Jean Fourastié, *Le rire, suite.*

supuesto, no se puede reducir a esta polaridad que no hace más que obligarnos a retroceder a la añeja polémica sobre el peso de la natura frente al de la cultura. En realidad, estamos ante un espectro continuo en el que no es necesario trazar una frontera entre el cerebro y el exocerebro, entre los circuitos neuronales y las prótesis culturales.

La idea de que la conciencia y los procesos cognitivos que la acompañan forman un circuito que no solamente opera en el cerebro, sino también en el medio cultural, ha sido con frecuencia ridiculizada. Es gracioso el ejemplo de dos filósofos —Fred Adams y Ken Aizawa— que comparan la posibilidad de que existan circuitos externos de la conciencia y de la mente con la coprofagia de algunos animales.[4] En los conejos, por ejemplo, una parte del ciclo digestivo ocurre fuera del cuerpo. En un primer paso por el sistema digestivo del conejo, los alimentos, especialmente la celulosa, no logran ser descompuestos totalmente. Al llegar los alimentos al intestino ciego se agregan bacterias que inician un proceso de descomposición que produce los llamados cecotrofos, excrementos blandos nutritivos. Las bacterias continúan descomponiendo los elementos que no habían podido ser digeridos previamente. El animal ingiere estos cecotrofos y ahora logra, en esta segunda vuelta, absorber los nutrientes que no logró digerir en la primera pasada. Aquí hay una fase externa del circuito digestivo. Los filósofos ponen este ejemplo para señalar que en los procesos cognitivos no puede haber una fase externa. Los seres humanos, creen, no excretan pensamientos que puedan ser "digeridos" por la sociedad para poder ser ingeridos de nuevo por los procesos conscientes internos. La metáfora coprofágica es una manera fácil de provocar repugnancia por un proceso que ciertamente tiene alguna similitud con la cecotrofia de algunos roedores. Los mismos autores ponen otro ejemplo: es posible calcular mentalmente 347×957, para lo cual es necesario proceder por partes, memorizar resultados, sumarlos a la siguiente operación y así sucesivamente hasta llegar al resultado. Es un proceso laborioso; es mucho más fácil escribir con un lápiz las operaciones en un papel y proceder con el algoritmo sin necesidad de memorizar. Y aún más

---

[4] Fred Adams y Ken Aizawa, "The bounds of cognition".

sencillo y rápido es usar una calculadora electrónica. Estos filósofos concluyen que el papel, el lápiz o la calculadora no forman parte del proceso cognitivo. Solamente el proceso puramente mental lo es. Consideran que únicamente tienen un carácter cognitivo aquellos procesos que implican un contenido intrínseco no derivado. Los signos escritos en una página no tienen carácter cognitivo porque su significado proviene de asociaciones convencionales y de las palabras que usa el lenguaje. "En contraste —afirman—, los estados cognitivos en agentes cognitivos normales no derivan sus significados de convenciones o prácticas sociales."[5]

En realidad los mismos números que se encuentran "representados" en el cerebro y el algoritmo mental usado para efectuar la operación mental son un derivado convencional del contexto cultural y social. Ninguna persona sin cierta educación puede plantearse este proceso cognitivo (347 × 957). Ningún ser humano prehistórico, por ejemplo, pudo plantearse este problema, precisamente por la imposibilidad de derivar los códigos de unas convenciones sociales que todavía no existían. Adams y Aizawa quieren ridiculizar la idea de que un lápiz piensa que 347 × 957 = 332079. Andy Clark les contesta que es absurdo decir que un lápiz piensa, y no porque sea derivado o convencional. El lápiz simplemente es parte de una rutina cognitiva más amplia, y suponer que piensa es tan absurdo como preguntarse si una neurona del lóbulo parietal piensa que, por ejemplo, hay una espiral en el estímulo que recibe y que pasa por ella (y por otras muchas otras neuronas).[6] Es sintomática la resistencia de Adams y Aizawa a ver los procesos culturales como parte de la conciencia. Para ellos los "exogramas" que describe Merlin Donald, que son registros en memorias externas, no son parte de la arquitectura cognitiva humana. Puedo comprender que mi idea de un exocerebro, mucho más amplia, les parece a algunos algo inconcebible, pues creen que ningún proceso externo pueda formar parte de los circuitos de la conciencia.

La fe en la universalidad de las características fundamentales del ser humano se basa con frecuencia en la idea de que

[5] *Ibid.*, p. 48.
[6] *Supersizing the mind*, pp. 85 y ss.

hay un orden general que radica únicamente en el cerebro y que se enfrenta al desorden que hay en la sociedad. Posiblemente la idea de que hay una materia cerebral universal que estructura los procesos cognitivos y los comportamientos es un alivio frente al espectáculo de una supuesta anarquía creciente en el panorama político y económico mundial. La antropóloga Emily Martin ha señalado con razón que, en lugar de un contrato social, que fue visto originalmente como una forma de mantener la disciplina de los individuos rebeldes, hoy se ha llegado a la escalofriante idea opuesta: el orden y la racionalidad residen en el cerebro y el desorden radica en las instituciones sociales.[7]

La discusión sobre las prótesis cognitivas se ha centrado excesivamente en los aparatos, desde los teléfonos celulares con memoria o las calculadoras hasta las computadoras o la fotografía. A mi parecer, como he dicho, hay que agregar de manera destacada las expresiones musicales y artísticas, así como los juegos y el habla, formas que no son tan evidentemente instrumentales como un rolodex o un estetoscopio. Más sutiles aún son los sistemas simbólicos asociados al parentesco, la comida, el vestido y el hogar, elementos fundamentales del entorno cotidiano de los seres humanos y que, con el lenguaje, son expresiones culturales que tienen un carácter universal. También a los instrumentos más sofisticados y complejos (que alberguen sistemas cibernéticos altamente codificados) se les suelen agregar señales y marcas como símbolos asociados a sus dueños: el teléfono celular o la computadora tienen pantallas y sonidos individualizados y otros instrumentos son pintados de colores o grabados con señales identificadoras; incluso las pistolas o los fusiles llevan con frecuencia las señas de propiedad, como antiguamente los arcos y las flechas.

Cuando examinamos la lógica clasificatoria que asigna nombres y funciones a los familiares, a los alimentos, al vestuario o a los espacios habitados resulta muy difícil encontrar pautas universales. Pero lo que sí es un fenómeno generalizado es la necesidad de codificar y clasificar mediante símbolos a las partes de un sistema, sea de parentesco o culinario, de

[7] Emily Martin, "Mind-body problems", p. 583.

238 CEREBRO Y LIBERTAD

vestido o de construcción de viviendas. Y además de clasificar, hay un poderoso impulso no sólo a nombrar (necesidad evidente), sino también a marcar, decorar, adornar, señalizar o rotular los componentes del sistema. Los sistemas de parentesco no son una simple traducción cultural de hechos biológicos. Aunque las relaciones de consaguinidad son importantes, los tipos de parentesco conllevan una variedad de códigos y símbolos que se escapan a los condicionantes de la llamada familia nuclear, compuesta por una mujer y un hombre con su progenie. En los sistemas lineales de parentesco todos los hermanos de los padres de una persona son designados con el mismo término (tíos), a veces diferenciando el género; y todos los hijos de los hermanos de los padres son llamados con un solo nombre (primos). En este sistema los miembros de la familia nuclear se distinguen por género y generación (padre, madre, hijas, hijos), a lo largo de una línea genealógica trazada a partir de la madre o el padre (abuelos, bisabuelos, nietos, bisnietos, etc.). Este sistema, llamado esquimal por los antropólogos, es el que hoy predomina en Occidente. Pero no siempre fue así: como ha señalado Jack Goody, la terminología europea pasó de un sistema colateral bifurcado al sistema lineal que conocemos. En el sistema antiguo se distinguían seis funciones con nombres distintos para los integrantes de la generación de los padres: padre, hermano del padre, hermana del padre, madre, hermano de la madre y hermana de la madre.[8] En latín vulgar se pasó al sistema lineal a finales de la época romana, pero en el antiguo alemán se conservaron nombres diferentes para los hermanos de los padres hasta el siglo XVI: *Fetiro* (hermano del padre), *Oheim* (hermano de la madre), *Basa* (hermana del padre) y *Muoma* (hermana de la madre).[9]

He dado este ejemplo cercano a nosotros para mostrar la importancia de los códigos en las relaciones de parentesco.

---

[8] Jack Goody, *The development of the family and marriage in Europe*, p. 262.

[9] *Ibid.*, p. 264. Véase William Jervis Jones, *German kinship terms (750-1500)*. En latín se distinguían los hermanos del padre *(amita, patruus)* de los hermanos de la madre *(matertera, avunculus)*, y los descendientes de los hermanos del padre *(patruelis)* y de los descendientes de los hermanos de la madre *(consobrinus)*. En español sólo hay dos términos para estas seis relaciones de parentesco (tíos y primos).

Los cambios en la terminología europea que he señalado están relacionados con el surgimiento de prohibiciones de matrimonio bilateral. La terminología está asociada a las funciones inherentes a cada pariente y a los tabúes que regulan las relaciones sexuales entre ellos. Los antropólogos han estudiado con gran detalle las estructuras familiares y de parentesco en muy diversas culturas. No quiero aquí introducirme a este tema laberíntico; quiero solamente señalar que, como ocurre en otros aspectos del comportamiento humano, se ha supuesto la presencia de módulos cerebrales que generarían ciertas reglas en el dominio del parentesco. Hace muchos años, Dan Sperber, inspirado por las ideas de Noam Chomsky, habló de dispositivos mentales específicos filogenéticamente determinados para las clasificaciones de parentesco y de los colores.[10] Las teorías modulares han continuado con esta idea y el propio Sperber ha contribuido de manera decisiva a sostener estas interpretaciones.[11]

Estrechamente ligada a la estructura de parentesco tenemos la construcción y la clasificación de espacios habitados. Así como es necesario imprimir un orden en el entorno familiar, un orden que con frecuencia agrega relaciones artificiales a las consanguíneas, de manera similar se construye y organiza el contorno que sirve de abrigo y protección: la casa u hogar. Desde las cavernas o las tiendas de pieles hasta las inmensas colmenas multifamiliares de las ciudades modernas encontramos entornos artificiales construidos no solamente como protección contra las inclemencias del clima, sino como microcosmos que expresan y se adaptan a estructuras familiares y tribales, a estilos de vida y concepciones religiosas, a hábitos

---

[10] Dan Sperber, "Contre certains a priori anthropologiques".

[11] Véase el libro de Lawrence A. Hirschfeld y Susan A. Gelman (eds.), *Mapping the mind: domain specificity in cognition and culture*. En este libro Sperber tiene un artículo: "The modularity of thought and the epidemiology of representations". Desarrollos más avanzados en las teorías sobre la gramática universal generativa han reconocido un error fundamental en las tesis de Chomsky: su sintaxocentrismo. Lo ha planteado el lingüista Ray Jackendoff, que sin embargo permanece apegado a las teorías modulares, y cree que hay que definir al menos tres módulos con capacidades generativas, unidos entre sí por interfaces: la estructura fonológica, la estructura sintáctica y la estructura conceptual, que incluye la semántica *(Language, consciousness, culture)*.

morales y gustos estéticos. En las casas se organizan los espacios colectivos y los privados, y ello refleja las prohibiciones y los estímulos en el comportamiento sexual, las definiciones de la identidad, la vergüenza, el pudor, la tolerancia y el parentesco. El hogar es un espacio repleto de símbolos, lleno de marcas que configuran un verdadero archivo de recuerdos. Hay todo un universo de signos en el mobiliario diseñado para descansar y dormir, para guardar y clasificar, para comer y cocinar. El hogar es un reservorio de memorias estampadas en los estilos y en la decoración del mobiliario. El cerebro utiliza la masa de información almacenada en el contorno. No solamente el espacio del hogar es un archivo de recuerdos, sino que hay un proceso de "codificación deíctica", que consiste en la permanente actualización de datos inscritos en el contorno, un reconocimiento visual mediante movimientos oculares (sacádicos) que absorben información impresa en el contorno habitual, en la decoración de los muebles y de las paredes. Los movimientos rápidos del ojo toman nota de señales en el campo visual que son necesarias para completar los procesos de cognición y reconocimiento.[12]

La casa y su mobiliario, además de ser un refugio cómodo para sus habitantes, son una prótesis cognitiva; ello explica la importancia que han tenido —aun en los hogares más sencillos y pobres— las formas y las decoraciones de las camas, los sofás, los cofres, los armarios, las alfombras y los tapices. Las sillas y la mesa para comer, tan típicas de la tradición occidental, van acompañadas de vajillas y cubiertos muy decorados.[13] No parece que la profusión de adornos sea la manifestación de un instinto estético; se trata más bien de la expresión de los circuitos cerebrales que buscan completarse con toda clase de signos, símbolos y señales impresos en los objetos que rodean a los humanos y que suelen ir acompañados de un ceremonial apropiado. Es interesante ver cómo un pintor holandés del siglo XVII, Jan Steen, pinta un hogar desordenado, como una expresión de la exigencia del orden que debe imperar en las casas. El orden de los hogares impera en

---

[12] Dana Ballard, M. Hayhoe, P. K. Pook y R. P. Rao, "Deictic codes for the embodiment of cognition".
[13] Véase Maurice Rheims, "Histoire du mobilier".

los cuadros de otro holandés de la misma época, Pieter de Hooch.[14]

Cuando los familiares se sientan ante una mesa para comer, se rodean de objetos ornamentados con motivos florales, geométricos o animales. La comida misma, que ha pasado por un proceso de cocción, contiene también —además de su valor nutritivo— un amplio conjunto de significados que cristalizan en las combinaciones de sabores. En una excelente investigación, Carolyn Korsmeyer ha dicho con razón que, más allá del indudable placer que provoca, el gusto por la comida expresa significados y por lo tanto posee una dimensión cognitiva.[15] Los alimentos forman parte de un sistema simbólico que es muy evidente en el ceremonial religioso, pero que se observa también en las comidas cotidianas.

El gran texto clásico sobre el gusto de Jean Anthelme Brillat-Savarin, publicado en 1824, da una vívida idea de la integración de la comida en un sistema simbólico:

> Aquel que ha asistido a una suntuosa comida, en una habitación ornamentada de espejos, de pinturas, de esculturas, de flores, impregnada de perfumes, enriquecida por bellas mujeres, llena de sonidos armoniosos; aquel, decíamos, no tendrá que hacer un gran esfuerzo mental para convencerse de que todas las ciencias han contribuido a realzar y encuadrar convenientemente los placeres del gusto.[16]

Los placeres de la comida se acercan a otras formas de integrar los símbolos culturales a las sensaciones, como sucede en las artes visuales o en la música, asociadas a la vista y al oído, considerados como superiores ante los tradicionalmente despreciados sentidos del gusto, el olfato y el tacto. Los sentidos "inferiores" están ligados en Occidente a placeres carnales potencialmente pecaminosos, aunque son absolutamente

[14] Véase al respecto el interesante ensayo de Heidi de Mare, "Domesticity in dispute", en un libro que explora el simbolismo de la estructura de los hogares: Irene Cieraad (ed.), *At home: an anthropology of domestic space*.

[15] Carolyn Korsmeyer, *Making sense of taste: food & philosophy*, p. 4.

[16] Jean Anthelme Brillat-Savarin, *Physiologie du goût, ou, méditations de gastronomie transcendante*, t. I, p. 68. Es sintomática su idea de que las mujeres forman parte del decorado.

necesarios para la supervivencia de la especie. Así, la comida y el deseo sexual han sido vistos como ligados a placeres bajos, comparados con los deleites estéticos que proporcionan el arte y la música. Pero en realidad hay una convergencia de las sensaciones consideradas como espirituales con los sentidos que simbolizan la carnalidad y los apetitos, y que pueden degenerar en gula y fornicación.

Una peculiaridad del sistema gustativo es la gran variabilidad del número de papilas en cada individuo; una quinta parte de la gente es muy sensible a los sabores porque tiene una alta densidad de papilas; otra quinta parte, por el contrario, tiene baja percepción de los sabores pues tiene baja densidad de papilas; el resto se encuentra entre estos dos extremos.[17] La diversidad de lo que los humanos comen también es muy grande, lo que revela huellas profundas de la cultura y del hábitat en las costumbres alimenticias; esta diversidad se basa en las peculiaridades fisiológicas (omnívoras) que permiten ingerir una gran variedad de alimentos.

El sentido del gusto, usualmente ligado al del olfato, canaliza una gran cantidad de sensaciones que se entremezclan con el ceremonial de la comida y la decoración de los utensilios usados. Se reconocen usualmente cuatro tipos de sabores: salado, dulce, ácido y amargo.[18] Como en el caso de la percepción de colores y olores, el sistema gustativo genera una cierta codificación que separa la información química que reciben las papilas. Ello contrasta con lo que sucede en el sistema auditivo que percibe las frecuencias de las ondas de sonido como un flujo sin segmentación: los tonos diferentes se escuchan en una secuencia ininterrumpida, y al parecer su codificación es enteramente cultural. En el caso del gusto (lo mismo que con los colores y los olores) hay una base fisiológica en la codificación, que es completada por la variada clasificación cultural de sabores. Sin embargo, los llamados sabores básicos (salado, dulce, ácido y amargo) no se combinan como los colores. Las mezclas de colores primarios producen resultados previsibles: si el rojo se mezcla con el azul se producen mora-

[17] Carolyn Korsmeyer, *Making sense of taste*, p. 87.
[18] Recientemente se ha agregado el sabor llamado *umami*, que es provocado por el glutamato; también se ha hablado de los sabores metálico y alcalino. Pero sigue en debate la definición de los sabores básicos.

dos, y si se mezcla con el amarillo se generan anaranjados. Pero la mezcla de sustancias ácidas y dulces no causa los mismos resultados; una mezcla de vinagre y miel genera un efecto muy diferente a la revoltura de limón y azúcar en una bebida. Ello se debe a que los sabores básicos son tipos que clasifican, mientras que los colores primarios son ondas de luz y pigmentos. Como dice Korsmeyer, no podemos mezclar tipos sino sólo sustancias específicas (como la miel, el azúcar, el jugo de limón o el vinagre).

En realidad los sabores tienen un carácter multisensorial e interactivo, como lo ha señalado Gordon Shepherd.[19] Aunque hay un número limitado de receptores en la lengua, hay que agregar unos 1000 receptores nasales que detectan diferentes clases de olores. Los olores llamados retronasales, que se perciben en la parte profunda de la boca, se combinan con los sabores primarios para producir muchas experiencias gustativas distintas. A ello se agregan las sensaciones visuales y táctiles. Shepherd afirma que los sabores son una invención del cerebro. Ciertamente, son una combinación de sensaciones codificadas culturalmente y procesadas en el cerebro. El ejemplo del vino es sintomático y revelador. Al probarlo es fácil comprobar la combinación de sensaciones que genera: no sólo el olor retronasal se mezcla con las sensaciones que percibe la lengua; además se agrega evidentemente el color. Un experimento de 2001 con expertos catadores fue revelador. Primero comprobaron que se usan diferentes terminologías para describir los sabores de los vinos blanco y tinto, generalmente asociadas a frutas. Cuando cataron unos vinos blancos que, sin saberlo ellos, habían sido teñidos con tintura roja insabora, los describieron con los términos usuales referidos a los tintos. El sabor y el olor no fueron determinantes en la descripción; fue más importante la percepción visual asociada a códigos establecidos culturalmente y vinculados al color de las frutas (ciruelas, cerezas y otras similares).[20]

Muchos se han preguntado si las mezclas de sabores que ofrece la cocina producen obras de arte similares a un poema, una sonata o una escultura. Lo interesante de esta inquietud,

[19] Gordon M. Shepherd, *Neurogastronomy: how the brain creates flavor and why it matters*.

[20] Gill Morrot, Fréderic Brochet y Denis Duboudieu, "The color of odors".

desde mi punto de vista, es que permite meditar sobre las funciones simbólicas de la comida. Hay quienes sostienen que la lógica del gusto difiere totalmente de la que alienta los juicios estéticos. Los principios en que se basa el arte serían completamente diferentes a los mecanismos que ordenan el gusto, los cuales están tan profundamente enclavados en el cuerpo que no podrían proporcionar una emoción estética. El problema radicaría en que los alimentos, aun después de muy refinados tratamientos gastronómicos, no tienen un significado ni pueden expresar emociones. La comida no representaría nada más allá de ella misma.

A mi juicio la comida sí representa algo más que los alimentos que se ingieren; alberga significados, expresa (y provoca) emociones y está ligada a un sistema simbólico. Esto no implica necesariamente que la comida pueda considerarse como una de las artes; me parece que ciertamente, en el sentido del gusto hay una dificultad intrínseca para generar una secuencia armónica de sabores y texturas lo suficientemente fluida como para producir cambios rápidos equiparables a los que se pueden percibir en la música, la palabra y la representación plástica. Pero es una *dificultad*, no una *imposibilidad*. Sin embargo, lo que me interesa aquí es recordar lo que los antropólogos han comprobado: que la comida está inscrita en un espacio simbólico y cognitivo. Lo resumió muy bien Claude Lévi-Strauss cuando observó que las especies naturales no son elegidas por ser buenas para comer, sino también por ser buenas para pensar.[21]

Lo mismo puede decirse de la vestimenta: no solamente es confeccionada y elegida para abrigar, sino también para pensar bien. En realidad en el vestuario es más evidente que en la comida la dimensión cognitiva y la expresión de significados. Además de ser una protección contra las inclemencias del medio ambiente, el vestido es una manera de codificar y clasifi-

---

[21] Claude Lévi-Strauss, *Le totémisme aujourd'hui*, p. 132. El filósofo francés Jean-Paul Jovary considera (partiendo de categorías kantianas) que la cocina puede llegar a ser un arte, y su ejemplo es el gran cocinero catalán Ferran Adrià. La cocina de Adrià provocaría una ampliación de nuestro conocimiento de lo real, además de ser original y universal. Es difícil opinar al respecto, pues no he tenido ocasión de probar el arte de Adrià, y dudo que lo pueda hacer alguna vez (véase *Ferran Adrià, l'art des mets*).

car las partes del cuerpo, y obedece a señales que indican qué debe ocultarse y qué puede quedar al desnudo, más allá de las determinaciones biológicas y climáticas o de restricciones prácticas. Desde tiempos antiguos se establecieron reglas que codificaban el pudor, como hoy lo llamamos. El antropólogo Hans Peter Duerr ha mostrado en sus extensas investigaciones que el llamado proceso de civilización no habría ido paulatinamente reprimiendo y ocultando las partes genitales o excretorias del cuerpo que, supuestamente, en las sociedades primitivas, antiguas y medievales se habrían exhibido de manera más natural e inocente. En realidad han existido desde tiempos antiguos regulaciones que establecieron, por medio de la vestimenta, estrictos códigos que definían la desnudez, el pudor y la vergüenza.[22]

Además de abrigar y ocultar, la vestimenta desde luego manifiesta un gusto por la apariencia y expresa un conjunto de signos y símbolos de muy diversa naturaleza. Acaso sea excesivo decir que el vestido constituye un lenguaje. Pero sin duda la vestimenta contiene señales que informan sobre el sexo y la edad de la persona, y con frecuencia denotan también si ella es soltera, virgen, casada o viuda. En las diferentes culturas los vestidos muestran señales peculiares de carácter tribal, religioso, jerárquico, profesional, estacional, festivo y regional.[23] Especialmente notables son los significados mágico-religiosos que los vestidos expresan.[24] Roland Barthes, en sus estimulantes reflexiones sobre la moda, exageró desmesuradamente la importancia del signo en los vestidos. Incluso llegó a afirmar que, como los morfemas y los fonemas en el habla y el lenguaje, se podían definir a los "vestemas" como unidades mínimas de significación en la vestimenta.[25] La fascinación occidental por las señales y las apariencias en el vestuario se puede

---

[22] Hans Peter Duerr, *Nudité et pudeur. Le mythe du processus de civilisation*. Se trata del primer volumen de una obra que explora también la intimidad, la obscenidad y el amor erótico. El mismo tema es tratado desde otro punto de vista por Aileen Ribeiro, *Dress and morality*.

[23] Véase Nicola Squicciarino, *Il vestito parla*, e Yves Delaporte, "Le vêtement dans les societés traditionelles".

[24] Véase Linda Welters (ed.), *Folk dress in Europe and Anatolia: beliefs about protection and fertility*.

[25] Roland Barthes, "La mode et les sciences humaines" y *Système de la mode*. Véanse los comentarios de Yves Delaporte en "Le signe vestimentaire".

comprobar en los muchos estudios y libros que se han dedicado al tema, con frecuencia profusamente ilustrados. Son buenos ejemplos las obras de François Deserpz (1562), del grabador flamenco Abraham de Bruyn (1577) y del pintor italiano Cesare Vecellio (1590), que constituyen precursoras miradas etnográficas a las costumbres de diferentes pueblos.[26]

Pensar que el vestido es un lenguaje suele conectarse con la idea de que hay un sistema inscrito en algún módulo cerebral, a partir del cual se generan variantes adaptadas a diversos contextos culturales. Lo mismo ocurriría con los signos y los símbolos asociados a los sistemas de parentesco, a los procesos culinarios y a la estructura de los hogares. Aquí volvemos a toparnos con las propuestas de Noam Chomsky y con las alternativas que sugirió Jean Piaget.[27] En la perspectiva de este último, lo que encontramos es la construcción de sistemas simbólicos a partir de la vinculación del cerebro con el entorno social.[28] A diferencia del innatismo de Chomsky, donde predomina un principio preformativo responsable del desarrollo de estructuras simbólicas, para Piaget la explicación se halla más bien en un proceso epigenético que va construyendo los sistemas simbólicos sin que procedan de una matriz previamente existente en el cerebro. El uso de esta antigua contraposición (preformativismo *vs.* epigenetismo), que ha provocado grandes polémicas entre biólogos, no solamente permite analizar las diferentes formas de clasificar el contorno natural, sino también las maneras de interpretar las estructuras artificiales de signos y símbolos. Patrick Tort utiliza la dicotomía para estudiar lo que llama la "razón clasificatoria" que los científicos han usado para comprender las distintas taxonomías y tipologías que codifican tanto a las especies animales

---

[26] Véase Lou Taylor, *The study of dress history.*

[27] Véase el famoso debate de Royaumont de 1975 en Massimo Piattelli-Palmarini (ed.), *Théories du language, théories de l'apprentissage. Le debat entre Jean Piaget et Noam Chomsky.* Allí Chomsky propuso tratar el problema de la naturaleza del lenguaje exactamente de la misma manera en que se aborda el problema del crecimiento de un órgano físico del cuerpo. Para él se trata de la "maduración progresiva de una estructura *(hardware)* especializada". En consecuencia, no habría que hablar del "aprendizaje" de una lengua, sino de su "crecimiento" (pp. 122-124).

[28] Patrick Tort, *La raison classificatoire.* Véase, de Roman Jakobson, "Two aspects of language and two types of aphasic disturbances".

como a las ciencias, a las razas como al comportamiento social. Tort se basa en una estimulante y conocida reflexión de Roman Jakobson, quien definió dos tipos de comportamiento verbal (el metafórico y el metonímico) y los aplicó a la comprensión de dos formas de afasia (la de Broca y la de Wernicke). La metáfora establece vínculos combinatorios de semejanza y funciona, cree Tort, de acuerdo a un principio preformativo que establece relaciones internas de contigüidad. La metonimia define vínculos epigenéticos de causa-efecto y relaciones externas. En la afasia habría también dos polos: el desorden de los vínculos gramaticales internos y la patología que desarticula las relaciones con las ideas externas y su selección. Para Tort esta polaridad es la misma que separa a Chomsky de Piaget, el innatismo del constructivismo, el internalismo del externalismo, la sincronía de la diacronía y, en suma, la preformación de la epigénesis.[29]

Desde la perspectiva de Piaget, y continuando la interpretación de Huizinga, podríamos entender que en el proceso de cristalización de símbolos en el vestido, el hogar, la comida y el parentesco hay importantes elementos lúdicos. No solamente es la necesidad lo que impulsa la incorporación de símbolos y signos en una cena, una casa, un vestido o en la definición de reglas de parentesco. Hay también un juego libre y placentero que entreteje normas y diversión, como ocurre también en la música, la danza, la pintura o la literatura.

Los sistemas simbólicos sólo están alojados parcialmente en el cerebro. Son principalmente estructuras que se han ido construyendo, no sólo como la expresión social de módulos cerebrales, sino como fruto de una intensa interacción entre los sistemas neuronales sociodependientes y las texturas cul-

[29] Piaget creía en la existencia de paralelos entre la filogenia y la ontogenia, pues fue influido en su juventud por las ideas de Haeckel, cuando estudió paleontología (su tesis fue una investigación sobre los gastrópodos del Jurásico). El gran biólogo Stephen Jay Gould le escribió en 1972 preguntándole su opinión de Haeckel. Piaget le contestó que había hecho poca investigación psicológica sobre la relación entre ontogénesis y filogénesis, pero que creía que el niño explica más al adulto que a la inversa. Gould sostiene que Piaget se mantuvo entre dos extremos: entre el neopreformativismo de Chomsky y las viejas teorías sobre la tábula rasa. Gould afirma enfáticamente que la filogenia no causa la ontogenia, aunque hay paralelos. Véase Stephen Jay Gould, *Ontogeny and phylogeny*, pp. 144-147.

turales que rodean a las personas. Se trata de un proceso de autorregulación. Las texturas simbólicas externas son continuamente creadas y usadas —consciente o inconscientemente— por los circuitos neuronales que no pueden funcionar adecuadamente sin estas prótesis.[30] Cuando los individuos se disponen a tomar una decisión, ocupan un tiempo, a veces muy largo, en pensar y sopesar las alternativas. Este "pensar" implica, por supuesto, la deliberación con otras personas en el marco de instituciones sujetas a reglas. Pero también se trata de una meditación individual que incluye, desde luego, la aplicación de una cierta racionalidad. Se agrega a ello un examen meditabundo que mezcla las ideas que fluyen del cerebro con la absorción de sensaciones y señales que proceden de los sistemas simbólicos que nos rodean, inscritos en las habitaciones de la casa, los sabores de la comida, la música que escuchamos, los textos que leemos, los sitios de internet que frecuentamos, los objetos familiares que nos rodean o los vestidos que usamos. Nos envuelve un conjunto de texturas, olores, sensaciones, emociones, sabores, sonidos, imágenes y palabras que transmiten signos y símbolos. Aunque proceden de sistemas estructurados, el flujo de señales en el que estamos inmersos puede ser caótico o tumultuoso; en ese flujo se sumerge la persona que divaga mientras medita las decisiones que ha de tomar. Hay aquí, literalmente, un juego con las olas de símbolos externos que bañan a los individuos durante todo el tiempo que están despiertos. Las personas usan consciente o inconscientemente partes de este baño simbólico para estimular la reflexión.

Podemos preguntarnos: ¿esta meditación deliberada aunque divagadora y lúdica, interrumpida por momentos de re-

---

[30] J. Kevin O'Regan ha explicado muy bien, desde la perspectiva neurocientífica y psicológica, esta función de las prótesis externas: "el mirar constituye un proceso activo de sondeo del medio externo, como si éste fuera una memoria externa disponible continuamente. Esto nos permite entender por qué, a pesar de la pobre calidad del aparato visual, tenemos la impresión subjetiva de una gran riqueza y 'presencia' del mundo visual: pero la riqueza y la presencia son en realidad una ilusión, creada por el hecho de que si nos preguntamos algo sobre el contorno, así sea vagamente, la información sensorial de la retina nos da inmediatamente una respuesta, posiblemente proporcionada por un movimiento del ojo" ("Solving the 'real' mysteries of visual perception: the world as an outside memory").

flexión más sistemática e incluso racional, nos permite tomar decisiones voluntarias y libres? ¿La deliberación y la discusión con otras personas, combinada con derivas meditabundas en las que nuestro pensamiento vaga recorriendo el entorno, pueden ser parte del ejercicio del libre albedrío? Mi contestación es que sí, que este juego que une la actividad cerebral con los circuitos simbólicos del entorno abre la posibilidad de tomar decisiones voluntarias que escapan de las cadenas deterministas. El juego rompe la cadena de determinaciones. Así, podemos comprender que el libre albedrío tiene sus raíces en la cultura y que, en consecuencia, hay diversas formas de libertad.

VII. REFLEXIONES FINALES

La excursión por el pequeño mundo que nos rodea, el mundo de la familia, el hogar, la comida y el vestido, nos ayuda a entender la inmediatez del enjambre de símbolos que nos envuelve. Esta inmediatez no es tan evidente en el gran teatro social, donde poderosas instituciones y fuertes confrontaciones —aunque repletas de símbolos— nos aturden con su estruendoso espectáculo. Un espectáculo paradójico de progreso tecnológico y miseria, de riqueza y de guerras, de comunicaciones masivas y soledad, de celebridades políticas y estrellas famosas, de juicios y delitos.

El pequeño mundo que nos rodea es muy similar al mundo circundante de los animales —el *Umwelt*— que definió y estudió el biólogo estonio Jakob von Uexküll, quien es considerado hoy como el fundador de la biosemiótica, y al que me referí brevemente en el capítulo III. Para Uexküll cada especie animal tiene su *Umwelt* propio, que se compone a su vez de dos mundos conectados respectivamente al sistema receptor y al sistema efector. El primero *(Merkwelt)* es el conjunto de signos que el organismo es capaz de percibir, y el segundo *(Wirkwelt)* es la parte del mundo que es capaz de afectar. Así, hay un mundo compuesto por los objetos a los cuales el animal puede prestar atención y otro mundo compuesto por los objetos que pueden ser afectados por la acción del organismo. En su conjunto forman el *Umwelt* de un animal. Véase cómo describe Uexküll la sobreposición de diferentes *Umwelten*:

> Consideremos, por ejemplo, el tallo de una flor de los prados y preguntémonos qué papeles le son asignados a los cuatro siguientes mundos circundantes: *1)* el mundo circundante de una muchacha que recoge flores de diverso color para hacer un ramo y así adornar su corpiño; *2)* el mundo circundante de una hormiga que emplea el dibujo regular de la superficie del tallo como pavimento ideal para alcanzar la zona de alimentación en las hojas de las flores; *3)* el mundo de la larva de una cigarra que

perfora el tallo para emplear su savia como depósito y edificar las paredes fluidas de su diáfana casa; *4)* el mundo circundante de una vaca que recoge tallos y flores en su amplia boca para utilizarlos como alimento.[1]

Así, concluye Uexküll, el mismo tallo de flor en cada *Umwelt* desempeña un papel de adorno, de camino, de depósito o de alimento. Los objetos (como el tallo) son signos y debido a ello, según su famosa frase, "jamás un animal entra en relación con un 'objeto'. Merced únicamente a la relación, el objeto se transforma en portador de una significación que el sujeto le imprime".[2] A los semiólogos estructuralistas, como Roland Barthes, les hubiese encantado esta formulación.

La importancia del concepto de *Umwelt* radica en que concibe al organismo en su unidad con un contorno compuesto de objetos portadores de significado. Cuando Uexküll se refiere al mundo perceptible *(Merkwelt)* de los humanos concluye que "es una parte viva de nosotros mismos".[3] Afirma también que el mundo perceptible es el equivalente que ofrece a los psicólogos en lugar del concepto de psique.[4] Sostiene que es ventajoso sustituir la psique por el *Merkwelt* porque ello impide introducir el problema del libre albedrío y de lo bello en el mundo animal. Yo creo que esta idea del mundo circundante (del cual es parte lo que llamo el exocerebro) permite plantear el problema del libre albedrío de los humanos de una forma en que puede tener una solución. Este problema ciertamente no tiene sentido en los animales.

Es interesante señalar que Uexküll fue la fuente de inspiración que impulsó al filósofo español José Ortega y Gasset para formular su célebre expresión: "yo soy yo y mi circunstancia, y si no la salvo a ella no me salvo yo", en su libro *Meditaciones del Quijote* de 1914. Cuando allí Ortega se refiere a su entorno, la sierra de Guadarrama y los campos de Ontígola,

[1] Jakob von Uexküll, *Meditaciones biológicas. La teoría de la significación* [*Bedeutungslehre*, 1940], p. 24.

[2] *Ibid.*, p. 19.

[3] Jakob von Uexküll, *Ideas para una concepción biológica del mundo* [*Bausteine zu einer biologischen Weltanschauung. Gesammelte Aufsätze*, 1913], p. 231.

[4] *Ibid.*, p. 72.

afirma que esta "realidad circundante forma la otra mitad de mi persona"; a través de ella "puedo integrarme y ser plenamente yo mismo". Aunque aquí no lo menciona, es evidente que su reflexión tiene como origen las ideas de *Umwelt* formuladas por Uexküll: "la ciencia biológica más reciente —dice Ortega— estudia el organismo vivo como una unidad compuesta del cuerpo y su medio particular: de modo que el proceso vital no consiste sólo en una adaptación del cuerpo a su medio, sino también del medio a su cuerpo".[5] El propio Ortega publicó en 1922 las *Ideas para una concepción biológica del mundo* de Uexküll con una presentación suya donde dice que "sobre mí han ejercido desde 1913 gran influencia estas meditaciones biológicas".[6] El concepto de *Umwelt* está estrechamente ligado a la idea de que la conciencia no es únicamente un yo alojado en el cerebro, sino que incluye al entorno. Fue una idea que cautivó a Ortega, quien habría podido exclamar: yo soy yo y mi *Umwelt*.

La idea de que el yo no solamente está empotrado en un cuerpo sino que también forma parte del mundo circundante llegó a ser aceptada por varios pensadores. A finales del siglo XVII, John Locke señalaba que la persona —el *self*— es un concepto que implica al foro, es decir, al entorno social.[7] Más tarde, Jean-Jacques Rousseau vio de manera crítica la existencia del hombre dependiente del entorno social: "el salvaje vive dentro de sí mismo; el hombre sociable está siempre fuera de sí y no sabe vivir más que en la opinión de los otros, y de este único juicio, por decirlo así, obtiene la sensación de su propia existencia".[8]

Más cerca de nosotros, en el siglo XIX, el novelista Henry James, por medio de un personaje (madame Merle) de *El re-*

---

[5] *Meditaciones del Quijote*, pp. 76-77.

[6] Publicado en la Biblioteca de Ideas del Siglo XX dirigida por Ortega. Las notas al pie de la edición de las Meditaciones del Quijote de 1957, de Julián Marías, explican con detalle la influencia de Uexküll en Ortega. El antropólogo español Julio Caro Baroja también conoció la obra de Uexküll y la comenta en su libro *Los Baroja*, p. 87. Véase Ilia Utekhin, "Spanish echoes of Jakob von Uexküll's thought".

[7] John Locke, *An essay concerning humane understanding* [segunda edición de 1694], cap. 27, §§ 23-27.

[8] Jean-Jacques Rousseau, *Discours sur l'origine et les fondements de l'inegalité parmi les hommes* [1755], p. 193.

trato de una dama (1881), expresó de manera vívida la idea de que el yo se extiende al mundo circundante:

> Cuando usted tenga mis años, verá que todo ser humano tiene su caparazón, y hay que tener en cuenta tal caparazón. Al hablarle de caparazón me refiero al conjunto de circunstancias que lo envuelven. No existen el hombre ni la mujer totalmente aislados, y cada uno de nosotros está constituido por un puñado de accesorios. ¿Qué podemos llamar nuestro yo? ¿Dónde empieza y dónde acaba? Se desborda hacia todo lo que nos pertenece y luego refluye. Yo sé que parte de mí misma está en los vestidos que me gusta ponerme. ¡Tengo un gran respeto por las cosas! Para los demás el propio yo es la expresión de una misma, más la casa propia, el mobiliario, los vestidos, los libros que lee y los amigos que tiene [...] todas esas cosas son significativas.[9]

Por supuesto a Uexküll no le habría gustado mucho este énfasis en la relación del animal humano con las cosas. En su teoría del *Umwelt* lo importante es que esas cosas funcionan como signos o símbolos, no como objetos. Pero reconocería la dimensión *significativa* de las cosas que destaca Henry James. Es interesante que el hermano de Henry, William James, expresó exactamente la misma idea en sus *Principios de psicología* de 1890:

> *En su acepción más amplia [...] el yo de un individuo es la suma total de todo lo que PUEDE llamar suyo*, no sólo su cuerpo y sus poderes psíquicos, sino también su ropa y su casa, su esposa y sus hijos, sus antepasados y sus amigos, su reputación y sus obras, sus tierras y sus caballos, y el yate y la cuenta de banco. Todas esas cosas producen las mismas emociones.[10]

He traído aquí estas citas porque nos acercan a la idea de un yo que se extiende al entorno cercano e incluso íntimo, que funciona como exocerebro, y que permite entender las condiciones concretas en las que se basa la autoconciencia. Las expresiones más abstractas de este *Umwelt* pueden hacernos

[9] Henry James, *The portrait of a lady*, cap. 19.
[10] William James, *The principles of psychology*, cap. 10.

perder de vista los referentes cotidianos. Esta noción no sólo fue adoptada por la biología; también fue, por ejemplo, una pieza fundamental de la fenomenología de Edmund Husserl, que no provino de Uexküll y en la que no me detendré. Pero me referiré brevemente a algunas repercusiones filosóficas directas de las tesis de Uexküll. Fueron utilizadas, por ejemplo, por Martin Heidegger en un curso que impartió en Friburgo en el semestre de invierno de 1929-1930 sobre la metafísica. Heidegger elogia a Uexküll por sus investigaciones sobre la relación del animal con su medio circundante, y que le interesan también por ser una fuerte crítica al darwinismo. Para Heidegger el *Umwelt* es lo que llama "anillo de desinhibición"; la desinhibición es la que permite que un organismo sea capaz de una conducta motivada dentro de su mundo o anillo. Pero Heidegger cree que el mundo circundante humano es muy diferente al animal, y que no se trata simplemente de una alteridad cualitativa (y menos cuantitativa) de lo humano ante lo animal; se trata más bien de saber "si el animal puede percibir en general o no algo *en tanto que* algo". El animal no es capaz de ello y por ello "está separado del hombre por un abismo".[11] En los animales hay lo que llama una "pobreza de mundo", pues no son capaces de conocer a las cosas en tanto que cosas, mientras que los humanos son formadores o configuradores de mundo. Ésta es una de las bases para pensar en lo humano como una apertura, como un ser-en-el-mundo.

Varios años después, en 1944, Ernst Cassirer retomó las ideas de Uexküll para apoyar su idea del hombre como "animal simbólico". Ambos habían coincidido como profesores en la Universidad de Hamburgo en los años veinte del siglo pasado. En 1933, Uexküll dio allí una conferencia sobre el campo olfativo de los perros. Cassirer, que asistió, intervino para decir que Rousseau había afirmado que habría que haber matado al primer hombre que construyó una cerca y declaró: "esto es mío". Pero, añadió Cassirer, esto no hubiese bastado: habría que haber matado también al primer perro. Y a propósito de perros, hay que decir que en el auditorio estaba también Joseph Goebbels, ministro de propaganda de Hitler. Ese mis-

---

[11] Martin Heidegger, *Los conceptos fundamentales de la metafísica: mundo, finitud, soledad*, § 61, b. Puede verse una interesante reflexión sobre Uexküll y Heidegger en Giorgio Agamben, *Lo abierto: el hombre y el animal*.

mo año, Cassirer huyó de Hamburgo debido al ambiente anti-judío que se respiraba en las universidades (Uexküll aparentemente lo defendió).[12] Cassirer entendía que la idea de *Umwelt* no es una interpretación psicológica, sino un concepto basado en la estricta observación de la estructura anatómica y del comportamiento de las especies animales. Hay un equilibrio coordinado entre los mundos receptor y efector; Cassirer considera que en el círculo funcional *(Umwelt)* de los seres humanos hay un cambio cualitativo que lo diferencia del mundo que circunda a los animales: hay que considerar el sistema simbólico constituido por el lenguaje, el mito y la religión. La experiencia humana está envuelta en una compleja red simbólica. Por ello Cassirer prefiere definir al hombre, más que como un animal racional, como un animal simbólico. En el mundo circundante de los animales hay solamente señales; en el del hombre hay símbolos. Por ello, para Cassirer, el círculo funcional cerrado del *Umwelt* animal no es un concepto aplicable a los hombres. Sin embargo, Cassirer no exploró la posibilidad de un *Umwelt* simbólico, como extensión del cerebro, para explorar la relación entre la mente y el entorno cultural.

Otro filósofo, Maurice Merleau-Ponty, en su curso de 1957-1958, tomó como punto de apoyo las teorías de Uexküll para explicar la "arquitectura de símbolos" que, aun en los animales no humanos, aparece como una especie de "precultura"; ello ocurre cuando el *Umwelt* se orienta cada vez menos hacia una finalidad y más hacia la interpretación de símbolos. En el *Umwelt* no hay simplemente una suma de eventos exteriores o una relación con el espacio subjetivo interior. Merleau-Ponty afirma que la conciencia humana es un "campo trascendental"; el *Umwelt* humano es un campo abierto que no es producto de la libertad en el sentido kantiano, es decir, como evento libre ligado a una decisión; es más bien una libertad estructural, en el sentido en que Uexküll entiende el

---

[12] Ernst Cassirer, *Antropología filosófica*, cap. II. Barend von Heusden, "Jakob von Uexküll and Ernst Cassirer". Véase también Andreas Weber, "Mimesis and metaphor: the biosemiotic generation of meaning in Cassirer and Uexküll". Jürgen Habermas se refiere a Uexküll en su interesante texto sobre Cassirer y Gehlen: "Symbolic expression and ritual behavior: Ernst Cassirer and Arnold Gehlen revisited".

Umwelt: como una melodía en la que ya no podemos ver al organismo —en su relación con el mundo exterior— como un efecto de ese contorno externo, ni como su causa.[13]

Ciertamente, el problema de la libertad se inserta en ese campo abierto que es el mundo circundante de los humanos. La noción de *Umwelt* permite ubicar el problema y los parámetros que lo definen, pero la interpretación de Uexküll se encuentra demasiado anclada en el viejo vitalismo, en un anti-evolucionismo caduco y en una visión metafísica como para constituir una base suficiente para resolver el problema. Desde otra perspectiva, el gran economista y filósofo liberal Friedrich von Hayek, opositor de las tesis keynesianas, abordó el asunto. Hayek se formó primeramente como psicólogo y en los años veinte del siglo XX escribió un ensayo que nunca publicó en el que expuso una teoría que adelanta ideas discutidas mucho tiempo después y avanza una hipótesis que posteriormente fue desarrollada por Donald Hebb (en 1964) sobre la manera en que la actividad neuronal fortalece ciertas conexiones sinápticas para fijar la memoria, lo que es una muestra de la plasticidad cerebral.[14] Hayek publicó su libro *The sensory order* en 1952, a partir de sus manuscritos juveniles. Es muy interesante observar la manera en que el gran defensor de la libertad moderna aborda allí el problema del libre albedrío desde una perspectiva filosófica y psicológica. Para comenzar, Hayek afirma que entre el orden físico del mundo externo y el orden sensorial (mental o fenoménico) no hay isomorfismo. En contraste plantea que entre el orden sensorial o mental y el orden neuronal hay, más que isomorfismo, identidad.[15] Supongo que usa el concepto de isomorfismo más como una metáfora que como una rigurosa noción matemática (o mineralógica), para referirse a la similitud de formas o estructuras de fenómenos o cosas de diverso origen. En todo caso, Hayek postula una dualidad mundo-mente que no ayuda a entender el problema del libre albedrío y que se opone a la idea de un *Umwelt* vinculado estructuralmente al indi-

---

[13] Maurice Merleau-Ponty. *La nature. Notes, cours du Collège de France,* segundo curso, § 2.

[14] Una buena visión general del tema de la plasticidad puede leerse en Norman Doidge, *The brain that changes itself.*

[15] Friedrich A. Hayek, *The sensory order,* §§ 2.7, 2.8 y 2.10.

viduo. Hayek se da cuenta de que la biología no le permite entender las respuestas a estímulos externos dirigidas a fines, propias de los sistemas nerviosos centrales más desarrollados, pero acude vagamente a los conceptos de homeostasis y de sistemas abiertos desarrollados por Walter B. Cannon y Ludwig von Bertalamffy. Pero se topa con un grave problema cuando, a pesar de negar las diferencias entre el orden neuronal y el mental, se siente obligado a adoptar una visión dualista (§ 8.46). Como le parece imposible la unificación de eventos mentales y eventos físicos, no tiene más remedio que aceptar lo que llama un "dualismo práctico" basado en la afirmación de una diferencia objetiva entre las dos clases de eventos y, sobre todo, en las demostrables limitaciones de los poderes de nuestra mente para comprender el orden unitario al que pertenecen (§§ 8.87 y 8.88).

Para Hayek toda concepción de una mente explicándose a sí misma es una contradicción lógica y está convencido de que nunca será posible construir un puente sobre el espacio que hay entre las esferas de lo mental y de lo físico (§§ 8.90 y 8.91). Al llegar a este punto Hayek tropieza con otro problema, el del libre albedrío:

> Aun cuando conozcamos el principio por el cual toda acción humana es causalmente determinada por procesos físicos, esto no quiere decir que para nosotros en particular una acción humana pueda alguna vez ser reconocida como el resultado necesario de un conjunto particular de circunstancias físicas. Para nosotros, las acciones humanas deben siempre aparecer como el resultado de toda la personalidad humana (lo que significa la mente de una persona en su conjunto), la cual, como hemos visto, no podemos reducir a otra cosa [§ 8.93].

Esto quiere decir que la libre voluntad depende únicamente de la aceptación de un "dualismo práctico", pero que en realidad —en una visión unificada— no existe. En una nota a esta afirmación Hayek dice que la palabra "libre" ha sido formada para describir una determinada experiencia subjetiva y que difícilmente puede definirse, excepto en referencia a dicha experiencia, y que a lo sumo podría afirmarse que el término no tiene sentido. Pero esto implicaría, cree Hayek, que cualquier negación del libre albedrío sería tan absurda como su afirmación.

Unos años después, en su célebre *The constitution of liberty* (1960), Hayek repitió su idea sobre el libre albedrío: se trata de un problema fantasmal en el que no tienen sentido ni su afirmación ni su negación. Sin embargo, después de discutir las ideas voluntaristas y deterministas, se inclina claramente por las primeras: "los voluntaristas están más cerca de lo correcto, mientras que los deterministas están simplemente confundidos".[16]

Puesto que para Hayek el problema consiste en entender cómo el mundo exterior es representado, reproducido y clasificado en la mente humana, llega inevitablemente a una regresión infinita, propia de la antigua idea del homúnculo: la reproducción de la reproducción que a su vez tiene que incluir una reproducción de esa reproducción, y así *ad infinitum*. Ésta es la razón por la cual Hayek cree que es imposible comprender totalmente el mundo externo circundante (§ 8.97). Al llegar a esta conclusión, el gran liberal evadió la posibilidad de anclar la noción de libertad en una sólida base científica.

El problema de la "unificación" de los órdenes mental y neuronal no puede concebirse como un *reducir* lo consciente al orden físico, pues toda reducción se enfrenta al absurdo. Lo mismo sucede cuando se procede, digámoslo así, a *aumentar* o *elevar* el orden físico a la esfera social: se llega al absurdo de explicar los resultados de la investigación en física como meras construcciones sociales o culturales. Este relativismo cognitivo es tan dañino como el reduccionismo que aplasta la dinámica de la conciencia sobre un férreo determinismo monista.

Las reflexiones de Hayek fueron recogidas por otro gran economista (y también premio Nobel), Douglass North, quien al entender la economía como una teoría de la elección, se ha acercado a los problemas neuronales. Al concebir así la economía, North se interesa en la "intencionalidad de los jugadores" y en el mundo cultural circundante en cuyo contexto se toman las decisiones. Sostiene que Hayek, en su estudio

---

[16] Friedrich A. Hayek, *The constitution of liberty*, pp. 135-136, en el cap. 5.

pionero sobre el orden sensorial, afirmó correctamente que nuestro conocimiento es, en el mejor de los casos, fragmentario; pero se equivocó al no comprender que es necesario realizar procesos de "ingeniería social", aun cuando tuvo razón en su discusión con los planificadores socialistas. Esto lleva a North a subrayar la importancia de la intencionalidad humana consciente y a sostener que ella encarna en las instituciones sociales. La dificultad radica en que las decisiones y las elecciones ocurren en lo que llama un mundo no ergódico, es decir, un mundo social en continuo cambio y lleno de incertidumbre. Las decisiones están inscritas en un espacio cultural en el que coexisten muy diversos sistemas de creencias, y en los que se combinan tanto actitudes racionales como irracionales. Reconoce que Hayek entendió que la mente se encuentra inseparablemente conectada con el medio ambiente y que construye sistemas clasificatorios para entenderlo. A partir de esto, North se apoya en Merlin Donald, a quien ya aludí en el capítulo v, para reconocer la gran influencia del medio ambiente simbólico.[17]

A mi parecer, el entorno cultural incierto obliga a los seres humanos a tomar decisiones constantemente. Pero, al mismo tiempo, el mundo simbólico que los rodea les abre la posibilidad de escapar del espacio biológico determinista para entrar en un mundo en el que es posible, aunque difícil, elegir libremente. Desde luego, el mundo sociocultural no es un espacio contingente en el que las opciones surgen al azar ante unos humanos azorados que tendrían que tomar decisiones en un espacio no sólo incierto sino incomprensible. Con frecuencia, desde un punto de vista biológico, se interpreta la relación de los humanos con el mundo circundante como un fenómeno de homeostasis. La homeostasis (homeo = semejante, stasis = estabilidad) funciona lo mismo en un ser unicelular como la ameba que en un organismo tan complejo como el de los mamíferos superiores. Es una tendencia que mantiene estable el medio ambiente interior de los animales mediante procesos fisiológicos que interactúan con el exterior.

El neurólogo Antonio Damasio, por ejemplo, cree que la homeostasis es el modelo que explica las actitudes y las accio-

[17] Douglass North, *Understanding the process of economic change*, p. 34.

nes propias de las mentes conscientes, las cuales engendran nuevas formas de alcanzar un equilibrio estable en el nivel de los espacios socioculturales.[18] Así como los desequilibrios en el medio ambiente interno son corregidos gracias a los impulsos homeostáticos, los desequilibrios sociales serían compensados mediante, por ejemplo, reglas morales y leyes. Habría, según Damasio, una homeostasis sociocultural que funcionaría, esencialmente, igual que la de las amebas.[19] La conciencia humana funcionaría, digámoslo así, como un termostato capaz de regular la temperatura de un ambiente, pero a un nivel mucho más complejo. Los sistemas económicos y políticos, lo mismo que la actividad científica, responderían a problemas funcionales del espacio social que requieren ser corregidos y balanceados. La homeostasis sociocultural, para Damasio, sería la continuación, en un alto nivel de complejidad, del mismo mecanismo que regula la vida de organismos unicelulares. En estos últimos el proceso es automático, mientras que en los seres conscientes al automatismo se agrega la influencia de la deliberación autoorientada.[20] El modelo de *Umwelt* formulado por Uexküll tiene la ventaja de explicar la relación del organismo con su entorno simbólico y como un espacio semiótico. Pero su gran desventaja radica en que, por el obstinado antievolucionismo de Uexküll, se rechaza la idea de adaptación en nombre de un supuesto equilibrio perfecto entre el animal y su entorno. Por el contrario, la homeostasis implica una continua adaptación del organismo a los desequilibrios provocados, por ejemplo, por la escasez de alimentos, la falta de agua o los rigores del clima.

Pero para comprender el fenómeno de la conciencia humana, a la propuesta de Damasio hay que agregar, a mi juicio, una pieza muy importante. Es necesario considerar el gran salto que significó el surgimiento de un medio ambiente interior híbrido y heterogéneo en los humanos. A diferencia de otros animales, los humanos tienen que mantener un medio interno que también es externo, en el sentido de que el cerebro recibe la intrusión de elementos artificiales exógenos.

---

[18] Antonio Damasio, *Self comes to mind. constructing the conscious brain*, p. 26.

[19] *Ibid*., p. 292.

[20] *Ibid*., p. 176.

Esta condición híbrida y heterogénea es la que permitió el desarrollo de la autoconciencia. Así que me parece pertinente tomar prestado otro término de la medicina, la *heterostasis*, para referirme a la tendencia a mantener un relativo equilibrio ante la presencia de una heterogeneidad de elementos en los circuitos de la conciencia. Me refiero a la existencia de un sistema simbólico de sustitución conectado a las redes neuronales. Es decir, a la coexistencia en un mismo espacio de prótesis culturales y redes cerebrales.

El concepto de heterostasis fue propuesto en 1973 por el endocrinólogo húngaro Hans Selye como un proceso, complementario de la homeostasis, en el que el organismo sufre una adaptación sistémica ante la presencia de sustancias exógenas tóxicas.[21] Ello estimula mecanismos hormonales que permiten la tolerancia del elemento extraño sin atacarlo o bien destruyen solamente su exceso.[22] Así, se establece un nuevo equilibrio entre el cuerpo y las sustancias exógenas. Para describir este proceso Selye habló de heterostasis (*heteros* = otro, *stasis* = estabilidad). La homeostasis mantiene un ambiente estable en torno de un punto "normal", mientras que la heterostasis cambia ese punto de equilibrio debido a la intervención exógena. Es lo que suele suceder cuando el organismo se adapta a altos niveles de alcohol, de drogas o de contaminantes venenosos, al incrementar la tolerancia frente a las toxinas. El nuevo equilibrio implica que el cuerpo depende ahora de la presencia de los elementos extraños.

Algo similar debió haber ocurrido cuando la humanidad primigenia se adaptó a los cambios en el mundo circundante gracias al uso de nuevas prótesis simbólicas como el habla, la pintura, la música y los elementos semánticos asociados a la cocina, la vivienda y el vestido. Todo ello, por supuesto, se sumó a la fabricación y uso de instrumentos líticos, de madera y de hueso, que fueron una valiosa prolongación de las manos. Paradójicamente, estas prótesis se desarrollaron gracias a una dependencia del cerebro que no sólo se volvió adicto a

---

[21] Hans Selye, "Homeostasis and heterostasis". Véase también Gary G. Berntson y John T. Cacioppo, "From homeostasis to allodynamic regulation".

[22] Se trata de acciones syntóxicas (incremento de la resistencia de los tejidos) y catatóxicas (eliminación del exceso de elementos tóxicos). La heterostasis es llamada también alostasis.

ellas, sino que se adaptó a las nuevas situaciones gracias a que se estableció un nuevo equilibrio con la parte artificial de su mundo circundante. Fue un proceso de heterostasis que desembocó en lo que yo llamo la sociodependencia de ciertos circuitos neuronales, ocasionada por su incompletitud. La extraña paradoja radica en que gracias a esta dependencia de circuitos simbólicos externos se abrió la puerta al libre albedrío, como si las prótesis exocerebrales fuesen una especie de droga liberadora y no una cadena esclavizadora. Un cerebro sujeto a las redes culturales abre las puertas de la libertad.

Otro ejemplo de modificación del medio fisiológico interno causado por una prótesis externa es lo que Stanislas Dehaene definió como un proceso de reconversión neuronal. Cuando las personas leen siempre se activa una pequeña región, en la vía visual ventral izquierda del cerebro. Se trata del área encargada de la forma visual de las palabras, que se ubica exactamente en el mismo lugar, con variaciones milimétricas, en todas las personas de todas las culturas. Como la escritura es una invención reciente, explica Dehaene, no se puede pensar que el cerebro se adaptó a ella en el curso de la evolución. Lo que ocurrió es que el aprendizaje de la escritura recicló una región del cerebro cuya función inicial era similar; se trata de un proceso semejante a la exaptación explicada por Stephen Jay Gould.[23] Según esta hipótesis de Dehaene los objetos culturales deben encontrar un "nicho ecológico" en el cerebro: un circuito o un conjunto de circuitos cuya función original es utilizada y cuya flexibilidad es suficiente para ser reconvertida a una nueva función.[24] Aquí la escritura y la lectura son las drogas liberadoras a las que se vuelve adicto el cerebro, que modificó su equilibrio homeostático para permitir el funcionamiento de una estructura híbrida que se basa en un sistema de retroalimentación: un *loop* que abarca circuitos neuronales y redes culturales, y que asegura un vaivén cons-

---

[23] El proceso de exaptación es la refuncionalización de las modificaciones no adaptantes llamadas *spandrels* por Gould, que toma un vocablo de la arquitectura: son los espacios triangulares que no tienen ninguna función y que quedan después de inscribir un arco en un cuadrado (tímpano, enjuta) o el anillo de una cúpula sobre los arcos torales en que se apoya (pechina).

[24] Stanislas Dehaene, "Les bases cérébrales d'une acquisition culturelle: la lecture", p. 198.

tante entre el entorno cultural simbólico y el sistema nervioso central. Esta estructura híbrida logra autonomía y puede ser responsable de los actos que ocasiona. El ejemplo de la lectura y la escritura es revelador de que allí hay un proceso de liberación: el mecanismo híbrido permite actos creativos que no están inscritos en una inexorable cadena de causas y efectos. La literatura, como otras expresiones artísticas, es una actividad liberadora. Las manos de quien escribe no son como las de Orlac, sujetas a un poder determinante ajeno a la conciencia. Las manos del escritor son un medio de liberación.

Para terminar, invito al lector a mirar hacia atrás, al camino recorrido en este ensayo. Vale la pena recordar algunos puntos nodales y la manera en que se articulan en una línea argumental. He explicado cómo la conciencia, entendida como un impulso que permite a las personas darse cuenta de su yo, forma parte de un circuito que no se aloja solamente dentro del cerebro. Se trata de un circuito híbrido similar a lo que Spinoza llamó *conatus* y en el que se puede comprobar que la llamada voluntad es capaz de modificar las mismas redes neuronales que parecen determinar su comportamiento. El libre albedrío, un bien escaso, es posible gracias precisamente a las redes exocerebrales que permiten la existencia de una singularidad presente sólo en los humanos. Esta singularidad asegura la coexistencia del indeterminismo y la deliberación. Con ello se abre la puerta a comportamientos que no son azarosos pero que tampoco se encuentran determinados por una cadena de causas y efectos anclada en el cerebro. En consecuencia, no podemos aceptar la idea de que hay un módulo moral en el sistema nervioso central capaz de determinar las decisiones éticas de los individuos. Esta propuesta, que es un traslado mecánico de las ideas de Chomsky sobre la gramática generativa al campo de la moral, carece de base científica y niega la posibilidad del libre albedrío. La libertad se basa en la presencia de prótesis culturales artificiales (el lenguaje en primer lugar) que suplen funciones que el cerebro no puede realizar por medios exclusivamente biológicos. Los circuitos nerviosos necesitan un exocerebro para poder operar plenamente. La exploración de algunas facetas de este exocerebro permite mostrar que en su operación radica la posibilidad del libre albedrío. Uno de los aspectos explorados más significativos y reveladores es el juego, una actividad que se caracteriza por la combinación de reglas y de libertad. Las ideas de Huizinga, Caillois y Piaget permiten entender cómo el juego es un comportamiento que escapa del determinismo y que es estimulado por esa incompletitud propia del cerebro humano, que lo vuelve dependiente de las estructuras sociales y culturales. Esta dependencia, paradójicamente, abre una rendija por la que entra el libre albedrío. Otra exploración permite dibujar las peculiaridades de un mundo circundante, muy cercano y cotidiano, en el que las estructuras simbólicas se cristalizan en los sistemas de parentesco, el hogar, el vestido, y la cocina. Estas estructuras nos envuelven con redes que en lugar de aprisionarnos nos liberan. Estas redes definen nuestra individualidad y también nuestra pertenencia a un conglomerado cultural.

Pero en este punto surge una duda. Podemos comprender que el habla, las artes y la música tienen un papel liberador, aunque con sus reglas y sus estructuras también constriñen nuestros actos. Si no los constriñesen, la libertad no tendría sentido. Sin embargo, las prótesis que nos rodean y nos envuelven han crecido de una manera tan exorbitante que nos debemos preguntar si esta expansión no cambia las condiciones que permiten el libre albedrío. Los soportes electromecánicos y digitales crecen de una manera que a muchos les parece monstruosa. El exocerebro se robotiza y se automatiza. Vivimos rodeados de aparatos cada vez más inteligentes y sofisticados. Cada día se avanza más en las tecnologías que producen interfaces rápidas y de amplio espectro que unen el cerebro humano con máquinas. Los edificios y los medios de transporte se comienzan a fabricar con materiales y dispositivos que tienen habilidades para adaptarse a situaciones cambiantes sin nuestra intervención. Aparecen robots y medios informáticos capaces de adquirir cierta personalidad y que logran desarrollar estados de alerta y atención similares a los de los humanos. Gracias a la nanotecnología, nuevas formas de vestido, con capacidades computacionales y procesos automáticos de adaptación, en un futuro cercano podrían conformarse como envolturas inteligentes del cuerpo. Incluso la cocina podría convertirse en un producto de combinaciones químicas controladas por computadora y máquinas automáticas. En un futuro no muy lejano se procederá a la construcción robótica de bases extraterrestres que podrían iniciar la explotación de recursos en la Luna, en algunos satélites y en Marte. Ello seguramente requerirá de robots capaces de autoprogramarse y de programar a otros robots.

Si a veces las cosas que nos rodean —los instrumentos, los vestidos, los muebles— parecen oprimirnos con su sola presencia, si las modas y las novedades nos acosan y parecen dominarnos, ¿qué podemos esperar de un entorno de prótesis tan altamente sofisticadas e inteligentes como el que se está desarrollando hoy tan rápidamente? Hay quienes temen, acaso influidos por la ciencia ficción, que las prótesis acaben dominándonos. ¿Es posible que ocurra una dramática inversión de tal manera que nuestros cerebros acaben siendo las prótesis somáticas de unas complejas estructuras cibernéticas? Para ello debería producirse una revolución espectacular: que los aparatos dotados de inteligencia artificial acabasen desarrollando una conciencia y una libertad sustentadas en las redes neuronales de sus antiguos amos (como ocurre con la computadora HAL en la película de Kubrick *2001: Odisea del espacio*, de 1968). Los humanos están dotados de conciencia gracias a las prótesis que crearon. Hay un temor de que las prótesis —que son cada vez más veloces, inteligentes y racionales— den un salto y adquieran la capacidad de ser autoconscientes. Y que lo logren a costa de convertir a los humanos en prótesis biológicas, en un proceso similar al que nosotros seguimos para desarrollar un exocerebro no orgánico.

Nuestra imaginación puede volar muy alto, pero hoy tenemos solamente historias de robots con una muy limitada capacidad y que están muy lejos de alcanzar formas humanoides de conciencia y de libre albedrío. Los *cyborgs* de hoy, por su lado, son simplemente humanos con implantes que no parecen tener ningún poder sobre el cuerpo. Se trata, sin duda, de frutos sorprendentes de tecnologías muy avanzadas y todo permite prever que se desarrollarán impetuosamente en los próximos decenios. Para poder entender los retos que nos esperan ante estos avances tecnológicos es conveniente que reflexionemos cuidadosamente sobre nuestra antigua relación con las prótesis y los artificios que nos hicieron humanos autoconscientes y con capacidad para elegir libremente. Es lo que me he propuesto en este libro. Si se quiere imaginar máquinas cibernéticas que logran conquistar su libertad y su autonomía, rompiendo las cadenas que las atan a los humanos, habrá que reflexionar antes sobre las condiciones que a nosotros nos permiten ser libres. Las máquinas, hasta hoy, constituyen un mundo completamente dominado por cadenas deterministas, salvo cuando sus inventores ejercen el libre albedrío que, con dificultades, han conseguido.

BIBLIOGRAFÍA

Adams, Fred, y Ken Aizawa, "The bounds of cognition", *Philosophical Psychology*, 14, 1 (2001): 43-64.

Addis, Laird, *Of mind and music*, Cornell University Press, Ithaca, 1999.

Agamben, Giorgio, *Lo abierto: el hombre y el animal*, Pre-Textos, Valencia, 2005.

Álvarez Buylla, Arturo, y Carlos Lois, "Mecanismos de desarrollo y plasticidad del sistema nervioso central", en Ramón de la Fuente y Francisco Javier Alvarez-Leefmans (eds.), *Biología de la mente*, Fondo de Cultura Económica, México, 1998, pp. 105-146.

Alvarez-Leefmans, Francisco Javier, "La conciencia desde una perspectiva biológica", en *Aportaciones recientes de la biología a la psiquiatría*, R. de la Fuente (ed.), El Colegio Nacional, México, 2003.

———, "La emergencia de la conciencia", en *Biología de la mente*, R. de la Fuente y F. J. Alvarez-Leefmans (eds.), Fondo de Cultura Económica, México, 1998.

Andrews, Kristin, "Review of neurophilosophy of free will", *Philo*, 6, 1 (2003): 166-175.

Anzieu, Didier, *Le Moi-peau*, Dunod, París, 1995. [Edición en español: *El Yo piel*, trad. Sofía Vidaurrazaga Zimmermann, Bliblioteca Nueva, Madrid, 2010.]

Aunger, Robert, "Culture vultures", *The Sciences*, 39, 5 (1999): 36-42.

———, *The electric meme. A new theory of how we think*, The Free Press, Nueva York, 2002. [Edición en español: *El meme eléctrico: una nueva teoría sobre cómo pensamos*, trad. Joandomènec Ros, Paidós, Barcelona, 2004.]

Axel, Richard, y Linda Buck, "A novel multigene family may encode odorant receptors: a molecular basis for odor recognition", *Cell*, 65 (1991): 175-187.

Bach-y-Rita, Paul, *Brain mechanisms in sensory substitution*, Academic Press, Nueva York, 1972. [Edición en español:

Mecanismos cerebrales de la sustitucion sensorial, trad. Jorge Brash, rev. técnica Jacobo Grinberg-Zylberbaun, Trillas, México, 1979.]

Bach-y-Rita, Paul, y Stephen W. Kercel, "Sensory substitution and the humanmachine interface", *Trends in Cognitive Sciences*, 7 (2003): 541-546.

Ballard, Dana, M. Hayhoe, P. K. Pook y R. P. Rao, "Deictic codes for the embodiment of cognition", *Behavioral and Brain Sciences*, 20 (1997): 723-767.

Baricco, Alessandro, *L'anima di Hegel e le mucche del Wisconsin. Una riflessione su musica colta e modernità*, Garzanti, Milán, 1992. [Edición en español: *El alma de Hegel y las vacas de Wisconsin: una reflexión sobre música culta y modernidad*, 2ª ed., trad. Romana Baena Bradaschia, Siruela, Madrid, 2000.]

Baron-Cohen, Simon, "The cognitive neuroscience of autism: evolutionary approaches", en Michael S. Gazzaniga (ed.), *The new cognitive neurosciences*, pp. 1249-1258.

Barthes, Roland, "La mode et les sciences humaines", *Échanges*, agosto de 1966.

———, *Système de la mode*, Seuil, París, 1967. [Edición en español: *El sistema de la moda y otros escritos*, trad. Carles Roche, Paidós, México/Barcelona, 2003.]

Bartra, Roger. "La conciencia y el exocerebro", *Letras Libres* (edición de España), 29 (2004): 34-39.

———, *Cultura y melancolía. Las enfermedades del alma en la España del Siglo de Oro*, Anagrama, Barcelona, 2001.

———, "El exocerebro: una hipótesis sobre la conciencia", *Ludus Vitalis*, 23 (2005): 103-115.

Bateson, Gregory, *Steps to an ecology of mind*, University of Chicago Press, Chicago, 1972. [Edición en español: *Pasos hacia una ecología de la mente: una aproximación revolucionaria a la autocomprensión del hombre*, trad. Ramón Alcalde, Lohle-Lumen, Buenos Aires, 1998.]

Bateson, Patrick, "Theories of play", en Anthony D. Pellegrini, *The Oxford Handbook of the Development of Play*, Oxford University Press, Oxford, 2011.

Baynes, Kathleen, y Michael S. Gazzaniga, "Consciousness, introspection, and the split-brain: the two minds/one body problem", en Michael S. Gazzaniga (ed.), *The new cognitive neurosciences*, pp. 1355-1363.

Bentivoglio, Marina, "Cortical structure and mental skills: Oskar Vogt y the legacy of Lenin's brain", *Brain Research Bulletin*, 47 (1998): 291-296.

Bergson, Henri, *Le rire. Essai sur la signification du comique*, F. Alcan, París, 1924. [Edición en español: *La risa: ensayo sobre la significación de lo cómico*, trad. Ma. Luisa Pérez Torres, Alianza, Madrid, 2008.]

Bernstein, Leonard, *The unanswered question*, Harvard University Press, Cambridge, Mass., 1976.

Bernston, Gary G., y John T. Cacioppo, "From homeostasis to allodynamic regulation", en *Handbook of Physiology*, 2ª ed., Cambridge University Press, Cambridge, 2000.

Blackmore, Susan, *Conversations on consciousness*, Oxford University Press, Nueva York, 2006. [Edición en español: *Conversaciones sobre la conciencia*, trad. Francesc Forn, Paidós, Barcelona, 2010.]

————, *The meme machine*, Oxford University Press, Oxford, 1999. [Edición en español: *La máquina de los memes*, pról. Richard Dawkins, trad. Monserrat Baste-Kraan, Paidós, Barcelona, 2000.]

Bor, Daniel, *The ravenous brain: how the new science of consciousness explains our insatiable search for meaning*, Basic Books, Nueva York, 2012.

Brailowsky, Simón, *Las sustancias de los sueños. Neuropsicofarmacología*, Fondo de Cultura Económica, México, 1995.

Brillat-Savarin, Jean Anthelme, *Physiologie du goût, ou, meditations de gastronomie trascendente*, Just Tessier, París, 1834. [Edición en español: *Fisiología del gusto o meditaciones de gastronomía trascendente*, trad., pról. y notas Luis Hernández Alfonso, Aguilar, Madrid, 1963.]

Brown, Donald E., *Human universals*, McGraw-Hill, Nueva York, 1991.

Bruner, Emiliano, Giorgio Manzi y Juan Luis Asuaga, "Encephalization and allometric trajectories in the genus Homo: evidence from Neanderthal and modern lineages", *Proceedings of the National Academy of Sciences*, 100, 26 (2003): 15335-15340.

Budd, Malcolm, *Music and the emotions. The philosophical theories*, Routledge, Londres, 1985.

Burghardt, Gordon M., "Defining and recognizing play", en Anthony D. Pellegrini, *The Oxford Handbook of the Development of Play*, Oxford University Press, Oxford, 2011.

Caillois, Roger, *Les jeux et les hommes*, Gallimard, París, 1967. [Edición en español: *Los juegos y los hombres*, trad. Jorge Ferreiro, Fondo de Cultura Económica, México, 1986.]

Carmena, José M., *et al.*, "Learning to control a brain-machine interface for reaching and grasping by primates", *Public Library of Science-Biology*, 1, 2 (octubre de 2003): 1-16.

Caro Baroja, Julio, *Los Baroja*, Taurus, Madrid, 1972.

Cassirer, Ernst, *An essay on man: an introduction to a philosophy of human culture*, Yale University Press, New Haven, 1944. [Edición en español: *Antropología filosófica: introducción a una filosofía de la cultura*, trad. Eugenio Ímaz, Fondo de Cultura Económica, México, 1945.]

———, *Myth and language* [1924], trad. Susanne K. Langer, Harper, Nueva York, 1946. [Edición en español: *Mito y lenguaje*, trad. Carmen Balzer, Galatea Nueva Visión, Buenos Aires, 1959.]

Changeux, Jean-Pierre, *L'homme de vérité*, Odile Jacob, París, 2002. [Edición en español: *El hombre de verdad*, trad. Virginia Aguirre, Fondo de Cultura Económica, México, 2005.]

———, y Paul Ricoeur, *Ce qui nous fait penser. La nature et la règle*, Odile Jacob, París, 1998. [Edición en español: *La naturaleza y la norma: lo que nos hace pensar*, trad. Carlos Ávila Flores, Fondo de Cultura Económica, México, 2001.]

Chapin, Heather, Epifanio Bagarinao y Sean Mackey, "Real-time fMRI applied to pain management", *Neuroscience Letters*, 520, 2 (2012): 174-181.

Chomsky, Noam, "Linguistics and politics", *New Left Review*, 57 (1969): 21-34.

———, *New horizons in the study of language and mind*, Cambridge University Press, Nueva York, 2000.

Churchland, Patricia, *Braintrust. What neuroscience tells us about morality*, Princeton University Press, Princeton, 2011.

[Edición en español: *El cerebro moral. Lo que la neurocien-cia nos cuenta sobre la moralidad*, trad. Carme Font Paz, Paidós, Barcelona, 2012.]

Churchland, Paul, "Rules, know-how, and the future of moral cognition", en *Neurophilosophy at work*, Cambridge University Press, Cambridge, 2007.

———, "Toward a cognitive neurobiology of moral virtues" y "Rules, know-how, and the future of moral cognition", en *Neurophilosophy at work*, Cambridge University Press, Cambridge, 2007.

Clark, Andy, *Being there. Putting brain, body, and world together again*, MIT Press, Cambridge, Mass., 1997. [Edición en español: *Estar ahí: cerebro, cuerpo y mundo en la nueva cien-cia cognitiva*, trad. Génis Sánchez Berberán, Paidós, Bar-celona, 1999.]

———, *Natural-born cyborgs. Minds, technologies, and the fu-ture of human intelligence*, Oxford University Press, Ox-ford, 2003.

———, *Supersizing the mind. Embodiment, action, and the cognitive extension*, Oxford University Press, Oxford, 2008.

———, "Word and action: reconciling rules and know-how in moral cognition", en *Moral epistemology naturalized*, R. Campbell y B. Hunter (eds.), suplemento del *Canadian Journal of Philosophy*, 26, University of Calgary Press, Al-berta (2000): 267-290.

Clark, Thomas W., "Fear of mechanism: a compatibilist cri-tique of the 'volitional brain'", en *The volitional brain. To-wards a neuroscience of free will*, Benjamin Libet, Anthony Freeman y Keith Sutherland (eds.), Imprint Academic, Exeter, 1999.

Clifford, Erin, "Neural plasticity: Merzenich, Taub, and Gree-nough", *Harvard Brain*, 6 (1999): 16-20.

Cooke, Deryck, *The language of music*, Oxford University Press, Oxford, 1959.

Crick, Francis, *The astonishing hypothesis*, Scribner, Nueva York, 1993. [Edición en español: *La búsqueda científica del alma: una revolucionaria hipótesis para el siglo XXI*, trad. Francisco Páez de la Cadena, Debate, Madrid, 2000.]

———, y Christof Koch, "A framework for consciousness", *Nature*, 6 (2003): 119-126.

Curtiss, Susan, *Genie: a psycholinguistic story of a modern-day "wild child"*, Academic Press, Nueva York, 1977.

Damasio, Antonio, *Descartes' error. Emotion, reason, and the human brain*, Putnam, Nueva York, 1994. [Edición en español: *El error de Descartes: la razón de las emociones*, trad. Pierre Jacomet, Andrés Bello, Barcelona, 1996.]

——, *The feeling of what happens. Body and emotion in the making of consciousness*, Harcourt Brace & Company, Nueva York, 1999. [Edición en español: *La sensación de lo que ocurre: cuerpo y emoción en la construcción de la conciencia*, trad. Francisco Páez de la Cadena, Debate, Madrid, 2001.]

——, *Looking for Spinoza. Joy, sorrow, and the feeling brain*, Harcourt, Orlando, 2003. [Edición en español: *En busca de Spinoza: neurobiología de la emoción y los sentimientos*, trad. Joandomènec Ros, Crítica, Barcelona, 2005.]

——, *Self comes to mind. Constructing the conscious brain*, Pantheon Books, Nueva York, 2010. [Edición en español: *Y el cerebro creó al hombre: ¿cómo pudo el cerebro generar emociones, sentimientos, ideas y el yo?*, trad. Ferran Meler Orti, Ediciones Destino, Barcelona, 2010.]

Dawkins, Richard, *The selfish gene*, 2ª ed., Oxford University Press, Oxford, 1989. [Edición en español: *El gen egoísta: las bases biológicas de nuestra conducta*, trad. Juana Robles Suárez, Salvat, Barcelona, 1985.]

De Lamare, Heidi, "Domesticity in dispute", en Irene Cieraad (ed.), *At home: an anthropology of domestic space*, Syracuse University Press, Syracuse, Nueva York, 1999.

Deeke, Lüder, y Hans Helmut Kornhuber, "Human freedom, reasoned will, and the brain: the bereitschafts potential", en *The Bereitschafts Potential: movement-related cortical potentials*, Marjan Jahanshahi y Mark Hallett (eds.), Kluwer Academic/Plenun Publishers, Nueva York, 2003.

Dehaene, Stanislas, *The number sense. How the mind creates mathematics*, 2ª ed. revisada, Oxford University Press, Oxford, 1997.

——, "Les bases cérebrales d'une acquisition culturelle: la lecture", en *Gènes et culture*, Jean-Pierre Changeux (ed.), Odile Jacob, París, 2003.

Delaporte, Yves, "Le signe vestimentaire", *L'Homme*, 20, 3 (1980): 109-142.

———, "Le vêtement dans les societés traditionelles", en Jean Poirier (ed.), *Histoire des Moeurs*, vol. I, Encyclopédie de la Pléiade, Gallimard, París, 1990.

Delius, Juan, "The nature of culture", en M. S. Dawkins, T. R. Halliday y R. Dawkins (eds.), *The Tinbergen legacy*, Chapman & Hall, Londres, 1991.

Dennett, Daniel C., *Consciousness explained*, Little, Brown & Co., Boston, 1991. [Edición en español: *La conciencia explicada*, trad. Sergio Balari Ravera, Paidós, Barcelona, 1995.]

———, *Freedom evolves*, Penguin Books, Londres, 2004. [Edición en español: *La evolución de la libertad*, trad. Ramón Vilà Vernis, Paidós, Barcelona, 2004.]

———, *Sweet dreams. Philosophical obstacles to a science of consciousness*, Cambridge, Mass., MIT Press, 2005. [Edición en español: *Dulces sueños: obstáculos filosóficos para una ciencia de la conciencia*, trad. Julieta Barba y Silvia Jawerbaum, Katz, Buenos Aires, 2006.]

Diamond, M. C., *et al.*, "On the brain of a scientist: Albert Einstein", *Experimental Neurology*, 88 (1985): 198-204.

Díaz, José Luis, "El cerebro moral, la voluntad y la neuroética", en Juliana González y Jorge Enrique Linares (coords.), *Diálogos de ética y bioética*, Fondo de Cultura Económica/UNAM, México, 2013 [en prensa.]

———, "Subjetividad y método: la condición científica de la conciencia y de los informes en primera persona", en *Tópicos en la psiquiatría biológica*, C. Torner Aguilar y J. Velázquez Moctezuma (eds.), Universidad Autónoma Metropolitana, México, 2000.

Doidge, Norman, *The brain that changes itself*, Penguin Books, Londres, 2007. [Edición en español: *El cerebro se cambia a sí mismo*, trad. Laura Vidal Sanz, Aguilar, Madrid, 2008.]

Donald, Merlin, *A mind so rare. The evolution of human consciousness*, Norton, Nueva York, 2001.

———, *Origins of the modern mind. Three stages in the evolution of culture and cognition*, Harvard University Press, Cambridge, Mass., 1991.

Doupe, Allison J., *et al.*, "The song system: neural circuits essential throughout life for vocal behavior and plasticity", en Michael S. Gazzaniga (ed.), *The new cognitive neurosciences*, pp. 451-468.

Draaisma, Douwe, *Metaphors of memory. A history of ideas about the mind*, Cambridge University Press, Cambridge, 2000. [Edición en español: *Las metáforas de la memoria: una historia de la mente*, trad. Catalina Ginard, Alianza, Madrid, 1998.]

Duerr, Hans Peter, *Nudité et pudeur. Le mythe du processus de civilisation*, Éditions de la Maison des Sciences de l'Homme, París, 1990.

Eagleman, David, *Incognito. The secret lives of the brain*, Edimburgo, Canongate, 2011. [Edición en español: *Incógnito: las vidas secretas del cerebro*, Anagrama, Barcelona, 2013.]

Eccles, John C., *How the self controls its brain*, Springer, Berlín, 1994.

Edelman, Gerald M., *Bright air, brilliant fire. On the matter of the mind*, Basic Books, Nueva York, 1992.

———, y Giulio Tononi, *A universe of consciousness. How matter becomes imagination*, Basic Books, Nueva York, 2000. [Edición en español: *El universo de la conciencia: cómo la materia se convierte en imaginación*, trad. Joan Lluis Riera, Crítica, Barcelona, 2002.]

———, *Wider than the sky: the phenomenal gift of consciousness*, Yale University Press, New Haven, 2004.

Eibl-Eibesfeldt, Irenäus, *Human ethology*, Aldine de Gruyter, Nueva York, 1989. [Edición en español: *Biología del comportamiento humano: manual de etología humana*, trad. Francisco Giner Abati y Luis Cencillo, Alianza, Madrid, 1993.]

Einon, Dorothy, y Michael Potegal, "Enhanced defense in adult-rats deprived of playfighting experience as juveniles", *Aggressive Behavior*, 17, 1 (1991): 27-40.

Eiseley, Loren, *Darwin's century. Evolution and the men who discovered it*, Doubleday Anchor Books, Nueva York, 1961. [Edición en español: *El siglo de Darwin: la evolución y los hombres que la descubrieron*, 2ª ed., trad. Agustín Bárcena, Editores Asociados, México, 1981.]

Erikson, Erik H., "Play and actuality", en *Play and development*, Maria W. Piers (ed.), Norton, Nueva York, 1972. [Edición en español: *Juego y desarrollo*, trad. Jordi Beltrán, Crítica, Barcelona, 1982.]

Fadiga, Luciano, *et al.*, "Motor facilitation during action observation: a magnetic stimulation study", *Journal of Neurophysiology*, 73 (1995): 2608-2611.

Fagen, Robert, *Animal play behaviour*, Oxford University Press, Oxford, 1981.

Faubion, James D., *An anthropology of ethics*, Cambridge University Press, Nueva York, 2011.

Fernald, Russell D., y Stephanie A. White, "Social control of brains: from behavior to genes", en Michael S. Gazzaniga (ed.), *The new cognitive neurosciences*, pp. 1193-1209.

Fields, R. Douglas, "Making memories stick", *Scientific American*, 292 (2005): 59-65.

———, "The other half of the brain", *Scientific American*, 290 (2004): 26-33.

Fischer, Roland, "Why the mind is not in the head but in society's connectionist network", *Diogenes*, 151 (1990): 1-27.

Fodor, Jerry, *The modularity of mind*, MIT Press, Cambridge, Mass., 1983. [Edición en español: *La modularidad de la mente: un ensayo sobre la psicología de las facultades*, trad. José Manuel Igoa, rev. y pról. José Eugenio García Albea, Morata, Madrid, 1986.]

———, "Where is my mind?", *London Review of Books*, 12 de febrero de 2009.

Fogassi, Leonardo, y Vittorio Gallese, "The neural correlates of action understanding in non-human primates", en Maxim I. Stamenov y Vittorio Gallese (eds.), *Mirror neurons and the evolution of brain and language*, John Benjamins, Ámsterdam, 2002.

Fourastié, Jean, *Le rire, suite*, Denoël-Gonthier, París, 1983.

Fox, Christopher, *Locke and the scriblerians. Identity and consciousness in early eighteenth century Britain*, University of California Press, Berkeley, 1988.

Galanter, Eugene, y Murray Gerstenhaber, "On thought: the extrinsic theory", *Psychological Review*, 63, 4 (1956): 218-227.

Gallagher, Shaun, "Where's the action? Epiphenomenalism and the problem of free will", en W. Banks, S. Pockett y

S. Gallagher, *Does consciousness cause behavior? An investigation of the nature of volition*, MIT Press, Cambridge, 2006, pp. 109-124.

Gazzaniga, Michael S., *The ethical brain*, Dana Press, Nueva York, 2005. [Edición en español: *El cerebro ético*, trad. Marta Pino Moreno, Paidós, Barcelona, 2006.]

———, *The mind's past*, University of California Press, Berkeley, 1998. [Edición en español: *El pasado de la mente*, trad. Andrés Bello, Barcelona, 1999.]

——— (ed.), *The new cognitive neurosciences*, 2ª ed., MIT Press, Cambridge, Mass., 2000.

———, *The social brain. Discovering the networks of the mind*, Basic Books, Nueva York, 1985. [Edición en español: *El cerebro social*, trad. Carlos Frade, Alianza, Madrid, 1993.]

Geertz, Clifford, "Culture, mind, brain/brain, mind, culture", en *Available light. Anthropological reflections on philosophical topics*, Princeton University Press, Princeton, 2000. [Edición en español: *Reflexiones antropológicas sobre temas filosóficos*, trad. Nicolás Sánchez Durá y Gloria Llorens, Paidós, Barcelona, 2002.]

———, *The interpretation of cultures*, Basic Books, Nueva York, 1973. [Edición en español: *La interpretación de las culturas*, trad. Alberto L. Bixio, Gedisa, Barcelona, 1997.]

Gellner, Ernest, *Language and solitude. Wittgenstein, Malinowski and the Habsburg dilemma*, Cambridge University Press, Cambridge, 1998. [Edición en español: *Lenguaje y soledad: Wittgenstein, Malinoswky y el dilema de los Habsburgo*, trad. Carmen Ors, pról. Vicente Sanfelix Vidarte, Síntesis, Madrid, 2002.]

Gershon, Michael D., *The second brain*, HarperCollins, Nueva York, 1998.

Glanville, B. B., C. T. Best y R. Levenson. "A cardiac measure of cerebral asymmetries in infant auditory perception", *Developmental Psychology*, 13 (1977): 54-59.

Goldberg, Elkohonon, *The executive brain. Frontal lobes and the civilized mind*, Oxford University Press, Oxford, 2001.

Gönzü, Artin, y Suzanne Gaskins, "Comparing and extending Piaget's and Vigotsky's understandings of play; symbolic as individual, socio cultural, and educational interpretation", en Anthony D. Pellegrini, *The Oxford Handbook of the Development of Play*, Oxford University Press, Oxford, 2011.

Goody, Jack, *The development of the family and marriage in Europe*, University of Cambridge Press, Cambridge, 1983. [Edición en español: *La evolución de la familia y del matrimonio en Europa*, Herder, Barcelona, 1986.]

Gould, Stephen Jay, *Ontogeny and phylogeny*, Harvard University Press, Cambridge, Mass., 1977. [Edición en español: *Ontogenia y filogenia. La ley fundamental biogenética*, trad. Joandomènec Ros, Crítica, Barcelona, 2010.]

——, *The structure of evolutionary theory*, Harvard University Press, Cambridge, Mass., 2000. [Edición en español: *La estructura de la teoría de la evolución*, trad. Ambrosio García Leal, Tusquets, Barcelona, 2004.]

Graham Brown, Thomas, "The intrinsic factors in the act of progression in the mammal", *Proceedings of the Royal Society, Biological Sciences*, 84 (1911): 308-319.

Gray, Jeffrey, "It's time to move from philosophy to science", *Journal of Consciousness Studies*, 9, 11 (2002): 49-52.

Griffiths, Timothy D., "Musical hallucinosis in acquired deafness. Phenomenology and brain substrate", *Brain*, 123 (2000): 2065-2076.

Groos, Karl, *Die Spiele der Thiere*, Gustav Fischer, Jena, 1896.

——, *Die Spiele der Menschen*, Gustav Fischer, Jena, 1899.

Habermas, Jürgen, "Symbolic expression and ritual behavior: Ernst Cassirer and Arnold Gehlen revisited", en *Time of transitions*, Polity, Cambridge, 2006. [Edición en español: "Expresión simbólica y comportamiento ritual. Retrospectiva sobre Ernst Cassirer y Arnold Gehlen", en *Tiempo de transiciones*, trad. Rafael de Agapito Serrano, Trotta, Madrid, 2004.]

Haidt, Jonathan, *The righteous mind: why good people are divided by politics and religion*, Pantheon, Nueva York, 2012.

Hallett, Marc, "Volitional control of movement: the psychology of free will", *Clinical Neurophysiology*, 118 (2007): 1179-1192.

Harnad, Stevan, "Correlation vs. causality. How/why the mind-body problem is hard", *Journal of Consciousness Studies*, 7, 4 (2000): 54-61.

——, "No easy way out", *The Sciences*, 41, 2 (2001): 36-42.

Hauser, Marc D., *Moral minds. How nature designed our universal sense of right and wrong*, Harper Collins, Nueva York, 2006. [Edición en español: *La mente moral. Cómo la naturaleza ha desarrollado nuestro sentido del bien y del mal*, trad. Miguel Candel, Paidós, Madrid, 2008.]

Hayek, Friedrich A., *The sensory order. An inquiry into the foundations of theorical psichology*, Routledge & Kegan Paul, Londres, 1952. [Edición en español: *El orden sensorial. Los fundamentos de la psicología teórica*, trad. Ángel Rodríguez García-Brazales y Óscar Vara Crespo, pról. Joaquín M. Fuster, Unión Editorial, Madrid, 2004.]

————, *The constitution of liberty* [1960], University of Chicago Press, Chicago, 2011. [Edición en español: *Los fundamentos de la libertad*, trad. José Vicente Torrente, Unión Editorial, Madrid, 2006.]

Hebb, Donald D., *The organization of behavior: a neuropsychological theory*, John Wiley, Nueva York, 1949. [Edición en español: *Organización de la conducta*, trad. Tomás del Amo Martín, Debate, Madrid, 1985.]

Heidegger, Martin, *Los conceptos fundamentales de la metafísica: mundo, finitud, soledad*, trad. Alberto Ciria, Alianza, Barcelona, 2007.

Henshilwood, Christopher S., *et al.*, "Emergence of modern human behavior: Middle Stone Age engravings in South Africa", *Science*, 295 (2002): 1278-1280.

Heusden, Barend von, "Jakob von Uexküll and Ernst Cassirer", *Semiotica*, 134 (2001): 275-292.

Hickok, Gregory, "Eight problems for the mirror neuron theory of action understanding in monkeys and humans", *Journal of Cognitive Neuroscience*, 21 (2008): 1229-1243.

Hirschfeld, Lawrence A., y Susan A. Gelman (eds.), *Mapping the mind: domain specificity in cognition and culture*, Cambridge University Press, Cambridge, 1994. [Edición en español: *Cartografía de la mente: la especificidad de dominio en la cognición y en la cultura*, 2 vols., trad. Adelaida Ruiz, Gedisa, Barcelona, 2002.]

Hofstadter, Douglas, *Gödel, Escher, Bach: an eternal golden braid*, Basic Books, Nueva York, 1999. [Edición en español: *Gödel, Escher, Bach: un eterno y grácil bucle*, Tusquets, Madrid, 2007.]

Hofstadter, Douglas, *I am a strange loop*, Basic Books, Nueva York, 2007. [Edición en español: *Yo soy un extraño bucle*, trad. Luis Enrique de Juan, Tusquets, Barcelona, 2008.]

Hood, Bruce, *The self illusion: how the social brain creates identity*, Oxford University Press, Oxford, 2012.

Hubel, D. H., y T. N. Wiesel, "The period of susceptibility to the physiological effects of unilateral eye closure in kittens", *Journal of Physiology*, 206 (1970): 419-436.

Huizinga, Johan, *Homo ludens*, trad. Eugenio Ímaz, Alianza, Madrid, 1972. [Hay nueva edición: 2012.]

Hume, David, *A treatise of human nature*, Oxford University Press, Oxford, 1978. [Edición en español: *Tratado de la naturaleza humana*, ed. preparada por Félix Duque, Madrid, Tecnos, 1988.]

————, *An enquiry concerning human understanding*, Oxford University Press, Nueva York, 2007. [Edición en español: *Investigación sobre el conocimiento humano*, 2ª ed., trad., pról. y notas Jaime de Salas Ortueta, Alianza, Madrid, 1981.]

Humphrey, Nicholas, "How to solve the mind-body problem", *Journal of Consciousness Studies*, 7, 4 (2000): 5-20.

Iacoboni, Marco, *Mirroring people. The science of empathy and how we connect with others*, Picador, Nueva York, 2009. [Edición en español: *Las neuronas espejo. Empatía, neuropolítica, autismo, imitación, o de cómo entendemos a los otros*, trad. Isolda Rodríguez Villegas, Katz, Madrid, 2009.]

Jackendoff, Ray, *Language, consciuosness, culture. Essays on mental structure*, MIT Press, Cambridge, 2007.

Jakobson, Roman, "Two aspects of language and two types of aphasic disturbances", en R. Jakobson y Morris Halle, *Fundamentals of language*, Mouton, La Haya, 1956. [Edición en español: *Fundamentos del lenguaje*, 3ª ed., trad. Carlos Piera, Pluma, Madrid, 1980.]

Jackson, Franck, "Epiphenomenal qualia", *Philosophical Quarterly*, 32 (1982): 127-136.

Jaeger, Werner, *Paideia: los ideales de la cultura griega*, trad. Joaquín Xirau y Wenceslao Roces, Fondo de Cultura Económica, México, 1957.

James, Henry, *The portrait of a lady*, Macmillan, Londres, 1881. [Edición en español: *Retrato de una dama*, trad. María Luisa Balseiro Fernández-Campoamor, Alianza, Barcelona, 2010.]

James, William, *The principles of psychology*, Holt, Nueva York, 1890. [Edición en español: *Principios de psicología*, trad. Agustín Bárcena, Fondo de Cultura Económica, México, 1989.]

Jaynes, Julian, *The origins of consciousness in the breakdown of the bicameral mind*, Houghton Mifflin, Boston, 1976. [Edición en español: *El origen de la conciencia en la ruptura de la mente bicameral*, 2ª ed., trad. Agustín Bárcena; rev. técnica Héctor Pérez-Rincón, Fondo de Cultura Económica, México, 2009.]

Jones, Peter E., "Contradictions and unanswered questions in the Genie case: a fresh look at the linguistic evidence", 1995, en www.feralchildren.com/en/1.

Jones, William Jervis, *German kinship terms (750-1500)*, De Gruyer, Berlín, 1980.

Jouary, Jean-Paul, *Ferran Adrià, l'art des mets. Un philosophe à elBulli*, Les Impressions Nouvelles, París, 2011.

Kanner, Leo, "Autistic disturbances of affective contact", *Nervous Child*, 2 (1943): 217-250.

Katz, Lawrence C., *et al.*, "Activity and the development of the visual cortex: new perspectives", en Michael S. Gazzaniga (ed.), *The new cognitive neurosciences*, pp. 199-212.

Keller, Helen, *The story of my life* [1903], edición restaurada que incluye varias cartas y textos de Anne Sullivan y John Albert Macy, y dos ensayos de Roger Shattuck como suplementos, Norton, Nueva York, 2003. [Edición en español: *La historia de mi vida: incluida la correspondencia de H. Keller 1887-1901, así como un relato suplementario sobre su educación, con textos tomados de los informes y de las cartas de su profesora A. Mansfield Sullivan*, introd. Emma Colmenares Vargas de Riou, trad. Luisa María Álvarez, Editores Asociados, México, 1973.]

———, *The world I live in* [1908], New York Review of Books, Nueva York, 2003. [Edición en español: *El mundo en el que vivo*, trad. Ana Becciu, Atalanta, Girona, 2012.]

Kennepohl, Stephan, "Toward a cultural neuropsychology: an alternative view and preliminary model", *Brain and Cognition*, 41 (1999): 366-380.

Kimura, Doreen, "Speech lateralization in young children as determined by an auditory test", *Journal of Comparative and Physiological Psychology,* 56 (1963): 899-902.

Koch, Christof, *Consciousness: confessions of a romantic reductionist,* MIT Press, Cambridge, Mass., 2012.

——, *The quest for consciousness. A neurobiological approach,* Roberts & Company, Englewood, Colorado, 2004. [Edición en español: *La conciencia: una aproximación neurobiológica,* trad. Joan Soler, pról. Francis Crick, rev. científica y pról. a la edición española Ignacio Morgado Bernal, Ariel, Barcelona, 2005.]

——, y Francis Crick, "Some thoughts on consciousness and neuroscience", en Michael S. Gazzaniga (ed.), *The new cognitive neurosciences.*

Korsmeyer, Carolyn, *Making sense of taste: food & philosophy,* Cornell University Press, Ithaca, 1999. [Edición en español: *El sentido del gusto. Comida, estética y filosofía,* trad. Francisco Beltrán Adell, Paidós, Barcelona, 2002.]

Kuhl, Patricia K., "Language, mind, and brain: experience alters perception", en Michael S. Gazzaniga (ed.), *The new cognitive neurosciences,* pp. 99-115.

Kuper, Adam, *The chosen primate. Human nature and cultural diversity,* Harvard University Press, Cambridge, Mass., 1994. [Edición en español: *El primate elegido: naturaleza humana y diversidad cultural,* trad. Orion Canals, Crítica, Barcelona, 1996.]

——, "If memes are the answer, what is the question?", en Robert Aunger (ed.), *Darwinizing culture. The status of memetics as a science,* Oxford University Press, Oxford, 2000.

Langer, Susanne K., *Philosophy in a new key. A study in the symbolism of reason, rite, and art,* 3ª ed., Harvard University Press, Cambridge, Mass., 1957. [Edición en español: *Nueva clave de la filosofía: un estudio acerca del simbolismo de la razón, del rito y del arte,* trad. Jaime Rest y Virginia M. Erhart, Sur, Buenos Aires, 1958.]

Leiber, Justin, "Nature's experiments, society's closures", *Journal of the Theory of Social Behavior,* 27 (2002): 325-343.

Lévi-Strauss, Claude, *Le totémisme aujourd'hui,* Presses Universitaires de France, París, 1962. [Edición en español: *El totemismo en la actualidad*, trad. Francisco González, Fondo de Cultura Económica, México, 1965.]

Lewontin, Richard, *Biology as ideology*, HarperCollins, Nueva York, 1993.

Li, Charles N., y Jean-Marie Hombert, "On the evolutionary origin of language", en Maxim I. Stamenov y Vittorio Gallese (eds.), *Mirror neurons and the evolution of brain and language*, John Benjamins, Ámsterdam, 2002.

Libet, Benjamin, "Do we have free will?", en *The volitional brain. Towards a neuroscience of free will*, Benjamin Libet, Anthony Freeman y Keith Sutherland (eds.), Imprint Academic, Exeter, 1999.

Llinás, Rodolfo R., *I of the vortex. From neurons to self*, MIT Press, Cambridge, Mass., 2002. [Edición en español: *El cerebro y el mito del yo: el papel de las neuronas en el pensamiento y el comportamiento humanos*, trad. Eugenia Guzmán, pról. literario Gabriel García Márquez, Belacqua, Barcelona, 2003.]

Locke, John, *An essay concerning human understanding*, 2ª ed., Thomas Dring, Londres, 1694. [Edición en español: *Ensayo sobre el entendimiento humano*, 2ª ed., trad. Edmundo O'Gorman, pról. José A. Robles y Carmen Silva, Fondo de Cultura Económica, México, 1999.]

Lorenzo, Guillermo, "El origen del lenguaje como sobresalto natural", *Ludus Vitalis*, 17 (2002): 175-193.

Luria, Alexandr Romanovich, *Language and cognition*, Wiley, Nueva York, 1981. [Edición en español: *Lenguaje y pensamiento*, trad. Pedro Mateo Merino, Martínez Roca, México, 1994.]

———, *The man with a shattered world: the history of a brain wound*, Harvard University Press, Cambridge, Mass., 2004. [Edición en español: *Mundo perdido y recuperado: historia de una lesión*, trad. Joaquín Fernández-Valdés Roig-Gironella, pres. Serafín Lemos Giráldez, KRK Ediciones, Oviedo, 2010.]

———, *The mind of a mnemonist*, Basic Books, Nueva York, 1968. [Edición en español: *La mente del nemónico: un pequeño libro sobre una gran memoria. Análisis de un caso*, trad. Francisca Orozco Luria, rev. técnica Alfredo Ardila, Trillas, México, 1983.]

Luria, Alexandr Romanovich, *The neuropsychology of memory*, Winston, Nueva York, 1976. [Edición en español: *Neuropsicología de la memoria: alteraciones de la memoria en la clínica de las afecciones locales del cerebro*, trad. Martha Shuare, Blume, Madrid, 1980.]

Maclean, Paul D., *A triune concept of brain and behaviour*, University of Toronto Press, Toronto, 1969.

Mare, Heidi de, "Domesticity in dispute", en Irene Cieraad (ed.), *At home: an anthropology of domestic space*, Syracuse University Press, Syracuse, Nueva York, 1999.

Martin, Emily, "Mind-body problems", *American Ethnologist*, 27, 3 (2000): 569-590.

Martin, Kelsey C., Dusan Bartsch, Craig H. Bailey y Eric R. Kandel, "Molecular mechanisms underlying learning-related long lasting synaptic plasticity", en Michael S. Gazzaniga (ed.), *The new cognitive neurosciences*, pp. 121-137.

McEwen, Bruce S., "Stress, sex, and the structural and functional plasticity of the hippocampus", en Michael S. Gazzaniga (ed.), *The new cognitive neurosciences*, pp. 171-197.

McGinn, Colin, *The mysterious flame. Conscious minds in a material world*, Basic Books, Nueva York, 1999.

McLuhan, Marshall, "A candid conversation with the high priest of popcult and metaphysician of media", entrevista en *Playboy*, marzo de 1969, reproducida en Eric McLuhan y Frank Zingrone (eds.), *Essential McLuhan*, Basic Books, Nueva York, 1995. [Edición en español: *McLuhan: escritos esenciales*, trad. Jorge Basaldúa y Elvira Macías, Paidós, Barcelona, 1998.]

――――, *Understanding media: the extensions of man*, McGraw-Hill, Nueva York, 1964. [Edición en español: *Comprender los medios de comunicación: las extensiones del ser humano*, trad. Patrick Ducher, Paidós, Barcelona, 2009.]

Mele, Alfred R., "Decision, intentions, urges, and free will: why libet has not shown what he says he has", en *Causation and explanation*, Joseph Keim Campbell, Michael O'Rourke y Harry Silverstein (eds.), MIT Press, Boston, 2007.

Merleau-Ponty, Maurice, *La nature. Notes, cours du Collège de France*, Seuil, París, 1995.

Merleau-Ponty, Maurice, *Phénomenologie de la perception*, Gallimard, París, 1945. [Edición en español: *Fenomenología de la percepción*, 4ª ed., trad. Jem Cabanes, Península, Barcelona, 1997.]

Mithen, Steven, *The prehistory of the mind. The cognitive origins of art, religion and science*, Thames and Hudson, Londres, 1996. [Edición en español: *Arqueología de la mente: orígenes del arte, de la religión y de la ciencia*, trad. María José Aubet, Crítica, Barcelona, 1998.]

————, *The singing Neanderthals. The origins of music, language, mind and body*, Harvard University Press, Cambridge, Mass., 2006. [Edición en español: *Los neandertales cantaban rap: los orígenes de la música y el lenguaje*, trad. Gonzalo G. Djembé, Crítica, Barcelona, 2007.]

Moreno-Armella, Luis, y Stephen J. Hegedus, "Co-action with digital technologies", zdm Mathematics Education, 41 (2009): 505-519.

Morrot, Gill, Fréderic Brochet, y Denis Dubourdieu, "The color of odors", *Brain and Language*, 79 (2001): 309-320.

Mountcastle, Vernon B., "Brain science at the century's ebb", *Dædalus*, 127, n. 2 (1998): 1-36.

Neville, Helen J., y Daphne Bavelier, "Specificity and plasticity in neurocognitive development in humans", en Michael S. Gazzaniga (ed.), *The new cognitive neurosciences*, pp. 83-98.

North, Douglass, *Understanding the process of economic change*, Princeton University Press, Princeton, 2005.

O'Regan, J. Kevin, "Solving the 'real' mysteries of visual perception: the world as an outside memory", *Canadian Journal of Psychology*, 46 (1992): 461-488.

Orr, H. Allen, "Darwinian storytelling", *The New York Review of Books*, 27 de febrero de 2003.

Ortega y Gasset, José, *Meditaciones del Quijote*, ed. de Julián Marías, Cátedra, Madrid, 1990.

Paterniti, Michael, *Driving Mr. Albert: a trip across America with Einstein's brain*, Dial Press, Nueva York, 2000.

Pellis, Sergio M., y Vivien C. Pellis, "Rough-and-tumble play and the development of the social brain", *Current Directions in Psychological Science*, 16, 2 (2007): 95-98.

Piaget, Jean, *La formation du symbole chez l'enfant. Imitation, jeu et rêve. Image et représéntation*, Delachaux & Niestlé, Neuchâtel, 1945. [Edición en español: *La formación del símbolo en el niño. Imitación, juego y sueño. Imagen y representación*, trad. José Gutiérrez, Fondo de Cultura Económica, México, 1961.]

Piattelli-Palmarini, Massimo (ed.), *Théories du langage, théories de l'apprentissage. Le débat entre Jean Piaget et Noam Chomsky*, Seuil, París, 1979. [Edición en español: *Teorías del lenguaje, teorías del aprendizaje: el debate entre Jean Piaget y Noam Chomsky*, trad. Silvia Furió, Crítica, Barcelona, 1983.]

Pinker, Steven, *The blank slate. The modern denial of human nature*, Penguin, Nueva York, 2002. [Edición en español: *La tabla rasa. La negación moderna de la naturaleza humana*, trad. Roc Filella Escolà, Paidós Ibérica, Barcelona, 2003.]

———, y H. Allen Orr, "The blank slate: an exchange", *New York Review of Books*, 1º de mayo de 2003.

Pons, Tim, P. E. Garraghty, A. K. Ommaya, J. H. Kaas, E. Taub y M. Mishkin, "Massive cortical reorganization after sensory deafferentation in adult macaques", *Science*, 252 (1991): 1857-1860.

Popper, Karl, B. I. B. Lindahl y P. Århem, "A discussion Of the mind-brain problem", *Theoretical Medicine*, 14 (1993): 167-180.

———, y John C. Eccles, *The self and its brain*, Springer-Verlag, Berlín, 1977. [Edición en español: *El yo y su cerebro*, 2ª ed., trad. C. Solís Santos, Labor, Barcelona, 1993.]

Pratt, Carroll C., *The meaning of music*, McGraw-Hill, Nueva York, 1931.

Prigogine, Ilya, "The rediscovery of value and the opening of economics", en Kurt Dopfer (ed.), *The evolutionary foundations of economics*, Cambridge University Press, Cambridge, 2005.

Putnam, Hilary, *The threefold cord: mind, body, and world*, Columbia University Press, Nueva York, 1999. [Edición en español: *La trenza de tres cabos. La mente, el cuerpo y el mundo*, trad. José Francisco Álvarez Álvarez, Siglo XXI de España, Madrid, 2001.]

Raine, Adrian, Todd Lencz, Susan Bihrle, Lori LaCasse y Patrick Colletti, "Reduced prefrontal gray matter volume and reduced autonomic activity in antisocial personality disorder", en John T. Cacioppo *et al.* (eds.), *Foundations of social neuroscience*, MIT Press, Cambridge, Mass., 2002, pp. 1023-1036.

Ramachandran, Vilayanur S., *A brief tour of human consciousness*, Pi Press, Nueva York, 2004.

————, *The tell-tale brain. A neuroscientist's quest for what makes us human*, Norton, Nueva York, 2011.

————, y Edward M. Hubbard, "Hearing colors, tasting shapes", *Scientific American*, 288 (2003): 43-49.

————, y Sandra Blakeslee, *Phantoms in the brain. Human nature and the architecture of the mind*, Fourth Estate, Londres, 1998.

Ramón y Cajal, Santiago, "La rétine des vertébrés", *La Cellule*, 9 (1893): 119- 257.

Rapoport, Judith, *The boy who couldn't stop washing. The experience and treatment of obsessive-compulsive disorder*, Fontana, Londres, 1990. [Edición en español: *El chico que no podía dejar de lavarse las manos*, Ultramar, Barcelona, 1990.]

Rawls, John, *A theory of justice*, Harvard University Press, Cambridge, Mass., 1971. [Edición en español: *Teoría de la Justicia*, 2ª ed., trad. María Dolores González, Fondo de Cultura Económica, México, 1995.]

Reyna, Stephen P., *Connections: brain, mind, and culture in a social anthropology*, Routledge, Londres, 2002.

Rheims, Maurice, "Histoire du mobilier", en *Histoire des moeurs*, Jean Poirier (ed.), vol. I, Encyclopédie de la Pléiade, Gallimard, París, 1990.

Ribeiro, Aileen, *Dress and morality*, B. T. Batsford, Londres, 1986.

Rimbaud, Arthur, *Œuvres complètes*, Gallimard, París, 1972 (Bibliotèque de la Pléiade).

Rizzolatti, Giacomo, y Michael A. Arbib, "Language within our grasp", *Trends in Neurosciences*, 21 (1998): 188-194.

————, L. Fadiga, L. Fogassi y V. Gallese, "Premotor cortex and the recognition of the motor actions", *Cognitive Brain Research*, 3 (1996): 131-141.

Romo, Ranulfo, Adrián Hernández y Emilio Salinas, "Neurobiología de la toma de decisiones", en Ramón de la Fuente (ed.), *Aportaciones recientes de la biología a la psiquiatría*, El Colegio Nacional, México, 2003.

Rose, Steven, *Lifelines. Biology beyond determinism*, Oxford University Press, Nueva York, 1998.

Rosen, Charles, *Arnold Schoenberg*, Viking Press, Nueva York, 1975. [Edición en español: *Schoenberg*, Antoni Bosch, Barcelona, 1983.]

Rosenblueth, Arturo, *Mind and brain: a philosophy of science*, MIT Press, Cambridge, Mass., 1970. [Edición en español: *Mente y cerebro: una filosofía de la ciencia, seguido de El método científico*, 10ª ed., Siglo XXI / El Colegio Nacional, México, 1994.]

Rousseau, Jean-Jacques, *Discours sur l'origine et les fondements de l'inegalité parmi les hommes* [1755], *Œuvres complètes*, III, Gallimard, París, 1964. [Edición en español: *Discurso sobre el origen y los fundamentos de la desigualdad entre los hombres y otros escritos*, est. preliminar, trad. y notas Antonio Pintor Ramos, Técnos, Madrid, 2005.]

Rymer, Russ, *Genie: an abused child's flight from silence*, Harper-Collins, Nueva York, 1993.

Sacks, Oliver, "An anthropologist on Mars", en *An anthropologist on Mars: seven paradoxical tales*, Knopf, Nueva York, 1995. [Edición en español: *Un antropólogo en Marte: siete relatos paradójicos*, trad. Damián Alou, Anagrama, Barcelona, 2001.]

——, *Awakenings*, Vintage, Nueva York, 1999. [Edición en español: *Despertares*, trad. Francesc Roca, Anagrama, Barcelona, 2005.]

Savage-Rumbaugh, Sue, y Roger Lewin, *Kanzi. The ape at the brink of the human mind*, Wiley, Nueva York, 1994.

Schiller, Friedrich, *Über die ästhetische Erziehung des Menschen in einer Reihe von Briefen* [1794], Reclam, Ditzingen, 2000. [Edición en español: *Kallias. Cartas sobre la educación estética del hombre*, estudio introd., trad. y notas Jaime Feijóo y Jorge Seca, Anthropos, Barcelona, 2005 (edición bilingüe).]

Schwartz, Jeffrey M., "A role for volition and attention in the generation of new brain circuitry: towards a neurobiology of mental force", en *The volitional brain. Towards a neuro-*

science of free will, Benjamin Libet, Anthony Freeman y Keith Sutherland (eds.), Imprint Academic, Exeter, 1999.

Searle, John R., *The construction of social reality*, Penguin Books, Nueva York, 1995. [Edición en español: *La construcción de la realidad social*, trad. Antoni Doménech, Paidós Ibérica, Barcelona, 1997.]

———, *Freedom and neurobiology. Reflections on free will, language, and political power*, Columbia University Press, Nueva York, 2004. [Edición en español: *Libertad y neurobiología. Reflexiones sobre el libre albedrío, el lenguaje y el poder político*, trad. Miguel Candel, Paidós, Barcelona, 2004.]

———, *Mind: a brief introduction*, Oxford University Press, Oxford, 2004.

Selye, Hans, "Homeostasis and heterostasis", *Perspectives in Biology and Medicine*, 16 (1973): 441-445.

Shatz, C. J., "The developing brain", *Scientific American*, 267 (1992): 60-67.

Sheldrake, Rupert, *The presence of the past. Morphic resonance and the habits of nature*, Vintage, Nueva York, 1989. [Edición en español: *La presencia del pasado: resonancia mórfica y hábitos de la naturaleza*, Kairós, Barcelona, 1990.]

Shepherd, Gordon M., *Neurogastronomy: how the brain creates flavor and why it matters*, Columbia University Press, Nueva York, 2012.

Skinner, Burrhus F., *About behaviorism*, Knopf, Nueva York, 1974. [Edición en español: *Sobre el conductismo*, trad. Fernando Barrera, rev. y pról. Rubén Ardila, Martínez Roca, Barcelona, 1987.]

Smith, Marcia Datlow, y Ronald G. Belcher, "Faciliated communication and autism", en www.csaac.org/pub-fac.htm.

Spang, Michael, *et al.*, "Your own hall of memories", *Scientific American Mind*, 16, 2 (2005): 60-65.

Sperber, Dan, "Contre certains a priori anthropologiques", en Edgar Morin y M. Piatelli-Palmarini (eds.), *L'unité de l'homme: invariants biologiques et universaux culturels*, Seuil, París, 1974.

———, "The modularity of thought and the epidemiology of representations", en Lawrence A. Hirschfeld y Susan A. Gelman (eds.), *Mapping the mind: domain specificity in cognition and culture*, Cambridge University Press, Cambridge, 1994. [Edición en español: *Cartografía de la mente: la especificidad de dominio en la cognición y en la cultura*, trad. Adelaida Ruiz, Gedisa, Barcelona, 2002.]

Sperry, Roger W., "Hemisphere deconnection and unity in conscious awareness", *American Psychologist*, 23 (1968): 723-33.

Spinoza, Baruch, *Ética demostrada según el orden geométrico*, ed. y trad. Atilano Domínguez, Trotta, Madrid, 2009.

Squicciarino, Nicola, *Il vestito parla: considerazioni psicosociologiche sull'abbigliamento*, Armando, Roma, 1986. [Edición en español: *El vestido habla: consideraciones psicosociológicas sobre la indumentaria*, trad. José Luis Aja Sánchez, Cátedra, Madrid, 1990.]

Squire, Larry R., y Barbara J. Knowlton, "The medial temporal lobe, the hippocampus, and the memory systems of the brain", en Michael S. Gazzaniga (ed.), *The new cognitive neurosciences*, pp. 765-779.

Stamenov, Maxim I., "Some features that make mirror neurons and human language faculty unique", en Maxim I. Stamenov y Vittorio Gallese (eds.), *Mirror neurons and the evolution of brain and language*, John Benjamins, Ámsterdam, 2002.

Storr, Anthony, *Music and the mind*, Collins, Londres, 1992. [Edición en español: *La música y la mente: el fenómeno auditivo y el porqué de las pasiones*, trad. Verónica Canales Medina, Paidós, Barcelona, 2012.]

Tagore, Rabindranath, "Three conversations: Tagore talks with Einstein, with Rolland, and Wells", *Asia*, XXXI, 3, (marzo de 1931): 138-143.

Tattersall, Ian, *The monkey in the mirror. Essays on the science of what makes us human*, Harcourt, San Diego, 2002.

Taylor, Lou, *The study of dress history*, Manchester University Press, Manchester, 2002.

Thaut, Michael H., *Rhythm, music, and the brain. Scientific foundations and clinical applications*, Routledge, Nueva York, 2005.

Tomasello, Michael, *The cultural origins of human cognition*, Harvard University Press, Cambridge, Mass., 1999. [Edición en español: *Los orígenes culturales de la cognición hu-*

mana, trad. Alfredo Negrotto, Amorrortu, Buenos Aires, 2007.]

Tononi, Giorgio, "Consciousness as integrated information: a provisional manifesto", *The Biological Bulletin*, 215 (diciembre de 2008): 216-243.

Tooby, John, y Leda Cosmides, "The psychological foundations of culture", en J. H. Barkow, L. Cosmides y J. Tooby, *The adapted mind*, Oxford University Press, Nueva York, 1992.

Tort, Patrick, *La raison classificatoire*, Aubier, París, 1989.

Tranel, Daniel, Antoine Bechara y Antonio R. Damasio, "Decision making and the somatic marker hypothesis", en Michael S. Gazzaniga (ed.), *The new cognitive neurosciences*, pp. 1047-1061.

Treffert, Darold A., *Extraordinary people: understanding savant syndrome*, iUniverse.com Inc., 2000.

————, y Gregory L. Wallace, "Island of genius", *Scientific American*, junio de 2002.

Uexküll, Jakob von, *Ideas para una concepción biológica del mundo*, trad. Ramón María Tenreiro, pról. José Ortega y Gasset, Calpe, Madrid, 1922. [*Bausteine zu einer biologischen Weltanschauung. Gesammelte Aufsätze*, 1913.]

————, *Meditaciones biológicas. La teoría de la significación*, trad. José M. Sacristán, Revista de Occidente, Madrid, 1942. [*Bedeutungslehre*, 1940.]

————, "A stroll through the worlds of animals and men", en *German essays on science in the 20th century*, Continuum, Nueva York, 1996. (The German Library, 82.)

Utekhin, Ilia, "Spanish echoes of Jakob von Uexküll's thought", *Semiotica*, 134 (2001): 635-642.

Varela, Francisco J., "The reenchantment of the concrete", en J. Crary y S. Kwinter, *Incorporations*, Zone Books, Nueva York, 1992.

————, Evan T. Thompson y Eleanor Rosch, *The embodied mind*, MIT Press, Cambridge, Mass., 1991. [Edición en español: *De cuerpo presente: las ciencias cognitivas y la experiencia humana*, 2ª ed., trad. Carlos Gardini, Gedisa, Barcelona, 1997.]

Velmans, Max, "How could conscious experiences affect brains?", *Journal of Consciousness Studies*, 9, 11 (2002): 3-29.

Vuilleumier, P., *et al*, "The neural fate on seen and unseen faces in visuospatial neglect: a combined event-related fMRI and ERP study of visual extinction", *Proceedings of the National Academy of Science*, 98 (2001): 3495-3500.

Vygotsky, Lev, "Игра и его роль в психическом развитии ребенка" [1933], Вопросы психологии, 5, 3 (1967): 62-76. ["Play and its role in the mental development of the child", *Soviet Psychology*, 5, 3 (1967): 6-18.]

————, *Thought and language*, versión revisada de Alex Kozulin, MIT Press, Cambridge, Mass., 1986. [Edición en español: *Pensamiento y lenguaje*, ed. a cargo de Alex Kozulin, trad. José Pedro Tosaus Abadía, Paidós, Barcelona, 2010.]

Wallace, Alfred Russell, "Darwinism applied to men", en *Darwinism*, Londres, 1889.

Walter, Henrik, *Neurophilosophy of free will: from libertarian illusions to a concept of natural autonomy*, Cambridge, MIT Press, 2001.

Wandell, Brian A., "Computational neuroimaging: color representations and processing", en Michael S. Gazzaniga (ed.), *The new cognitive neurosciences*, pp. 291-303.

Weber, Andreas, "Mimesis and metaphor: the biosemiotic generation of meaning in Cassirer and Uexküll", *Sign Systems Studies*, 32 (2004): 297-307.

Wegner, Daniel M., *The illusion of conscious will*, MIT Press, Cambridge, Mass., 2002.

Welters, Linda (ed.), *Folkdress in Europe and Anatolia: beliefs about protection and fertility*, Berg, Oxford, 1999.

Wiener, Norbert, *Cybernetics*, 2ª edición, MIT Press, Cambridge, Mass., 1961. [Edición en español: *Cibernética o el control y comunicación en animales y máquinas*, trad. Francisco Martin, Tusquets, Barcelona, 1985.]

Wilson, Robert A., *Boundaries of the mind. The individual in the fragile sciences*, Cambridge University Press, Cambridge, 2004.

Wittgenstein, Ludwig, *Philosophical investigations/Philosophische untersuchungen*, Blackwell, Oxford, 1953. [Edición en español: *Investigaciones filosóficas*, trad. Alfonso García Suárez y Carlos Ulises Moulines, UNAM, Grijalbo, 1988.]

Wittgenstein, Ludwig, *Zettel*, ed. preparada por G. E. M. Anscombe y G. H. von Wright, trad. Octavio Castro y Carlos Ulises Moulines, UNAM, México, 1979.

Wong, Kate, "The morning of the modern mind", *Scientific American*, 292, 6 (2005): 64-73.

Yates, Frances A., *The art of memory*, Routledge & Kegan Paul, Londres, 1966. [Edición en español: *El arte de la memoria*, trad. Ignacio Gómez de Liaño, Siruela, Madrid, 2011.]

Zahan, Dominique, "L'homme et la couleur", en Jean Poirier (ed.), *Histoire des mœurs*, vol. I, Encyclopédie de la Pléiade, París, 1990, p. 139.

Zatorre, Robert J., y Pascal Belin, "Spectral and temporal processing in human auditory cortex", *Cerebral Cortex*, 11 (2001): 946-953.

ÍNDICE ANALÍTICO

Antropología del cerebro, de Roger Bartra,
se terminó de imprimir y encuadernar en julio de 2014
en Impresora y Encuadernadora Progreso, S. A. de C. V. (IEPSA),
calzada San Lorenzo, 244; 09830 México, D. F.
El tiraje fue de 4 500 ejemplares.